Michael Beetz
Kraft der Symbole

Michael Beetz

Kraft der Symbole

Wie wir uns von der Gesellschaft leiten lassen und dabei die Wirklichkeit selbst mitgestalten

HERBERT VON HALEM VERLAG

Bibliografische Information der Deutschen Nationalbibliothek
Die Deutsche Nationalbibliothek verzeichnet diese Publikation in der Deutschen Nationalbibliografie; detaillierte bibliografische Daten sind im Internet über http://dnb.de abrufbar.

Michael Beetz
Kraft der Symbole.
Wie wir uns von der Gesellschaft leiten lassen und dabei die Wirklichkeit selbst mitgestalten
Köln: Halem, 2023

Zuerst erschienen im UVK Verlag, Konstanz, 2014 (978-3-86764-558-4)

ISBN (Print) 978-3-7445-2111-6
ISBN (PDF) 978-3-7445-0855-1
ISBN (ePub) 978-3-7445-0854-4

Herbert von Halem Verlagsgesellschaft mbH & Co. KG
Boisseréestr. 9-11, 50674 Köln
Tel.: +49(0)221-92 58 29 0
E-Mail: info@halem-verlag.de
URL: http://www.halem-verlag.de

Inhaltsverzeichnis

Vorwort

In der sozialen Welt wimmelt es nur so von Phänomenen, die auf die eine oder andere Weise symbolischen Charakter tragen. Ihr symbolischer Gehalt wird dabei oft ganz intuitiv erfasst. Im Alltag wird allerdings in der Regel kein Zusammenhang hergestellt zwischen so unterschiedlichen Dingen wie Geburtstagssträußen und Grabmälern, Hundemarken und Eheringen, Burkas und Bikinis, werden die Gemeinsamkeiten schnell übersehen, die zwischen so verschiedenen Aktionsformen wie Sport und Krieg, Tanz und Sex, Menschenketten und politischen Wahlen bestehen. Mit der hier vorgelegten Publikation wird nun der Anspruch verfolgt, diese vielfältigen Formen des Symbolischen zu einem ebenso bunten wie scharfen Panoramabild zu gruppieren, welches es nicht zuletzt auch einem breiteren Publikum gestatten soll, die Welt fortan mit dem Blick eines mikrosoziologisch geschulten Auges zu betrachten.

Es handelt sich hier somit wohl am ehesten um ein intellektuelles Unterhaltungsangebot, eine Form der kulturphilosophischen Animation, eine soziologische Gedankenstütze, keineswegs aber um einen Ratgeber oder ein Nachschlagewerk. Auskunft über Hintergründe und Bedeutung von bestimmten Symbolen geben verschiedene Lexika mit jeweils unterschiedlichen Schwerpunkten, etwa auf antiken, alchemistischen oder christlichen Symbolen. Die in diesem Buch angestrebte Symbolanalyse befasst sich im Gegensatz dazu nicht mit Herkunft und Bedeutungswandel *konkreter* Symbole (vierblättriges Kleeblatt, Hakenkreuz, Weihnachtsbaum), sondern mit den symbolischen Dimensionen sozialer Wirklichkeit im Allgemeinen.

Die präsentierten Betrachtungen werden dabei von dem Glauben getragen, dass eine allgemeinverständliche und geradezu kurzweilige Lektüre durchaus den Anforderungen genügen kann, die an eine sozialwissenschaftliche Studie unweigerlich zu stellen sind, dass akademisches Niveau und öffentlichkeitsfähiger Stil also auch heutzutage uneingeschränkt miteinander vereinbar seien. (Als Vorbilder könnten insofern Erving Goffmans berühmter Bestseller »Presentation of Self in Everyday Life« oder Dietrich Schwanitzens »Männer. Eine Spezies wird besichtigt« genannt werden.[1]) Voraussetzung hierfür ist es jedoch – so die Überzeugung des Autors – sich anstelle der geisteswissenschaftlichen Speziali-

[1] Erving Goffman: Presentation of Self in Everyday Life, New York 1959; Dietrich Schwanitz: Männer. Eine Spezies wird besichtigt, Frankfurt a. M. 2001.

teratur zum Thema vorzugsweise dem Gegenstand selbst zuzuwenden. Im Vordergrund werden im Folgenden daher die symbolischen Phänomene stehen, während weitestgehend darauf verzichtet wird, allzu ausgiebig auf die oft ebenso einschlägigen wie wolkigen Ausführungen namhafter Autoren einzugehen.[2] Es soll – entgegen den allgemeinen akademischen Gepflogenheiten – hier nicht primär der akademische Diskurs analysiert, sondern vielmehr nach Möglichkeit der Sache an sich auf den Grund gegangen werden.

Freilich kommt auch eine Arbeit wie diese nicht umhin, sich gegenüber den bestehenden Auffassungen und gängigen Standpunkten zu positionieren, zumal sich der generellen Diskursformation – wie sich herausstellen wird – in der Tat bereits wesentliche Anhaltspunkte für die abschließende Theoriebildung entnehmen lassen. Um die Aufmerksamkeit der eher unbeleckten und geistig unbescholtenen Leserschaft jedoch andererseits nicht gleich zu Beginn übermäßig durch akademische Querverweise zu strapazieren, sollen die diesbezüglichen Vorüberlegungen zunächst ganz bewusst zurückgehalten werden, um unter Verzicht auf unnötiges theoretisches Vorgeplänkel lieber unmittelbar in die Thematik einzusteigen. Die obligatorische akademische Stellungnahme wurde zur Erleichterung der Lesbarkeit daher an das Ende der Schrift verlagert (Kapitel 8). Geisteswissenschaftlich vorgebildete und insofern gewissermaßen theoretisch vorbelastete Akademiker mögen das betreffende Kapitel aber am besten zuerst lesen.

Selbstverständlich ist ein solcher Text vor allem ein Produkt intellektuellen Einflusses. In diesem Falle war hierbei maßgeblich der Ort der Entstehung von Bedeutung. Ohne die langjährigen konstruktiven Diskussionen innerhalb der Jenaer Soziologieszene mit ihren exzellenten Kolloquien, Forschungswerkstätten, Kollegs und informalen Arbeitskreisen, ohne das fruchtbare Forschungsklima an der hiesigen Universität, die lebendige kulturelle Atmosphäre im Ganzen, den unvergleichlichen *spiritus locus* wäre diese Arbeit kaum möglich gewesen. Nicht zuletzt verdanke ich gleichwohl auch zahlreichen Kongressen, unter denen vor allem einige Veranstaltungen der Sektionen für Kultursoziologie und Soziologische Theorie der Deutschen Gesellschaft für Soziologie hervorzuheben sind, wertvolle Anregungen und etliche magische Momente. Ich darf mich für alle Einladungen zu Vorträgen, Seminaren, Workshops, Gesprächen aller Art bedan-

---

2 Soziologen haben ganze Bücher über die Welt der symbolischen Formen, über symbolische Medien wie Geld und Macht, ja allein über die symbolische Funktion des Geldes geschrieben. Vgl. Ernst Cassirer: Philosophie der symbolischen Formen, Bd. 1-3, Darmstadt 1977/1982 (Bd. 3); Talcott Parsons: Zur Theorie der sozialen Interaktionsmedien, Opladen 1980; bzw. Georg Simmel: Philosophie des Geldes, Frankfurt a. M. 1995. Der Preis einer analytischen Aufbereitung besteht hier freilich jeweils in einer begrifflichen Abstraktion, welche das intuitive Verständnis durch anspruchsvolle, eigenwillige »Sprachspiele« überformt, die selbst untereinander kaum kompatibel sind.

ken, die mir dabei geholfen haben, mehr und mehr Klarheit zu gewinnen und sowohl Gedanken als auch Argumente sukzessive zu schärfen und immer weiter zu präzisieren. Mein größter Dank aber gilt insbesondere allen Gutachtern, Kolleginnen, Doktoranden und Studentinnen, welche sich über Jahre hinweg dazu bereitgefunden haben, sich mit diversen Entwürfen, Projektkonzepten und Ausschnitten aus dem Manuskript zu befassen und diese kritisch zu kommentieren. Als nicht minder wertvoll erwiesen sich oft die vielfältigen Nachfragen und Anschlussüberlegungen von Fachfremden und Laien. Um hierbei niemanden zu übergehen, verzichte ich an dieser Stelle kurzerhand auf eine lange Liste mit Namen, die letztlich doch nur unvollständig bleiben kann.

1 *Den Sinn für das Symbolische wecken.* Einleitung

Träume, Märchen, Allegorien – Embleme, Wappen und Siegel – Ikonen, Idole, Wahrzeichen – Winke, Gebärden und Zeremonien – Kreuze, Spiralen, Pentagramme – Hieroglyphen, Tätowierungen und mathematische Formeln ... Die Welt der Symbole, sie erscheint uns faszinierend und geheimnisvoll, steckt sie doch voller verborgener Zusammenhänge und rätselhafter Botschaften, die sich allein dem Eingeweihten zu erschließen scheinen. Sie ist ein Reich von Formen und Zeichen, deren Verständnis oft die Kenntnis ihres Hintergrunds voraussetzt und deren Bedeutung sich deshalb manchmal nur erahnen lässt. In ihr spiegelt sich das Wissen vergangener Zeiten, fremder Kulturen und besonderer Fachgebiete. Und doch ist sie uns zugleich oft so vertraut, dass wir all die kleinen Zeichen um uns herum kaum noch bewusst wahrnehmen.

Symbole sind allgegenwärtig, und sie verkörpern Sinnzusammenhänge, die in einer Welt aus toter Materie ansonsten weitestgehend unsichtbar blieben. Sie bringen die Besonderheit einer Kultur zum Ausdruck und verdeutlichen deren Charakter. Fast könnte man im schlichten Jargon der Journalisten sagen: Symbole seien die »Markenzeichen« einer Kultur, wären nicht Markenzeichen vielmehr selbst Symbole und damit ein Spezialfall, der seinerseits als Ausdruck einer bestimmten, *konsumlastigen* Kultur anzusehen ist.

Nicht, dass an einer solchen bildhaften Ausdrucksweise gänzlich etwas falsch wäre. Man könnte die Symbole jedoch ebenso gut als den »Stempel«, die »Bildersprache« oder womöglich auch als die »Frisur« einer Kultur bezeichnen und damit jeweils unterschiedliche Gesichtspunkte aus dem vielfältigen Kosmos der symbolischen Formen in den Vordergrund rücken. Gleichnisse dieser Art leben davon, das Wesen einer Sache an einem eingängigen Beispiel verdeutlichen zu wollen. Das gewählte Beispiel wird damit zum *Sinnbild.* Das Einzelne verdeutlicht das Allgemeine. Es gibt der unbegreiflichen Fülle unmittelbarer Welterfahrung eine greifbare, vertraute Gestalt, etwa eben die eines »Markenzeichens« oder eines »Stempels«. Derartige – oft einseitigen – Spezialfälle können für weitere Diskussionen durchaus eine symbolträchtige Bedeutung gewinnen: Sie stehen dann als Paradefall stellvertretend für das Thema als solches. So bezeichnet man bekanntlich Vorzeigeexemplare wie Franz Beckenbauer, Marilyn Monroe oder Albert Einstein häufig als Symbolfiguren, Sexsymbole bzw. Ikonen. Und sogar in der Wissenschaft prägen Paradebeispiele häufig die geltende Lehrmeinung, die man im Anschluss an Thomas Kuhn ganz in diesem Sinne übrigens auch als Paradigma bezeichnet.[1] – Wir haben uns dem Thema Symbole damit unversehens einmal kurz von hinten genähert.

Die Fixierung auf bestimmte Paradefälle kann den Blick nun jedoch ebenso sehr einengen wie die Festlegung auf einen speziellen Bezugsautor, dies gilt nicht zuletzt auch für die Symbolforschung selbst. So mag der eine beim Thema Symbole an die Zahl »Pi« denken, andere an das sagenumwobenen »Auge in der Pyramide«, welches sich sogar auf der Dollarnote findet, und Dritte an die erste »Mondlandung« mit dem unvermeidlichen Hissen der Flagge der Vereinigten Staaten von Amerika. In jedem Fall werden unterschiedliche Vorstellungen über die Natur von Symbolen wachgerufen: Mathematische Symbole wie »π« oder »$\sum$« erleichtern die formale Modellierung logischer Strukturen und dienen somit vor allem der *Abstraktion.*[2] Esoterische Symbole wie das »Auge« oder das »Kreuz« befördern stattdessen eher die *Identifikation* mit einer bestimmten Bewegung – und werden daher unter anderem im Kontext verschwörungstheoretischer Spekulationen thematisiert.[3] Symbolträchtige Akte und Medienereignisse wie die »Mondlandung« oder auch »9/11« lassen sich hingegen buchstäblich als *Zeichen der Zeit* lesen, sie verdeutlichen und untermauern somit die aktuell vorherrschenden Machtverhältnisse und Ideologien. Andere exemplarische Fälle von Symbolik wiederum tragen in ähnlicher Weise paradigmatischen Charakter, lenken die Gedankenbahnen jedoch womöglich in gänzlich andere Richtungen, sofern sie zum Gravitationszentrum symboltheoretischer Überlegungen und damit sozusagen zum Symbol der Symbole werden.

Auch Paradefälle als solche sind selbstverständlich nur eine von vielen Erscheinungsformen des Symbolischen. Wir sollten, um deren symbolische Bedeutung im Besonderen zu verstehen, daher besser erst einmal die Kraft der Symbole im Allgemeinen zu begreifen suchen. Aber: Welche Bedeutung(en) haben Symbole nun für eine Kultur? Welche Bedeutung(en) haben sie für unser Leben? Gemach, gemach! Wir befinden uns ja erst in der Einleitung.

Wenn Menschen »ein Zeichen setzen«, ein Geschenk überreichen oder vor jemandem ausspucken, dann *können* diese Verhaltensweisen für Beteiligte wie Beobachter einen symbolischen Sinn beinhalten. Hierüber braucht jedoch keine Einigkeit zu herrschen. Für den einen mag es sich um eine rein zweckmäßige Verhaltensweise ohne jeden Hintersinn handeln, während der andere diese als Signal versteht bzw. verstanden haben möchte. Ein Geschenk – zum Beispiel eine rote Rose, ein Duschbad und selbst Geld – kann anhand seiner Nützlichkeit

---

[1] Vgl. Thomas Kuhn: Die Struktur wissenschaftlicher Revolutionen, Frankfurt a. M. 1976.

[2] Vgl. als Klassiker einer entsprechenden Auffassung von Symbolen als Instrumenten einer »Formelsprache des reinen Denkens« Gottlob Frege: Begriffsschrift. Eine der arithmetischen nachgebildete Formelsprache des reinen Denkens, Halle 1879.

[3] Vgl. für das zugehörige Genre die klassischen Romane Robert Shea/Robert Anton Wilson: Illuminatus 1. Das Auge in der Pyramide, Basel 1977, sowie Dan Brown: Sakrileg, Köln 2004.

beurteilt, aber ebenso als versteckte Botschaft aufgefasst werden.[4] Nicht von ungefähr werden Geldgeschenke häufig als erniedrigend empfunden und zurückgewiesen. Auch ergeben sich aus unterschiedlichen Auffassungen über die Bedeutung einer Geste, eines Signals oder eines Zeichens leicht weitreichende Missverständnisse. Ein bekanntes Phänomen dieser Art sind die aus Unterschieden im Flirtschema erwachsenden Irritationen, etwa beim Flirt zwischen amerikanischen Soldaten und britischen Frauen während des Zweiten Weltkriegs, die sich demzufolge gegenseitig als ausgesprochen draufgängerisch erlebten, da nach der Aufnahme des Blickkontakts und dem ersten *Small Talk* jeweils unterschiedliche Erwartungen bezüglich der angemessenen nächsten Schritte (Verabredung, Kuss, Einführung in die Familie usw.) bestanden.[5]

Gleichwohl zeigt sich in solchen Sonderfällen umso klarer die Wirkungsweise von Symbolen. In der Abweichung wird das Prinzip deutlich: Symbole stehen für etwas anderes. Sie sind Bedeutungsträger, die auf bestimmte Ideen, Gegenstände oder Sozialbeziehungen verweisen. Obgleich sich in der inneren Form von Symbolen oftmals ihre Bedeutung andeutet, ist diese doch nicht wie eine Information im Symbol selbst gespeichert, sondern ergibt sich erst aus dem Zusammenhang. Ein Informatiker würde sagen: Sie muss decodiert werden. Indes – es mangelt in der Regel an einem zuverlässigen Mechanismus zur Entschlüsselung von Symbolen. Ein erhobener Zeigefinger bspw. könnte zum Himmel zeigen, drohen oder einfach die Aufmerksamkeit auf seinen Besitzer lenken. Je nach Kontext dient das Symbol somit als Meldung, als Gebot, als religiöse Geste (auf Gemälden), als Symbol moralischer Autorität oder als Jubelpose. Man sollte sich der eigenen Orientierung wegen also möglichst im Klaren darüber sein, wie das eigene Verhalten gedeutet werden kann und sollte die Zeichen um einen herum zu lesen verstehen.

Sieht man einmal von solchen vermeintlich skandalösen Fällen ab, in denen die Entschlüsselung geheimer Symbole zur Stützung verschwörungstheoretischer Verdächtigungen beiträgt, wäre dies indessen nicht weiter der Rede wert und bedürfte vor allem keiner besonderen philosophischen Anstrengung oder wissen-

---

4 Die wohl berühmteste Studie zu sozialen Funktion wechselseitiger Geschenke ist Marcel Mauss: Die Gabe. Form und Funktion des Austauschs in archaischen Gesellschaften, Frankfurt a. M. 1990. Das Thema Geschenke wurde in der Soziologie als erstes in Herbert Spencers grundlegendem Werk »Principles of Sociology« im Rahmen eines umfassenden Teils über die Funktion von Zeremonien in einem Kapitel mit dem schlichten Titel »Presents« behandelt. Vgl. Herbert Spencer: Ceremonial Institutions. Being Part IV of The Principles of Sociology, New York 1880, S. 81-104. Spencer zufolge, der das Thema von einem allgemeineren Standpunkt als Mauss betrachtet, können durch Geschenke unter anderem auch soziale Hierarchien und Abhängigkeiten symbolisch bestätigt werden, wobei Geschenke grundsätzlich sowohl vom Herrschenden an den Beherrschten als auch umgekehrt überreicht werden können.

5 Vgl. Margaret Mead: A Case History in Cross-National Communications, in: dies.: Studying Contemporary Western Society, New York 2004, S. 144-161.

schaftlicher Recherchen. Auf grobe Fettnäpfchen wird in Reiseführern hingewiesen.[6] Über feinere Unterschiede klären einen die Eltern oder hämische Zeitgenossen auf. Technische, wissenschaftliche und sonstige Symbole werden im Unterricht oder in Gebrauchsanweisungen behandelt.

Symbole bezeichnen jedoch nicht nur gegebene Sachverhalte in der Welt, sie können selbst Sachverhalte darstellen und erzeugen mitunter erst eine bestimmte Situation. Sie zeigen nicht nur etwas an, sondern heben dadurch überhaupt erst bestimmte Unterschiede hervor. Die Ausweisung eines Frauenparkplatzes – bemerkenswerterweise wird hier gewöhnlich auf Piktogramme verzichtet – oder das Damenzeichen auf einer Tür betonen und verstärken bspw. die Differenz zwischen Männern und Frauen. Eine simple Toilette wird hierdurch überhaupt erst zur *Damen*toilette und damit zu einer Tabuzone für Vertreter des anderen Geschlechts. Was hinter den Türen vor sich geht, bleibt diesen zwar verborgen, die räumliche Trennung aber steht allen Anwesenden gerade dann stets vor Augen, wenn sie sich gemeinsam im öffentlichen Raum aufhalten.

Auch ein Wegweiser weist nicht allein in Richtung eines Ziels, er kennzeichnet damit zugleich einen offiziellen Weg. Er weist nicht nur Entfernungen aus, sondern zeigt auch eine Kreuzung an. Über die vordergründig vermittelte Information hinaus verweisen Symbole dieser Art auf einen *Kontext*, in dem diese Information überhaupt eine Rolle spielt. Das Gipfelkreuz auf einem Berg markiert nicht nur dessen höchsten Punkt und gibt eventuell seine Höhe an, es stellt auch ein Zeichen des Triumphes der Zivilisation über die Natur dar, zeigt es doch, dass dieser Berg bezwungen, vermessen, kartografiert wurde und der Arm der Verwaltung folglich bis an die allerfernsten Orte reicht. Der Kontrollanspruch der Amerikaner aber umfasst selbst den Mond! Umgekehrt provoziert dies natürlich auch die ihrerseits symbolisch aufgeladene Zerstörung derartiger Herrschaftssymbole, wo immer dies möglich ist. Jegliches Randalieren ist auch ein Aufbegehren gegen die herrschende Ordnung und offenbart dabei symbolische Motive. Selbst eine weiße Wand ist schließlich mehr als einfach eine Wand, sie zählt als ein Zeichen von Sittlichkeit und unterscheidet sich hierin offenbar auch – wie diverse Mietrechtsurteile zeigen – juristisch von einer bunten. Ein Graffito wiederum dient nicht nur dazu, den Ruhm seines Urhebers zu mehren, es ist auch bezeichnend für die symbolische Austragung kultureller Konflikte, die sich im Kampf um die Verteidigung von Hoheitsansprüchen innerhalb eines bestimmten Reviers niederschlagen können. Es zeigt dann an, wie gesellschaftliche Subkulturen sich im Widerstand gegen die Ordnungsmacht der Eingesessenen oder großer Institutionen den öffentlichen Raum erobern.

---

[6] Vgl. auch Roger Axtell: Gestures. The Do's and Taboos of Body Language Around the World. New York 1998.

Über ihren unmittelbaren Gehalt hinaus vermitteln Symbole auch eine besondere Sichtweise der Welt, ein bestimmtes Rollenverständnis, einen Herrschaftsanspruch oder eine Protesthaltung. Sie rufen Vorstellungen vom großen Ganzen wach, die vermeintlich rein privater Natur, in Wirklichkeit jedoch ziemlich absehbar sind und häufig bewusst eingesetzt werden – und dies nicht nur in so durchschaubarer Weise wie bei Schildern »Vorsicht bissiger Hund!«, die in Form einer freundlichen Warnung potenziellen Eindringlingen Angst einflößen sollen. Die Aufschrift »Ohne Zusatzstoffe« erinnert uns zum Beispiel zugleich an die allgemeine Situation der Lebensmittelindustrie, während der Schriftzug »plus Vitamin C« uns weismacht, dass mangelndem Wohlbefinden durch geeignete Ergänzungsstoffe abgeholfen werden kann. Der zweite Fall ist im Übrigen sicher besser dazu geeignet, eine konsumfördernde Einstellung zu bestärken, denn Ergänzungen und Erweiterungen lassen sich ja nahezu unbegrenzt finden – eine Entwicklung, die schließlich wiederum in Multivitaminpräparaten, Multifunktionsgeräten und All-in-One-Lösungen mündet.

Symbole stehen nicht lediglich für etwas Abwesendes – für alte Götter, längst entschwundene Sprayer, den hinter einer Tür befindlichen Raum –, sie machen vielmehr in der materiellen Welt etwas sichtbar, das abstrakter Natur, aber deshalb nicht weniger real ist: Weltbilder, Einstellungen, soziale Ordnungen. Eine Uniform etwa weist Polizisten als Vertreter der Staatsgewalt aus und verortet sie innerhalb einer umfassenden Rangordnung. Die Träger repräsentieren nicht nur den an sich nicht sichtbaren Staat und spiegeln damit in der konkreten sozialen Praxis die gesellschaftliche Ordnung wider. Sie lassen diese Ordnung damit überhaupt erst wirkmächtig werden! Einrichtungen aller Art müssen um zu funktionieren »Stellen«, »Weisungen« und »Dienstwege« ausweisen, und sie richten sich im realen Raum anhand – nennen wir es einmal: symbolischer Inkarnationen ein. Woran lassen sich institutionelle Ordnungen und offizielle Ränge besser ablesen als an Dienstgradabzeichen, Titeln, Namens- und Türschildern?

Nachdem damit nun bereits einige wesentliche Aspekte des Symbolischen angesprochen wurden, drängt sich natürlich eine theoretische Reflexion über die Frage auf, was denn nun ein Symbol sei und was nicht. An solchen Stellen sollen in den einzelnen Kapiteln nun kurz gehaltene Zwischenüberlegungen eingeschaltet werden, welche die theoretische Essenz des jeweiligen Unterthemas in möglichst abstrakter Weise zu erfassen suchen.

Theorie-Memo 1: Symbolik und Beobachter

Jede allzu einfache Definition des Symbolbegriffs droht den Blick auf bestimmte Paradebeispiele einzuengen, deren Verständnis zudem ein Stück weit durch die jeweilige Perspektive des Forschers vorgegeben wird. Der Bezug auf (religiöse) Rituale, (wissenschaftliche) Formeln, (politische) Bekundungen oder (ästhetische) Motive diktiert dann bereits den Horizont, innerhalb dessen die Wirkungsweise der betreffenden Symbole beobachtet wird. Die Bedeutung der Symbolik bleibt dabei von vorneherein auf einen, wenngleich mehr oder weniger allgemeinen Kontext (Religion, Wissenschaft, Politik, Kunst) festgelegt, so als ob dies durch den Verwendungszusammenhang des Symbols bereits bestimmt sei. Doch der Symbolgehalt eines Phänomens liegt letztlich immer in den Augen des Betrachters. Jegliche Symbolik bleibt abhängig von ihren – sei es wissenschaftlichen, sei es praktisch involvierten – Beobachtern, wobei es sich grundsätzlich auch um ein soziales System, eine unbewusst bleibende Wahrnehmung oder einen biologischen Organismus, und vorsichtshalber sei angemerkt: auch um eine weibliche Person handeln kann. Daher mag es ratsam sein, die infrage kommenden Erscheinungen zunächst anhand einiger Mindestbedingungen logisch einzukreisen, ohne die es kaum sinnvoll erscheint, etwas als symbolisch zu bezeichnen.

Um von einem Symbol sprechen zu können, muss:

- dieses überhaupt erst einmal als Form erkennbar sein,
- diese Form in Verbindung gebracht werden mit etwas, das außerhalb des Mediums existiert, in welchem das Symbol sich formiert,
- dem Symbol überdies eine praktische Relevanz zuzusprechen sein, die gegenüber dem durch es Repräsentierten eine gewisse Eigenständigkeit besitzt, sodass das Symbol hier in der Tat an dessen Stelle tritt.

Die Beobachtbarkeit von Symbolen beruht – so möchte man meinen – auf ihrer sinnlichen wahrnehmbaren Gestalt, handelt es sich doch vielfach um materielle Objekte, Verhaltensweisen oder anderweitig verkörperte Konstellationen, denen ein symbolischer Gehalt zugesprochen wird. Allerdings darf nicht übersehen werden, dass auch psychische Erscheinungen wie (imaginäre) Vorstellungen, Halluzinationen oder Träume symbolischen Charakter haben können und dass sich symbolische Gehalte ebenso in Diskursen, Metaphern oder Klischees – also in kommunikativen Strukturen manifestieren können.

Die mit einem Symbol verbundene Bedeutung ergibt sich in der Regel aus den durch seine Form geweckten Assoziationen. Diese müssen allerdings weder aus einer Übereinstimmung von Form und zugeschriebenem Gehalt erwachsen, noch notwendig per Konvention etabliert werden. Im Extremfall kann es ausreichend sein, dass überhaupt eine (noch so minimale) Form erkennbar ist, die sich dem Beobachter gegenüber als Botschaft ausweist. Bei hinreichender Sensibilisierung wird der Zusammenhang dann wie von selbst hergestellt, obgleich Symboliken sich natürlich andererseits bei genauerer Betrachtung oft als äußerst vielschichtig erweisen. Die erzeugte Verbindung zwischen Symbol und Wirklichkeit setzt jedenfalls nicht einmal eine bewusste Auslegung seiner vermeintlichen Bedeutung voraus. Es genügt, sie zu spüren.

Dass ein Symbol nur insofern als solches erkennbar ist, wenn es aus Sicht des Beobachters für etwas anderes steht, bedeutet umgekehrt auch, dass es dieses andere innerhalb der symbolischen Sphäre vertritt und in seinem Namen wirksam wird. Die Präsenz des Symbols vergegenwärtigt einen Zustand der Welt, und dies umso mehr, sofern das Symbol sein Signifikat überhaupt erst konstruieren sollte. Da die Beobachtung von Symbolen immer selbst ein innerweltlicher Vorgang bleibt, bilden Symbole die Wirklichkeit nicht nur ab, sondern gestalten diese im Zuge ihrer Beobachtung zugleich mit.

***

Auf welch vielfältige Weise Symbole die Welt in Ordnung bringen, am Laufen halten und Menschen leiten, dies wird uns noch ausgiebig beschäftigen. Vorerst gilt es festzuhalten, dass die Welt der Symbole mehr verkörpert als eine bloße Verdoppelung der realen Welt. Sie ist nicht lediglich eine Abbildung der objektiven Realität in die Sprache. Symbole sind *Bestandteil* der Realität, so wie auch die Sprache zu einem Teil der sozialen Welt wird, sobald sie deren Wahrnehmung und damit unser Verhalten beeinflusst. Unsere Alltagswelt ist durchdrungen von symbolischen Strukturen, die uns zumeist so selbstverständlich vorkommen, dass wir die Orientierung an ihnen kaum als einen äußeren Zwang empfinden. Gleichwohl lassen wir uns von ihnen lenken und fügen uns kraft ihrer Wirkung einer gesellschaftlichen Ordnung, die sich vielleicht – aber darüber lässt sich streiten – überhaupt nur in ihren symbolischen Mustern reproduziert.

Wenn wir die Alltagswelt auf ihren symbolischen Charakter hin betrachten, dann achten wir weniger auf den Gebrauchswert der Dinge – seien es Schokoladenosterhasen, Kampfhunde oder Klingeltöne –, sondern nehmen ihre Formen und Motive vielmehr als Signale wahr, die wir in der Regel intuitiv verstehen. Eine Brille kann – etwa in Comics – Bildung symbolisieren. Ein Stethoskop steht für den privilegierten Zugang eines Arztes zum fremden Körper und hebt ihn zugleich von niederem weißbekittelten Personal ab. Die Form einer E-Gitarre unterstreicht die Botschaft der Musik; kein Jazz-Gitarrist würde mit einer schrägzackigen Metal-Gitarre auftreten, die wie eine klingonische Kriegswaffe anmutet! Kein Punk würde seinen Köter gegen einen Pudel, keine »Tussi« ihren Silikon-Busen gegen einen Silikon-Bauch tauschen. Die Form zählt oft mehr als die Zweckdienlichkeit. Die Pose ist wichtiger als die Aktion. Die Geste ersetzt die durch sie angedeutete Handlung. Reden heißt bekanntlich Handeln, und dies gilt umso mehr unter symbolischen Gesichtspunkten. Die generelle Andeutung kann wirkungsvoller sein als die einzelne Tat. Nutzlose Gegenstände werden zum Denkmal dessen, was man mit ihnen machen *könnte*: die Gitarre an der Wand – unbrauchbar, die gesammelten Werke im Regal – ungelesen, das ewig verstimmte Klavier – bloße Dekoration. Fragen wir also nicht: Was ist das?

Wozu dient es? Fragen wir: Was soll es darstellen? Wie ist seine Präsenz zu verstehen? ... Das Design eines Objekts wird damit in unseren Augen zum Sinnbild.

Den Sinn für das Symbolische zu wecken soll das zentrale Ziel dieses Buches sein. Dies darf freilich als eine recht schwierige Mission gelten, wird uns das Bewusstsein für das Symbolische doch gewöhnlich gerade zugunsten eines rationalen Blicks auf die Welt abgewöhnt. Der Bezug auf Symbole wird leichthin als esoterische Spinnerei, als Mystik oder Aberglaube angesehen und als falscher Schein, leere Form und rituelles Brimborium abgetan. Der die Alltagsorientierung beherrschende Materialismus ist fixiert auf den technischen Nutzen von Handlungen, auf die physikalischen Qualitäten von Objekten und das gegenwärtig Übliche. Man orientiert sich an Standards und Moden, an Gewinn und Erfolg, weil die übliche und immer wieder wiederholte Auffassung besagt, dies entspräche der Natur des Menschen, des »Kapitalismus« und der »Willensfreiheit«.

Gleichwohl ist der (im doppelten Sinne) mittelmäßige Mensch des 21. Jahrhunderts nicht gänzlich blind für den symbolischen Gehalt sozialer Praktiken. Er hat sehr wohl einen Sinn dafür, was »cool«, angesagt und schick, was protzig, »prollig« oder spießig, was edel, seriös, professionell wirkt. Obgleich er den größten Teil seiner Anstrengungen auf Techniken der Selbstinszenierung verwendet – vom Waschen, Frisieren, Schminken über die alltäglichen Prahlereien bis hin zur Einrichtung des Heims, dem Konsum und der Karriereplanung, verdrängt er das Symbolische jedoch ins Unbewusste. Man redet sich allerlei rationale und egoistische Motive, Sachzwänge und Pflichten, Vorlieben und Bedürfnisse ein, um sein Verhalten mit Sinn auszustatten – und einem solchen Sinn vorzugsweise, der sich auch kommunikativ gut vertreten lässt. Daher wähnt man sich frei und bemerkt dabei kaum, wie die Kraft der Symbole sanft dazu verführt, sich von der gesellschaftlichen Ordnung leiten zu lassen. Zugleich sieht man sich umgekehrt sachlichen Zwängen unterworfen, die in Wirklichkeit lediglich aus einer Einengung des eigenen Blicks auf die Welt erwachsen, dem ein Anderes nicht mehr vorstellbar und dem der Weg aus dem gemeinsam geblasenen »Fliegenglas«[7] der Symbole unsichtbar geworden ist.

Um dieser eigentümlich unscheinbaren sozialen Kraft nachzuspüren, wenden die einzelnen Kapitel dieses Buches sich ganz unterschiedlichen Ausschnitten sozialer Wirklichkeit zu. Zuerst soll die Frage nach den elementaren und lebensgeschichtlich ersten Orientierungen aufgeworfen werden (Kapitel 2). Inwieweit wird unsere Grundhaltung gegenüber der Welt bereits von der Wiege an durch

---

7 Einem Ausspruch Wittgensteins zufolge kann dies bekanntlich das »Ziel in der Philosophie« sein: »Der Fliege den Ausweg aus dem Fliegenglas zeigen.« Diese Formulierung firmiert in den »Philosophische Untersuchungen« sogar als eigenständiger Gedankensplitter (§ 309). Ludwig Wittgenstein: Werkausgabe, Bd. 1, Frankfurt a. M. 1984, S. 378.

symbolische Konditionierungen geprägt? Vom Schnuller als Stellvertreter für die Mutterbrust, der vom Baby wieder und wieder weggeworfen und zurückgefordert wird[8], über die unter anderem durch blaue bzw. rosa Farbgebung zugewiesene Geschlechteridentität bis hin zu den anhand von Bilderbüchern vermittelten Werten wie »Auto«, »Ball« oder »Frosch« sollen hierzu die kulturellen Bestandteile der frühkindlichen Lebenswelt daraufhin betrachtet werden, inwieweit sie als Keimzelle symbolischer Ordnungen fungieren.

Das *dritte* Kapitel widmet sich dem öffentlichen Raum als einem allerseits einsehbaren Kosmos symbolischer Muster. Es öffnet die Augen für den uns umgebenden Wald aus Schildern und Zeichen, durch die auf vielfältige Weise Zonen, Wege und Sphären markiert werden. Erst durch symbolische Grenzziehungen werden Intimbereiche, Bühnen und Verwaltungsdistrikte, ja sogar Länder kenntlich gemacht und damit Freiräume für die jeweils zugehörigen Praktiken geschaffen. Die so erzeugte *räumliche* Ordnung spiegelt in mancherlei Hinsicht zugleich *soziale* Ordnungen und Ideologien wieder, so etwa bereits durch die Ausweisung von Abteilen für verschiedene »Klassen« von Passagieren.

Im *vierten* Kapitel geht es um den Ausdruck von sozialem Status. Neben offensichtlichem Prunk und Imponiergehabe lassen sich unmerkliche und feinsinnige Formen der Dominanz beobachten, die sich in Mimik, Tonfall oder Wortwahl niederschlagen. Oft werden Machtansprüche, die sogar unbewusst bleiben können, hinter moralischen Motiven versteckt. Das Gegenüber wird in ein Abhängigkeitsverhältnis gebracht oder sein Gewissen in Schach gehalten. Dabei muss durchaus nicht Überlegenheit signalisiert werden, es kann sich auch strategisch bewähren, die Opferrolle zu mimen. Die zur Schau gestellte Verletzlichkeit provoziert Unterstützung oder gar Ritterlichkeit, und sie schützt vor anspruchsvollen Erwartungen. Überhaupt kann der von einer Person symbolisch ausgewiesene soziale Status die unterschiedlichsten Rollen und sozial relevanten Eigenschaften (etwa den Familienstand) betreffen, ohne dass dies, wie zu zeigen sein wird, im Allgemeinen hierarchische Verhältnisse im Sinne der Unterscheidung von Oben und Unten beinhaltet.

Der Gegensatz von »schwach« und »stark« stellt nichtsdestotrotz einen kulturellen Code dar, der insbesondere das Verhältnis der Geschlechter geprägt hat und trotz aller Bemühungen um »Gleichstellung« noch immer prägt. Gleichzeitig nimmt die Alltagspräsenz sexueller Symbolik, um die es im *fünften* Kapitel gehen soll, im Zuge der Aufweichung traditioneller Sittlichkeitsstandards immer mehr zu. Mode und Medien sind zunehmend durchsetzt mit erotischen Anspie-

---

[8] Eugen Drewermann interpretiert das Spiel des freiwilligen Weggebens und Zurückerhaltens als simulierten Ablösungsprozess, der sich unter anderem auch im Ballspiel eines Mädchens zeigt. Vgl. Eugen Drewermann: Der Froschkönig. Grimms Märchen tiefenpsychologisch gedeutet, Olten 2003.

lungen. Im Bemühen um Aufmerksamkeit hat man, ja haben Werbespots und die zu verkaufenden Produkte selbst sexy zu sein, ohne jedoch sexistisch zu wirken. Um sich gut zu vermarkten, achten Frauen wie Männer auf Vorzeigbarkeit. Die durch »Outfit«, Posen und Retuschen suggerierten sexuellen Verheißungen werden im Gegenzug häufig zum Fluchtpunkt der Fantasie, zum vermeintlichen Ausweg aus dem gesellschaftlichen Gefängnis und den schnöden Befangenheiten der Lebensordnung. Wenngleich überhaupt weite Bereiche der menschlichen Kultur evolutionsgeschichtlich gesehen auf den Sexualtrieb »aufgepfropft« zu sein scheinen[9], so umfasst doch selbst die Erotik mehr als eine bloße Sequenz biologischer Stimulationsreize. Allein das Paarungsverhalten im engeren Sinne wird wesentlich durch *rituelle* Bestandteile bestimmt: vom Werben und der Eroberung über Verlobung und Trauung bis hin zum Umgang mit den Schwiegereltern.

Der symbolische Austausch von Gaben und Aufmerksamkeiten gehört ohnehin zur Pflege zwischenmenschlicher Beziehungen im Allgemeinen, ebenso wie gemeinsame Rituale gerade für den Fortbestand größerer Gruppen unerlässlich sind. Das *sechste* Kapitel befasst sich entsprechend mit der Bedeutung kollektiver Symbole. Logos und Embleme lassen sich als moderne Form von Totems und Wappen verstehen. Zeremonien stiften Identität und bekräftigen das Selbstverständnis von Institutionen, Orten und Subkulturen als einer Gemeinschaft. Durch immer wieder rezitierte Erzählungen werden Legenden und Mythen geschaffen, auf die man sich bei der Interpretation des Tagesgeschehens bezieht.

Der gemeinhin geteilte Schatz an Stories, Weisheiten und geflügelten Worten verdichtet sich im Spiegel der medialen Öffentlichkeit zu vertrauten Stereotypen. Dies wird Gegenstand des *siebten* Kapitels sein. Ob Nachrichten, Fußballübertragungen oder Unterhaltungsshows – alles wirkt auf das wahrnehmende Bewusstsein wie ein Gleichnis für das gesellschaftliche Geschehen im Ganzen. Die Protagonisten auf den Bildschirmen, Spielfeldern und roten Teppichen agieren stellvertretend für den Zuschauer und symbolisieren dessen eigenes Leben. Hinter dem Rücken der berichteten Ereignisse und geschaffenen Fiktionen reproduziert sich kaum merklich ein Weltbild. Was als bloße Unterhaltung erscheint, ist in Wahrheit Teil einer umfassenden medialen Konstruktion gesellschaftlicher Wirklichkeit. Gefühle, Wahrnehmungsmuster und Lebensstile werden – sofern diese nicht durch kulturindustrielle Surrogate (Sounds, Designs, Plots) ersetzt wird – von jeher durch die Rezeption von Kunst geformt, und sie werden selbstverständlich auch maßgeblich von religiösen Hintergründen geprägt. Auch mit den vielfältigen symbolischen Gehalten von Kunst und Religion werden wir uns daher in diesem Zusammenhang zu befassen haben.

---

9 Vgl. unter Berufung auf Freud Talcott Parsons: Gesellschaften. Evolutionäre und komparative Perspektiven, Frankfurt a. M. 1975, S. 56.

Nachdem die Themen der einzelnen Kapitel somit schlaglichtartig umrissen sind, gilt es die damit abgesteckten Horizonte nun plastischer auszumalen. Dazu noch eine Vorbemerkung methodologischer Art: Zu den unzähligen Teilaspekten symbolischer Ordnungen findet sich eine Fülle von Literatur, die insbesondere eine ganze Reihe klassischer Werke der Philosophie, Ethnologie, Soziologie und der Psychologie beinhaltet, in denen der Begriff des Symbolischen auf die eine oder andere Weise treffend berührt wird. Vieles hiervon ist umstritten oder in Vergessenheit geraten, gilt zeitweise als überholt und wird dann später womöglich wieder neu entdeckt. Die Fachdiskurse hierzu bilden ein weitverzweigtes Geflecht. Es wäre eine Anmaßung, sich in diese Spezialdiskussionen inhaltlich einmischen zu wollen. Der Anspruch dieses Buches ist es vielmehr, einen Blick für und auf das Thema zu erheischen, der einen systematischen Überblick über die relevanten Fragen gewährt und dabei doch wissenschaftlich im Sinne einer Expertise für das Allgemeine bleibt. Als theoretisches Buch hat es sich somit zugleich populär zu geben, denn eine solche Schrift sollte ja nach Möglichkeit für die Vertreter all der Spezialgebiete wie für Laien, Lehrer und Studenten gleichermaßen zugänglich sein.[10]

Aus diesem Grunde wird der hier anvisierte interpretative Zugang zur Welt sich auch nicht in einer allzu materiallastigen Studie im Stile eines Forschungsberichts niederschlagen. Die zugrundeliegende »Empirie« kann allenfalls zu illustrativen Zwecken angeführt werden. Eine exemplarische Auswahl von nach strengeren methodischen Prinzipien durchgeführten Interpretationen »symbolischen Materials« muss in einen späteren, separaten Band ausgelagert werden. Vorrangig geht es darum, einen lesbaren Text anzubieten, ohne wesentliche Aspekte zu vernachlässigen, was aufgrund der Komplexität des Themas bereits eine erhebliche Herausforderung darstellt.

Eine letzte Anmerkung, die vor allem für politisch-philosophisch angehauchte Akademiker von Interesse sein dürfte, betrifft die hier angestrebte Einstellung gegenüber dem betrachteten Gegenstand. In der Tradition der Kritischen Theorie neigt man bekanntermaßen dazu, die Konstruktion symbolischer Ordnungen grundsätzlich als ideologischen Überbau, als Mechanismus der Reproduktion von Machtverhältnissen entlarven zu wollen.[11] Tatsächlich bedient wohl jede Form der Herrschaft sich diverser symbolischer Mittel, um den erhobenen Herr-

---

[10] Stichweh vertritt die Auffassung, »daß Popularisierung ein elementarer Vorgang ist, der der wissenschaftlichen Kommunikation selbst inhärent ist«. Vgl. Rudolf Stichweh: Inklusion und Exklusion. Studien zur Gesellschaftstheorie, Bielefeld 2005, S. 99 ff.

[11] Die für Vertreter einer »kritischen« Soziologie typische Symbolaversion kann auch als Relikt der 68er Bewegung verstanden werden. So Edgar Bierende/Sven Bretfeld/Klaus Oschema: Einleitung, in: dies. (Hg.): Riten, Gesten, Zeremonien. Gesellschaftliche Symbolik im Mittelalter und in der Frühen Neuzeit, Berlin 2008, S. IX-XXXVIII.

schaftsanspruch zu legitimieren und zu festigen, sich kulturell tiefer zu verankern und ihren Charakter damit in gewisser Weise zu verschleiern. Die hieraus resultierende Skepsis gegenüber allem Symbolischen lässt sich als gar umfassende kulturelle Strömung verstehen, die eine allgemeine »Abwendung vom Ritual« mit sich bringt.[12] Zugleich beinhalten Gesten, symbolische Akte und ein Gespür für Symbolik jedoch immer auch heilende, solidarische, konstruktive Potentiale. Sie haben ebenso immense positive Wirkungen. Der Versuch, diese praktisch umzusetzen, kann allerdings schnell als Esoterik abgetan werden und gilt dann als unseriös. Daher soll die Analyse symbolischer Strukturen hier vorzugsweise neutral erfolgen und dabei nach Möglichkeit sowohl die kritische als auch die »positive« Perspektive mitgeführt werden. Mögliche Auslegungen sollen also offengelegt, aber ein Stück weit auch bewusst offen gelassen werden.

---

12 So Mary Douglas: Ritual, Tabu und Körpersymbolik. Sozialanthropologische Studien in Industriegesellschaft und Stammeskultur. Frankfurt a. M. 1986, S. 11. Douglas bezeichnet diese, von ihr als dominante Strömung der Gegenwartskultur wahrgenommene Einstellung auch als »Antiritualismus«, um demgegenüber festzuhalten: »Eines der ernstesten Probleme unserer Zeit ist das Schwinden des Verbundenseins durch gemeinsame Symbole.« (S. 11)

2 *Von der Wiege an.* Grundhaltungen

Beißringe, Kuscheltiere, Gute-Nacht-Küsschen – Wo fängt das Symbolische an? Ab welchem Alter und seit welchem kulturhistorischen Zeitpunkt ist der Mensch in der Lage, Symbole zu verstehen? Muss den Beteiligten die Bedeutung der Symbolik immer vollends bewusst sein, und wenn nicht: An welche (geistigen) Voraussetzungen ist die Verwendung von Symboliken gebunden?

Fasst man – wie dies häufig geschieht – den Gebrauch von Symbolen als eine Form der zwischenmenschlichen Verständigung auf, dann möchte man meinen, dass dazu gewisse sprachliche Fähigkeiten erforderlich wären oder dass der Bezug auf Symbole zumindest als eine Vorform des Sprechens (oder ein Ersatz dafür) zu begreifen sei. In diesem Falle wäre anzunehmen, dass sich der Sinn für Symbole parallel zum Spracherwerb entwickelt. Symbole sind demnach schlicht Teil des Spektrums menschlicher Kommunikation.

Wenngleich diese Auffassung nicht wirklich falsch ist, so droht sie doch gerade die interessantesten Aspekte auszublenden. Sich ihrer Grenzen klar zu werden bildet die Grundlage, aus der heraus alle wesentlichen Einsichten zum Thema Symbole erwachsen. Es bietet sich daher an, mit der Betrachtung einfachster Formen des Sprachgebrauchs bei Kleinkindern anzufangen, um der Bedeutung symbolischer Strukturen behutsam auf die Spur zu kommen.

Gewöhnlich heißt es, dass Babys nach etwa einem halben Jahr beginnen, sprachliche Bedeutungen zu verstehen. Der aktive Gebrauch von Worten als Bezeichnungen für Dinge setzt dann im Alter von ein bis zwei Jahren ein. Zur Unterstützung dieser Entwicklung – oder jedenfalls zur Beschäftigung der kleinen Quälgeister – dienen erste Bilderbücher, in denen einfache Objekte, zumeist Fahrzeuge, Spielzeug und Tiere abgebildet sind. Bei Bilderbüchern dieser Art wird noch keine Geschichte erzählt – jedes Bild entspricht einem Wort. Es ist, als bestände die Welt schlicht aus einer Menge von Gegenständen und jedes davon hätte einen Namen, sodass die Sprache nichts als eine verbale Verdoppelung der Welt beinhaltete.[1]

[1] Für eine solche Auffassung der Sprache als logisches Bild der Ding-Welt steht namentlich der sogenannte Wittgenstein I des »Tractatus logico-philosophicus«, wohingegen bekanntlich derselbe Philosoph später in den »Philosophischen Untersuchungen« höchstpersönlich die Kehrtwende zu einer Sprachanalyse vollzog, welche die Bedeutung des Gesprochenen nunmehr in

Die sprachliche Welt wäre dann ein – mehr oder weniger unvollkommenes – geistiges Abbild der materiellen Welt. Jede Idee entspräche einem Ding und umgekehrt. Und wie jeder hinreichend bedeutsame Gegenstand seine eigene sprachliche Bezeichnung hat, so können bekanntlich für bestimmte reale Gegebenheiten anstelle von Begriffen gegebenenfalls auch Symbole stehen, so etwa auf den Tasten einer Armatur. Beim Bilderbuch hingegen tritt das Bildsymbol gar an die Stelle der wirklichen Objekte (Feuerwehrauto, Frosch, Maulwurf), die oft schlecht verfügbar oder weniger pflegeleicht sind, sodass beim gemeinsame Anschauen gewissermaßen eine logische Zuordnung von Realobjekt, Bildsymbol und Wort vor Augen geführt wird.

Nun ist diese in der Kleinkindbildung übliche Verfahrensweise schon allein deshalb fragwürdig, weil Sprache eben nicht auf so simple Weise funktioniert, nicht einmal im abendländischen Kulturkreis mit seiner auf der Unterscheidung von Subjekt, Prädikat und Objekt basierenden Grammatik. Wir verständigen uns ja gewöhnlich nicht, wie dies im Übrigen viele Vertreter der sogenannten Analytischen Philosophie zu glauben scheinen, anhand von Sätzen wie »Dieser Ball ist rot.«, sondern gebrauchen Formulierungen wie »Hammer, Alter!«, »Sehr geehrte Damen und Herren«, »Fein, mein Kleiner!« oder »Na, na, na!«, denen nicht ohne weiteres einer der Wahrheitswerte »wahr« oder »falsch« zugewiesen werden kann.

Dass die Wirklichkeit durch Sprache nicht nur abgebildet sondern auch konstruiert wird, da diese stets – wie man sagt – durch die kulturelle Brille der Begriffe wahrgenommen wird, und dass jede Kommunikation neben sachlichen auch soziale Botschaften vermittelt, ist von zahlreichen namhaften Autoren in verschiedenen Theoriesprachen festgehalten worden, so etwa durch die Schule von Paolo Alto (Watzlawick, Bateson), die Sprechakttheorie (Austin, Searle) oder die Systemtheorie (Luhmann), um hier nur einige der wichtigsten Ansätze zu nennen. »Anschauungen ohne Begriffe sind blind« reimte bekanntlich bereits Kant in seiner Kritik der reinen Vernunft. Es ist hier nicht der Ort, die unterschiedlichen Versionen und akademischen Debatten im Einzelnen durchzugehen, zumal man Erkenntnisse dieser Art besser auf die eigene Erfahrung stützt. Die großen Entwicklungspsychologen des 20. Jahrhunderts haben nicht von ungefähr viele ihrer Einsichten aus der Beobachtung ihrer eigenen Kinder gewonnen. Entscheidend war der Blick auf das Allgegenwärtige, nicht der privilegierte Zugang zu künstlich erzeugten Daten. Wo sonst bekäme man die Gelegenheit, die Entwicklung des Denkens, Sprachvermögens und Sozialverhaltens in vergleichbarer Intensität studieren zu können?

---

dem als Lebensform verstandenen, gemeinschaftlichen Gebrauch sah. Vgl. Ludwig Wittgenstein: Werkausgabe, Bd. 1, Frankfurt a. M. 1984.

Die Tochter des Autors dieser Zeilen gehörte jedenfalls nicht zu jenen, die als erstes Wort »Auto« sagen (womit das Kind womöglich die Idee einer gemeinsamen Unternehmung und des unterwegs-Seins verbinden mag). Ihre ersten Verknüpfungen von Sprachäußerung und Verhalten betrafen die von einem »Bim-Baum« begleitete Pendelbewegung einer vom Großvater vor ihren Augen hin- und hergeschwenkten Uhr, die Intervention mit »Nein« beim provokativen Krabbeln in Richtung einer für sie verbotenen Zone um den Kachelofen herum und das mit einem »Da!« verbundene Zeigen auf eine Gruppe frisch geschlüpfter Schmetterlinge in einem Busch. Keiner der drei Fälle betrifft die explizite Bezeichnung von Gegenständen.

Im ersten handelt es sich um die Miniatur eines rituell wiederholten Bewegungsablaufs: Das langsame und kontrollierte Pendeln war für das Kleinkind zugleich gemeinsames Erlebnis, Vorführung und physikalische Studie; es war ebenso faszinierend wie vorhersehbar und bildete daher einen optimalen Anreiz zur »Verlautbarung« des Vorgangs. Der zweite Fall verdeutlicht die Eigenschaft von Kommunikation, Zustimmung oder Ablehnung zu signalisieren – etwa mittels der Unterscheidung zwischen Ja und Nein.[2] Die der körperlichen Intervention vorausgehende verbale Reaktion ruft auf Seiten des Kindes eine dem Kitzeln vergleichbare Wonne hervor: Es muss geradezu immer wieder aufs Neue die verbotene Tat andeuten, um in genüsslicher Erwartung zuerst das mündliche Verbot zu vernehmen und dann die unter Protest erlittene Ingewahrsamnahme zu erzwingen. Die dritte Situation endlich verdeutlicht die Bedeutsamkeit kontextbezogener Verweise auf das Hier und Jetzt[3], durch die die Aufmerksamkeit der Anwesenden auf ein bestimmtes Phänomen oder ein gemeinsames Thema gelenkt wird, ohne dass der jeweilige Gegenstand damit bereits explizit auf einen Begriff gebracht werden müsste.[4]

Alle drei Beispiele stellen *situationsgebundene Lernerfahrungen* dar, die – wie nicht schwer zu sehen ist – später als Modell für ähnliche Situationen dienen werden, in denen das Gelernte in abgewandelter Form wiedererkannt wird. Jede Schaukelbewegung erinnert fortan an das großväterliche Pendeln, jedes Verbot an jene Urszene am Kachelofen, jede zeigenswerte Auffälligkeit an das gemeinsam beobachtete Ereignis im Busch. Auf diese Weise kann das Kind nach und nach Strukturen in seiner Umwelt identifizieren, indem es sie vorläufig jenen in

---

2 Zur Ja/Nein-Codierung sprachlicher Kommunikation vgl. Niklas Luhmann: Die Gesellschaft der Gesellschaft, Frankfurt a. M. 1997, S. 221-230.

3 Vgl. das berühmte Kapitel über »Die sinnliche Gewißheit oder das Diese und das Meinen« in Hegels Phänomenologie des Geistes. Georg W. F. Hegel: Phänomenologie des Geistes, Frankfurt a. M. 1986, S. 82-92.

4 Das Zeigen ist eine typisch menschliche Praxis. Schimpansen etwa zeigen sich angeblich nichts. Vgl. Michael Tomasello: Die Ursprünge der menschlichen Kommunikation, Frankfurt a. M. 2009.

seinem Gedächtnis bereits vorhandenen zuordnet, welche im Bewusstsein jeweils die ursprüngliche Situation repräsentieren. Dies mag dann ein Ausgangspunkt für weitere (auch sprachliche) Differenzierungen sein.

Die verbale Untermalung solcher psychischen Entwicklungssprünge spielt offenbar eine wesentliche Rolle, und dies nicht nur insofern, als es sich in den geschilderten Situationen um *Interaktionen* handelt. Tatsächlich lässt sich die symbolische Rekapitulation des Beobachteten oder Vorgestellten als die entscheidende Komponente für die Entwicklung des logischen Denkens begreifen. Diese geht einher mit dem stellvertretenden Gebrauch von Wörtern, Objekten und Bewegungen, anhand derer das Kind sich die Rollen, Problemlagen oder Konstellationen seiner sozialen Umwelt spielend zu eigen macht. Dazu werden Geschehnisse aller Art kommentiert und nacherzählt, Situationen nachgestellt und Abläufe simuliert. Puppen stehen für Personen, Kisten für Fahrzeuge. Ein oft zitiertes Beispiel hierfür bietet jenes von Piaget beschriebene Kleinkind, dass bei der Betrachtung einer Streichholzschachtel mehrmals den Mund öffnet und schließt, bevor es schließlich den Mechanismus der Schachtel begreift und diese zu öffnen lernt. Piaget bezeichnet die stellvertretende Verwendung von Gegenständen, Körperteilen usw. zur Modellierung der wahrgenommenen Umwelt allgemein als »Symbolspiel«.[5] Ein Großteil des kreativen Verhaltens von Kindern besteht aus unterschiedlichen Varianten derartiger Symbolspiele. Insbesondere die sprachliche Modellierung der gewonnenen Erfahrungen wirkt sich entscheidend auf die Erschließung der Welt aus. Es geht bei dieser basalen Form des Sprachgebrauchs insofern weder vorrangig um Informationsaustausch, noch um eine argumentative Verständigung über unterschiedliche Ansichten, sondern schlicht um die allmähliche Aneignung einer sozialen Lebenswelt, die nur qua Kommunikation zu einer gemeinsamen, kollektiv geteilten Welt werden kann.

Die Vernachlässigung solcher grundlegenden Funktionen der menschlichen Sprache wie die rituelle Markierung routinisierter Handlungsabläufe (Lernsituation 1), die Signalisierung von Zustimmung bzw. Ablehnung (Lernsituation 2) oder die Verortung in einem bestimmten Kontext (Lernsituation 3) durch das besagte *Bilderbuchparadigma* wäre indes unerheblich – da dem Kind schließlich andere Lernmöglichkeiten offenstehen –, käme nicht noch der schwerwiegendere Vorbehalt hinzu, dass durch den Gebrauch der betreffenden Bücher die diesen zugrunde liegende vergegenständlichende Weltanschauung selbst vermittelt werden könne. Die Bilderbücher suggerieren dem Kind eine Welt, die aus einer Ansammlung von lauter Dingen besteht. Sie befördern mithin eine materialistische Weltsicht. Mehr noch! Durch die mehr oder weniger schematische Darstellung der abgebildeten Objekte werden hinterrücks Klischees, Stereotypen, Idealbilder – wie immer man es heißen mag – transportiert, mit deren Hilfe ein be-

5 Vgl. Jean Piaget. Das Sprechen und Denken des Kindes, Düsseldorf 1972.

stimmter Blick auf die Welt eingeübt wird, die sich auf die Alltagswahrnehmung letztlich wie ein Filter auswirken (ein Thema, auf das wir im siebten Kapitel zurückkommen).

Allein die Auswahl der aufgeführten Objekte lässt sich bereits als Konditionierung auffassen. Wenngleich Abbildungen von Tieren, die wohl die animalische Natur des Menschen nachzuempfinden helfen, eher harmlos sein dürften, müssen bereits Darstellungen von Bauernhofidyllen aus gesellschaftskritischer Sicht den Verdacht auf sich ziehen, Beihilfe zur Etablierung eines umfassenden ideologischen »Verblendungszusammenhangs« (Adorno) zu leisten. Umso mehr gilt dies für die Darstellung von Technik, sowie von Männer- und Frauenbildern. Daher sind solche Abbildungen durchaus mit Bedacht zu präsentieren, denn die Macht der Bilder ist kaum zu unterschätzen.[6] Aus ihnen speisen sich die Vorstellungskraft, Fantasien und Träume eines Menschen, und sie fungieren dabei – psychoanalytisch gesehen – als Reservoir an bewussten oder unbewussten Symbolen.

So gesehen bewirken Sprache und Symbolik also doch eine Verdopplung der Welt, allerdings nicht als bloße Kopie von realen Gegebenheiten, sondern vielmehr im Sinne eines Modells, nach dessen Vorbild die Wahrnehmung des weltlichen Geschehens organisiert wird, und sie erschaffen damit zugleich ein frei verfügbares Paralleluniversum zum spielerischen Trainieren im Denken, Handeln und Fühlen. Hierzu gehören neben dem Umgang mit einzelnen Gegenständen vor allem auch die Entwicklung von Routinen (z. B. Pendelbewegung), die Verinnerlichung von Normen (z.B. verbotene Zonen) und die Hervorbringung gemeinsamer Situationsdefinitionen (z. B. Beobachtung von Vorgängen im Busch). Dies alles gilt selbstverständlich nicht nur für Bilderbücher, sondern grundsätzlich für jegliche Art von Märchen und Geschichten, ja selbst für Spielzeug und sämtliche Kontexte der Erziehung im Allgemeinen: Es werden hierüber die für das weitere Leben maßgeblichen Grundhaltungen gegenüber der Gesellschaft eingeübt. Wie sonst könnte Kindern die für spätere soziale Praktiken unverzichtbare Grundausstattung an habitualisierten Bewegungsabläufen und kognitiven Schematismen, an Geschlechteridentitäten und sonstigen kulturellen Standards beigebracht werden?

Im Weiteren soll nun folglich jenen symbolischen Strukturen nachgegangen werden, die Kindern als Gerüst für die Ausprägung ihrer Grundhaltungen gegenüber der Welt zur Verfügung stehen. In *sozialer* Hinsicht, soviel ist klar, stellt die Familie die basale Ordnung dar, im Rahmen derer der Sozialisationsprozess sich normalerweise vollzieht. Von zentraler Bedeutung ist insbesondere die aus

---

[6] So vom Standpunkt der Hirnforschung auch Gerald Hüther: Die Macht der inneren Bilder. Wie Visionen das Gehirn, den Menschen und die Welt verändern, Göttingen 2004.

Mutter, Vater und Kind bestehende Dreiecksbeziehung, die – wie Familiensoziologen sagen – *sozialisatorische Triade*.[7] Nicht die konkreten materiellen Leistungen der Eltern wie etwa Fürsorge, Unterhalt oder Erziehung sind hierbei entscheidend, sondern die Konstellation von Beziehungen zu zwei verschiedenen Bezugspersonen, die untereinander ein derartiges »Verhältnis« haben, dass das Kind sich hier (ausnahmsweise auch einmal) als ausgeschlossen erfährt. Des Weiteren spielen im Hinblick auf die Besonderheiten des individuellen Falls selbstverständlich auch die Geschwisterfolge und die spezielle Familiengeschichte eine wichtige Rolle, bei der oft über mehrere Generationen hinweg bestimmte Muster reproduziert werden.

Wie weit aber müssen wir *zeitlich* innerhalb der einzelnen Biografie zurückgehen, um die elementaren Formen symbolischer Orientierungen aufzuspüren? Dass dieser Vorgang spätestens beim Erlernen der Sprache einsetzt, ist bereits hinreichend deutlich geworden. Aber setzt nicht bereits die *Geburt* jeden Menschen in ein erstes, vorläufiges Verhältnis zur Welt und stellt damit schon Weichen für seine weitere Entwicklung?

Der Geburtsvorgang lässt sich als die erste große Krise im Leben eines Menschen verstehen, die er, sofern er überlebt, erfolgreich bewältigt. Die dadurch entstandene Erfahrung ist damit zunächst die einzige vom Gedächtnis aktivierbare Referenz, die beim Umgang mit späteren Krisen und zu deren kognitiver Verarbeitung und Aufarbeitung verfügbar ist. Weitere Krisen werden also zwangsläufig vom Bewusstsein in einer natürlichen Analogie zur Geburt aufgefasst werden, um von diesem logischen Ausgangspunkt aus ihre Besonderheit zu bestimmen. Wer mit den Füßen oder Armen voran, verfrüht oder verspätet geboren wird, einen Nabelschnurvorfall erleidet, in eine insbesondere für die Mutter schwere oder gar tödliche Geburt verwickelt wird, dessen Beziehung zur Mutter und zur Welt ist damit durch eine elementare Erfahrung geprägt, sei es die Erfahrung, dass die Harmonie der Welt durch unvorhersehbare Zwischenfälle oder unkontrollierte Bewegungen beeinträchtigt werden kann, sei es die, eine bedrohliche Situation gemeinsam durchgestanden zu haben. Wenn grundsätzliche funktionale Störungen auftreten, der Kopf einfach nicht durch das Becken passt oder wenn der natürliche Geburtsvorgang von vornherein per Kaiserschnitt umgangen oder durch medizinische Interventionen seiner Intensität beraubt wird, dann mag dies den Eindruck hinterlassen, dass das strukturelle Passungsverhältnis zur Umwelt per se problematisch ist oder dass ein übergeordnetes technokratisches System die Kontrolle und die Verantwortung für Sicherheit und Problembewältigung übernimmt.

---

7 Vgl. Bruno Hildenbrand: Sozialisation in der Familie und Generationenbeziehungen. Die Bedeutung von signifikanten Anderen innerhalb und außerhalb der sozialisatorischen Triade, in: Familiendynamik 32, 3/2007, S. 211-228.

Wenngleich das Geburtserlebnis später nicht mehr bewusst erinnerbar ist, bleibt der Vergleich doch implizit anhand der im Zuge der Geburt entstandenen basalen Assoziationen erhalten. Anhänger der *sanften Geburt* suchen daher das aus einem sterilen, rein instrumentell vollzogenen Geburtsakt resultierende mentale Trauma zu vermeiden, indem durch unmittelbare Kontaktaufnahme mit der Mutter, vorgewärmte Decken und spirituelle Musik eine angenehme Atmosphäre geschaffen wird.[8] Das Neugeborene soll positiv, warm und geborgen in der äußeren Welt aufgenommen werden, technische und bürokratische Maßnahmen wie das Abnabeln, Wiegen und Baden werden als nachrangig betrachtet oder in das Begrüßungsritual einbezogen.

Dass die Geburt in diesem Sinne als eine für das gesamte weitere Leben bedeutsame Ausgangserfahrung zu verstehen ist, heißt jedoch nicht, dass sie tatsächlich die erste prägende Erfahrung darstellt. Mit der Geburt betritt der Mensch gleichsam die Welt. Lange vor der Geburt aber bilden sich im Gehirn Muster heraus, die Atmung, Motorik oder Geräusche repräsentieren. Der Embryo lernt bereits im Mutterleib, er experimentiert und verknüpft die empfundenen Eindrücke assoziativ miteinander. Dabei entwickelt sich nicht nur eine Beziehung zum eigenen Körper und zur Mutter, sondern rudimentär auch schon zur äußeren Umwelt. So können etwa Geräusche wie Musik oder Geschrei anhand der emotionalen Reaktion der Mutter, die sich durch die An- bzw. Entspannung der Bauchdecke auf das Kind überträgt, für dieses (eine auch kognitive) Bedeutung gewinnen. Sie stehen dann – unabhängig von praktischen Zusammenhängen (Warum schlägt die Tür zu? Warum lacht der Onkel so laut?) – auch später noch für bestimmte Gefühlszustände wie Angst, Stress oder Wohlbefinden.[9]

Die Geburt markiert gleichwohl auch in *sachlicher* Hinsicht eine Zäsur, denn mit ihr tritt der neue Mensch aus seiner Mutter heraus und ihr erstmals gegenüber. Vor der Geburt kann es im Bewusstsein noch keine stete Repräsentation der Grenze zwischen Innen und Außen geben, denn der Embryo ist noch weitestgehend organisch mit der Mutter verwachsen, beide bilden eine Einheit, die mütterlichen Regungen unterschieden sich nicht signifikant von den internen Vorgängen. Der Embryo ist, vom mütterlichen Standpunkt betrachtet, bislang gewissermaßen ein inneres Innen. Die Mutter bildet dementsprechend sein inneres Außen, welches ihn vom äußeren Außen weitestgehend abschirmt. Diese verschachtelte Differenzierung bleibt dem Embryo zunächst verschlossen. Erst im Zuge der Geburt manifestiert sich der Unterschied zwischen Innen und Außen, zwischen Ich und Nicht-Ich, zwischen System und Umwelt. Der Prozess des

---

[8] Vgl. für diese Auffassung Frederick Leboyer: Geburt ohne Gewalt, München 1995.

[9] Für eine populärwissenschaftliche gehaltene, ausführliche Behandlung dieses Themas vgl. Gerald Hüther/Inge Krens: Das Geheimnis der ersten 9 Monate. Unsere frühesten Prägungen, Olten 2007.

Herauskommens aus dem Uterus erzeugt eine unhintergehbare, unüberwindliche und zugleich existenzielle Differenz. Er bedingt eine Unterscheidung zwischen Vorher und Nachher, zwischen geborgener Innenwelt und weiter Außenwelt. Die vorherige Welt – jetzt erinnert als vormaliges Innen – zerfällt unmittelbar in Mutter und Ich. Mit dem Einsetzen von Atmung und Nahrungsaufnahme sowie der Abgabe der Verdauungsprodukte etabliert sich ein permanentes Verhältnis zur Außenwelt, das nochmals verstärkt wird durch die Entwicklung der visuellen und akustischen Sinneswahrnehmung, die sich zunehmend auf räumlich entfernte Phänomene richtet, durch die zweite Haut der Kleidung, sowie durch die Interaktion mit der Mutter und den Anderen.

Wenn die Menschen auf diese Weise tatsächlich bereits bestimmte Grundhaltungen gegenüber der Welt entwickeln, früheste Prägungen erfahren und erste Orientierungen gewinnen, so stellt sich nun umso drängender die Frage: Was hieran ist symbolisch? Worin könnten etwaige Symbolstrukturen überhaupt bestehen? Augenscheinlich sind ja jedenfalls in den betrachteten Grenzfällen der Geburt und der pränatalen Entwicklung noch keine symbolischen Artefakte – Kultgegenstände, rituellen Handlungen oder Mythen – zu beobachten, keine künstlich erzeugten Zeichen oder Signale zu erkennen. Erzeugt werden allenfalls organische Strukturen, neuronale Muster und assoziative Verknüpfungen.

Wiederholte Zuckungen und »Turnübungen« im Mutterleib weisen andererseits gewisse Analogien zu ritualisierten Routinen auf. Konditionierte Assoziationen tragen mythologische Züge. Man spricht nicht nur von der sogenannten Körpersprache. Im Bereich der Biologie finden sich vielfältige Phänomene, die durch Analogien zur menschlichen Sprache und zur Funktionsweise von Computern beschreiben werden, angefangen vom genetischen »Code«, über »Botenstoffe«, die der »Kommunikation« zwischen Zellen, Organen und Organismen dienen, bis zum Nervensystem. Schmerzen lassen sich als Signale, Krankheiten als Zeichen des Körpers verstehen.[10] Ob diese Formen von »Biosemantik« mehr als schiefe Metaphern beinhalten, ist umstritten. Jenseits der Schulmedizin findet sich jedenfalls in den meisten heilpraktischen Traditionen die Auffassung, dass Krankheiten nicht nur als Defekt des biologischen Mechanismus, sondern als Symptome eines übergreifenden Problemzusammenhangs zu verstehen seien. In der Zahnheilkunde wird bspw. immer wieder der Standpunkt vertreten, dass die Zähne als interne Symbole des Körpers dienen, in denen sich dessen psychosozialer Status verkörpert. Die Eckzähne stehen dann für übermäßige bzw. mangelnde »Bissigkeit« (Aggression); Depressionen werden in der Psychoanalyse oft mit der Idee des Verlusts der Zähne in Verbindung gebracht. Auch anderen weitver-

10 Zur Möglichkeit, Krankheit als Bestandteil der Körpersprache zu interpretieren, vgl. Rüdiger Dahlke: Krankheit als Symbol. Ein Handbuch der Psychosomatik, München 1996.

breiteten Lehren wie der traditionellen chinesischen Medizin, der Homöopathie oder der Anthroposophie liegen ähnliche Vorstellungen über das Zusammenspiel von Organen, Körperfunktionen und Welthaltungen zugrunde.

Dies mag zwar selbst Ausdruck eines mythologischen Denkens sein. Gleichwohl treten die Grenzen einer rein mechanistischen Auffassung von Medizin, einer allzu reduktionistischen Haltung in Hirnforschung, Psychologie und Soziobiologie, sowie einer technokratisch geprägten Quantifizierung der Wissenschaft überhaupt allerorts offen zutage. Um stattdessen den Sinn für das Symbolische zu wecken, sind daher alle in Frage kommenden Perspektiven zumindest in Betracht zu ziehen. Obwohl die Frage »Was ist ein Symbol?« zugunsten der Betrachtung seiner Erscheinungsformen und Wirkungsweisen möglichst zurückgestellt werden soll, wird an dieser Stelle allerdings eine zweite explizit theoretische Reflexion unvermeidlich.

Theorie-Memo 2: Struktur und Symbolisierung

Eine Struktur ist grundsätzlich nur als etwas sich im Verschiedenen als identisch Erweisendes identifizierbar, sie muss also, um als Struktur gelten zu können:

- in *zeitlicher* Hinsicht später noch als dieselbe wiedererkennbar sein, sodass sie sich als Erfahrung im Gedächtnis verankern kann,
- in *sozialer* Hinsicht für verschiedene Beobachter gleichermaßen erkennbar sein, sodass sie intersubjektiv nachvollziehbar ist und somit als außerhalb des individuellen Bewusstseins liegendes Objekt vergegenständlicht werden kann,
- in *sachlicher* Hinsicht abstrahierbar sein, sodass sie aus verschiedenen Perspektiven betrachtet und in unterschiedlichen Erscheinungsformen aufgefunden werden kann, wodurch sie analogietauglich wird.

Die zentrale Bedeutung dieser drei Dimensionen für die Strukturerkennung lässt sich am Beispiel der visuellen Wahrnehmung veranschaulichen. Der für die räumliche Wahrnehmung erforderliche Sinn für *sachliche* »Tiefe« erwächst aus der – für den Menschen charakteristischen – minimalen Perspektivenabweichung der beiden Augen. Diese begünstigt nicht nur die Wahrnehmung dreidimensionaler Architekturen, sondern spielt auch bei der Erfassung sozialer Konstellationen eine Rolle, man denke etwa an das »Lesen« eines Fußballspiels. Zugleich erzwingt es eine Fokussierung des Blicks, sodass die Aufmerksamkeit sich insbesondere auf das Gegenüber konzentrieren kann. Hier kommt eine weitere, *soziale* Besonderheit des menschlichen Blicks hinzu. Durch das – bei anderen Primaten nicht vorhandene – Weiße im Auge wird die Blickrichtung eines Menschen für andere leichter erkennbar, sodass man sich an der Wahrnehmung der anderen orientieren kann.[11] Anhand der wechselseitigen Verschränkung der Blicke wird der Mensch zum öffentlichen Beobachter von Beobachtern: Er beobachtet die Beobachtungen der anderen und weiß sich zugleich selbst ihrer Beobachtung ausgesetzt. Auf diese Weise können die Strukturen der Welt sich in einem kollektiv geteilten Wissen niederschlagen und mittels dieses (konstruierten) Wissens wahrgenommen werden. Der Lidschlag schließlich führt zu einer ständigen Unterbrechung der Wahrnehmung, wodurch das Gehirn gezwungen wird, die Rezeption jeweils kurzzeitig zu unterdrücken und dann anschließend mit der vorherigen Wahrnehmung abzugleichen. Hierdurch wird die selektive Wahrnehmung der jeweils als relevant erachteten Aspekte noch einmal *zeitlich* forciert. Die Komplexität der Welt wird zur Struktur reduziert.

Der Blick allein ist indes kaum imstande, unmittelbar jene komplexen Muster zu erfassen, die einem von sozialem Sinn durchtränkten Erfahrungsraum Struktur geben. Solche Strukturen müssen, um beobachtbar zu werden, künstlich verstärkt, aus dem Rauschen der Welt herausgehoben und in diese wieder hineingelegt werden. Der für jegliche Form von Kultur charakteristische *Symbolismus* leistet nun genau diese erforderliche Verstärkung auf einer Ebene, die man idealistisch gesprochen als *Ebene des menschlichen Geistes* bezeichnet. Durch Symbolisierung wird die Identifizierbarkeit einer strukturelle Ordnung gesteigert, ja in gewisser Weise überhaupt erst gewährleistet und zwar:

- sowohl in sachlicher Hinsicht, indem die *Abbildung* in symbolischen Medien als Multiplikator von Struktur wirkt,
- als auch sozialer Hinsicht, indem der symbolische *Ausdruck* die Struktur als kulturelle Erscheinung ausweist,
- sowie in zeitlicher Hinsicht, indem die Symbolik der symbolisierten Struktur eine einprägsame Gestalt verleiht und als *sozialisierende Instanz* eine prägende Wirkung entfaltet.

Im Symbolischen werden Strukturen nicht nur verdoppelt, sondern häufig vervielfältigt und ihre Varianten und Teilaspekte zugleich gebündelt und aufeinander bezogen, sodass die abstrakte Struktur vor dem geistigen Auge mannigfaltig wie in einem Kaleidoskop erscheint. Durch Symbolisierung kann eine Struktur zugleich zu einer sozialen Tatsache erhoben werden, denn kulturelle Symbole bezeugen gesellschaftliche Wirklichkeit. Das Symbol bringt nicht nur soziale Erwartungen zum Ausdruck, es wird selbst zu einer Erwartung und verstetigt damit die mit ihm korrespondierende strukturelle Ordnung auch in zeitlicher Hinsicht. Die symbolische Fassung vermag der Struktur überdies eine markante Gestalt zu geben, die aufgrund ihrer schematischen Eigenschaften wiedererkenn-

---

11 Vgl. Michael Tomasello / Brian Hare / Hagen Lehmann / Josep Call: Reliance on head versus Eyes in the gaze following of great apes and human infants: the cooperative eye hypothesis, in: Journal of Human Evolution 52, 2007, S. 314-320.

bar und reproduzierbar wird. Markantes ist nicht nur leichter zu bemerken, sondern auch leichter zu merken. Somit untermauern Symbolisierungen zugleich die Dauerhaftigkeit der Struktur. Diese wird oft noch im Symbol selbst symbolisiert, etwa bei einem Grenzstein, der selbst dauerhafter sein mag als die von ihm markierte territoriale Ordnung. Mythen und Märchen, Ikonen und Wappen, Rituale und Sitten präsentieren sich als Überlieferung und inszenieren dabei ihre eigene Tradition.

Der Geist macht sich im Symbolischen gleichsam eine sachgemäße Skizze (Abbildungsaspekt), anhand derer die Welt für ihn überhaupt erst beobachtbar wird. Er manifestiert sich darin zugleich als soziales Phänomen (Ausdrucksaspekt) und wird auf diese Weise intersubjektiv beobachtbar. Durch die Teilhabe am Vollzug symbolischer Praktiken wird der Einzelne überdies selbst von dem entsprechenden geistigen Feld erfasst und werden so die maßgeblichen Strukturen reproduziert (Sozialisationsaspekt).

***

Dieser letzte, sozialisatorische Aspekt tritt bei der Betrachtung frühkindlicher Lebenswelten naturgemäß in den Vordergrund. Nachdem mit der Geburt, der vorgeburtlichen Prägung und der körperinternen Symbolsprache *natürliche Umgebungen* der Ich-Entwicklung angesprochen wurden, bei denen die Szenerie allenfalls in einem indirekten Sinne aktiv gestaltet werden kann, sollen nun die *kulturellen Kulissen* der Kindheit betrachtet werden. Um im Bild zu bleiben: Inwiefern färbt die Aufführung ab, prägen die spielerisch gewonnenen Erfahrungen das Denken? In welchem zur zweiten Haut gewordenen Kostüm kommt das Kind aus den benutzen Bühnenbildern heraus? Auf welche Weise wird der Lebensfluss durch Gitterbetten geleitet, werden die Erwachsenden durch Klettergerüste geformt, passt sie das Bildungssystem den gesellschaftlichen Gegebenheiten an?

Der erste Schauplatz des Lebens ist die Wiege. In sie hinein werden vom Schicksal sprichwörtlich Begabungen und Bürden gelegt. Sanftes Wiegen kann vertrauensstiftend wirken und ein Gefühl von Geborgenheit vermitteln. Das Schaukeln lebt von einer Monotonie der Wiederholung und steht damit im Gegensatz zum Stillstand einer absoluten Ruhe. Solange die vertraute Bewegung andauert, wähnt sich das Baby sicher. Es braucht nicht zu fürchten, abgestellt, ausgesetzt oder womöglich vergessen worden zu sein. Es bekommt die gebührende, also auch nicht übertriebene Aufmerksamkeit und erfährt sich als Bestandteil einer umfassenderen Bewegung, wie sie sich vor der Geburt durch den Gang der Mutter und dereinst durch den Zug eines Nomadenvolks ergeben haben mag. Die Wiege als vergegenständlichte Bewegung ist so gesehen bereits eine technische Simulation der verlorengegangenen Einheit der Welt. Der Fluss ist unterbrochen. Die sesshaft gewordenen Mütter werden durch Maschinen ersetzt. Statt auf den Arm genommen zu werden, wird man buchstäblich verschaukelt.

Die Wiegemaschine bildet zugleich den Ausgangspunkt einer Reihe von Pendelkonstruktionen, die sich als Transformationen des mütterlichen Beckens in einen mehr und mehr kontrollierbaren Mechanismus interpretieren lassen, welche den wiegenden Schritt der Mutter nach und nach in ein Symbol des technischen Fortschritts übersetzen. Von der Wiege zur Schaukel, von der Schaukel über Schaukelpferd, Wippe und moderne Federwipptiere bis hin zu Hüpfball, Bobby Car und Laufrad übernimmt das Kind allmählich die volle Kontrolle der Bewegung. Der logische Fluchtpunkt dieser Entwicklungsreihe besteht ganz offensichtlich im Automobil, das so gesehen einem vom Fahrer gesteuerten künstlichen Uterus gleichkommt. Alles Pendelnde, Zyklische, Beschwingte ist im Laufe dieser symbolischen Metamorphose dann freilich einer zielgerichteten, linearen, stoßgedämpften Bewegung gewichen.[12] Nicht die Monotonie der Bewegung gibt mehr Sicherheit, sondern die Technik selbst. Die Wogen des Lebens werden gleichsam kanalisiert. Sie münden im technokratischen Mainstream.

Das Urbedürfnis nach beständigem Hin und Her, nach Vor und Zurück, dem Schwingen in Einklang und Harmonie lässt sich hingegen späterhin auch im Tanz, im Sex oder auf See ausleben, es schlägt sich in Spiel und Sport, in Routinen und Ritualen nieder. Die Pendelbewegung war ja oben bereits im Zusammenhang mit dem Spracherwerb als strukturelles Vorbild eines Rituals aufgefasst worden. Strukturalistisch gesehen setzt sich das betreffende Entsprechungsverhältnis zwischen Natur und Kultur über mehrere Ebenen hinweg fort. Die periodischen Elemente des sozialen Lebens (Mahlzeiten, Wochenrhythmus, Feste) folgen nicht nur der Sonne, dem Mond und dem Wechsel der Jahreszeiten, in sozialen Routinen reproduzieren sich in gewisser Weise auch Muster, die sich auf neuronaler Ebene zuallererst im Pulsschlag und im Atem etablieren. Abstrakt gesprochen: Struktur basiert auf Oszillation! Sie produziert regelmäßige Bewegungen und wird durch wiederholte Bewegungen reproduziert. Dies gilt für die Welleneigenschaften physikalischer Elementarteilchen ebenso wie für soziale Systeme. Eine entsprechende Auffassung von Struktur findet sich nicht nur im symbolischen Denken archaischer Mythen, zeitgenössischer Esoterik und in den Metaphern der massenmedial konstruierten Weltöffentlichkeit. Sie ist auch in der Kunst, der Philosophie, der Wissenschaft von namhaften Autoren immer wieder formuliert und dabei unter anderem als »Pulsschlag der Erde« (Goethe), »Alles ist Energie!« (Wilhelm Oswald) oder »Strukturierung« (Anthony Giddens) bezeichnet worden.

---

12 Diese Entwicklung entspricht im Übrigen dem von Zeitphilosophen verzeichneten Übergang vom zyklischen zum linearen Zeitbewusstsein.

Die Wiege bewegt indes nicht allein, aus ihr heraus erschließt sich die Welt zugleich auch in ästhetischer Hinsicht. Während Wiegenlieder (und ersatzweise: Spieluhren) dem Kind die akustische Symbolsprache der *Musik* nahebringen, die sich vor allem als eine Sprache der Emotionen verstehen lässt[13], ist es durchweg umgeben von einer *visuellen* Fülle symbolischer Muster, angefangen bei Wäsche, Trinkflasche und Schnuller. Mobiles aus tanzenden Figuren zieren den Baby-Himmel. Kinderwagenketten in Reichweite säumen den Horizont. Auch das Babyspielzeug (Greiflinge, Rasseln, Plüschtiere) vermittelt über seine unmittelbare Funktion hinaus ausnahmslos jene niedlichen schematischen Schablonen, mit denen die Babywelt – einer gigantischen Werbekampagne gleich – lückenlos ausstaffiert wird.

Welche Wirkung zieht diese permanente Konfrontation nach sich? Handelt es sich hierbei um eine raffinierte Form von Reklame für die moderne Kultur? Oder werden so vielmehr die Eltern symbolisch in ihre neue Rolle eingewiesen? Es gehört zu den Eigenarten symbolischer Strukturen, dass sich Fragen dieser Art nicht eindeutig entscheiden lassen, denn diese beruhen in der Regel auf der Überlagerung mehrerer Wirklichkeitsebenen, die im Symbol aufeinandertreffen, und können daher je nach Beobachterperspektive eine unterschiedliche Bedeutung gewinnen. Allein dadurch, dass Babysachen anlässlich der Geburt als *Präsent* übergeben werden, symbolisieren sie – hinter dem Rücken des Besitzers – immer auch die Beziehung zwischen Geber und Nehmer. Sie bringen überdies implizite Erwartungen, nostalgische Erinnerungen und Werturteile von Freunden, Kollegen und Verwandten zum Ausdruck, und dies, wie die Erfahrung zeigt, manchmal in einem Maße, dass die Geschenke oft kaum mehr dem Geschmack der Eltern und den Bedürfnissen des Kindes entsprechen.

Gleichwohl lassen sich die typischen Motive, und allgemeiner noch: die kulturellen Standards der frühkindlichen Lebenswelt durchaus im Hinblick auf ihren symbolischen Gehalt deuten, indem ihr Passungsverhältnis zu bestimmten Aspekten der gesellschaftlichen Ordnung betrachtet wird. Die allumfassende Bebilderung des Blickfelds etwa beinhaltet zumeist stark schematisierte Darstellungen von Pflanzen und Tieren. Dies spricht dafür, dass hier das Schematische als solches Bedeutung gewinnt, denn wir leben schließlich nicht im Urwald und benötigen kaum kleine Botaniker und Zoologen.

Wenn alles Leblose also mit Symbolen des Lebens versehen wird und Dinge Augen aufgedruckt bekommen, dann verwandelt sich alles in der Welt zum einen in ein beseeltes Gegenüber: Es erscheint anthropomorph[14]. Zum anderen wird

---

[13] Siehe als klassischen Vertreter dieser Auffassung Herbert Spencer: Origin and Function of Music, in: ders.: Essays, Vol. 2, London/New York 1891, S. 400-451.

[14] Die Auffassung, alles menschliche Denken sei ursprünglich anthropomorph, ist vor allem von Auguste Comte vertreten worden. Vgl. Auguste Comte. Die Soziologie. Die positive Philosophie im Auszug, Stuttgart 1974, S. 146 f.

jegliches Leben selbst schematisiert: Wie Pflanzen und Tiere in der Realität dem Schema anverwandelt werden, als wäre jede Abweichung dem realen Exemplar anzulasten, so fällt letztlich die ganze Welt hinter das Schema zurück, da alles an ihm gemessen wird und ihm doch zugleich immer nur unzureichend entsprechen kann.

Was bleibt, ist eine vorgreifend schematische, bereits symbolisch betriebene Realisierung sozialer Praktiken. Fahrrad fahren bedeutet dann bspw., mit Radlerhose, Trikot und Trinkflasche ausgerüstet sportsmännisch zu flanieren, nicht etwa: dort und dorthin zu fahren. Und ein Baby zu bekommen beinhaltet somit eben die Einrichtung eines babytypischen Bühnenbildes: Man inszeniert noch seine Elternschaft, ja man wird unversehens durch die Öffentlichkeit wie von einem Drehbuchautor in eine Aufführung hineingeschrieben, deren Rollenzuschreibung man sich schwerlich entzieht. Die Mädchen beginnen im Übrigen früh, diese Rolle einzuüben, die Väter entziehen vorzugsweise sich mit geschäftlicher Geschäftigkeit. Aus Sicht der Eltern ist selbst das Baby in diesem Sinne ein Schema, dem es ebenso schematisch zu genügen gilt. Aus Sicht des Babys sind es wiederum die Eltern, ist es vor allem die Mutter, die als »Mama« zum Inbegriff des Umsorgenden wird.

Die Wiege ist daher auch ein ausgewiesener, ein dem Kind zugewiesener *Ort*, wie es das Laufgitter und das Kinderzimmer überhaupt, wie es der Spielplatz und der Kindergarten sind. Von klein auf bekommt das Kind seinen Platz in der Welt eingeräumt, den es in der Regel zu akzeptieren oder aber entsprechende Unannehmlichkeiten in Kauf zu nehmen hat. Auf diese Weise kann es lernen, später auch seinen Platz in der Schule, den Arbeitsplatz oder einen Erholungsplatz vor dem Fernseher oder im Liegestuhl einzunehmen, ihn je nachdem zu behaupten oder als Zuflucht zu nehmen. (Im nächsten Kapitel wird es entsprechend darum gehen, wie soziale Orte im Allgemeinen symbolisch markiert und ausgezeichnet werden.)

Findet das Kind den sozialen Raum zunächst fertig vorstrukturiert vor, so vermag es nach und nach selbst symbolische Rahmungen zu setzen, die den statusgemäß beanspruchten Raum kenntlich machen. Zugleich wandelt sich der Charakter der gesetzten Grenzen von unüberwindlichen materiellen Absperrungen hin zu rein symbolischen Grenzlinien. Bucay veranschaulicht dies anhand des Gleichnisses von einem ausgewachsenen Elefanten, der an einen winzigen Pflock angebunden ist. Mit Leichtigkeit könnte er sich losreißen, aber er ist schon seit frühester Kindheit auf diese Weise angebunden und hat seinen Bewegungsradius längst akzeptiert. [15] Das Kind indes lernt laufen, aus dem Gitterbett

[15] Jorge Bucay: Komm ich erzähl dir eine Geschichte, Zürich 2005, S. 7-10.

zu klettern, Zäune zu überwinden, aber auch: nicht auf die Straße zu laufen, den Herd zu meiden und der Bühne fernzubleiben.

Innerhalb solcher sozialen Orte wie etwa einem Spielplatz kommt es überdies häufig zu *Binnendifferenzierungen*, es können also selbst wieder einzelne Orte unterschieden werden. Im Falle eines Spielplatzes geschieht dies bspw. über unterschiedliche Geräte, die wie Stationen eines frei wählbaren Parcours Teilaspekte kindlicher Spielpraxis verkörpern. Ob dies tatsächlich den Bedürfnissen spielender Kinder gerecht wird, sei dahingestellt und ist in unserem Zusammenhang auch nur insofern relevant, als die Stationen für die Kinder zumindest hinreichend attraktiv sein müssen. In jedem Falle erfahren sie anhand der räumlichen Bewegung zwischen den einzelnen Orten bereits symbolisch jene Differenzierung am eigenen Leibe, die für das gesellschaftliche Leben im Ganzen charakteristisch ist. Die Spielpraxis wird mittels Technik fragmentiert und in spezifische materielle Bewegungsabläufe – Schaukeln, Wippen, Karussell fahren – zerlegt. Gleichzeitig zerfällt das Erleben in eine Abfolge von Ereignissen – sogenannten »Events« –, die anhand ihres Sensationscharakters bewertet werden. Diese Wahrnehmungsweise wird typisch durch erwachsene Begleitpersonen, etwa durch Großeltern, verstärkt, die ihren Zöglingen etwas bieten wollen und dies oft an der Besonderheit der aufgesuchten Orte festmachen.

Einer dieser Orte, der vordergründig wenig sensationell anmutet, dafür aber auf kaum einem Spielplatz fehlt, ist der Sandkasten. Sand ist ein Medium par excellence: Das Kind wird als Formgeber zum Schöpfer, indem es in die homogene Welt der Sandfläche Unterschiede einführt und aus dem Nichts Strukturen schafft. Es erzeugt damit eine Heterogenität, die ihrerseits wieder dem Gesetz der Entropie unterliegt: Am nächsten Morgen sind die Spuren im Sand vom Wind verweht, die Sandburg ist ruiniert. So gesehen rekapituliert das Kind im Sandkasten symbolisch die Evolution des Universums. Es schafft aus nichts als feuchtem Sand eine höhere Ordnung, die sein Spiel bestimmt, ohne die Sandkörner selbst dabei zu verändern. *Was* es hingegen baut – Burgen, Plastiken oder Kuchen – das richtet sich wiederum nach kulturellen Standards und lässt bereits geschlechtsspezifische Unterschiede erkennen. Jungen mögen sich eher als Baumeister, Rennfahrer, Krieger üben, Mädchen eher backen und schmücken.

Die Aneignung kulturspezifischer Schematismen, Rollenskripte und Deutungsmuster erfolgt nun keineswegs aus heiterem Himmel oder allein aufgrund genetischer Veranlagung. Einiges mag sich das Kind schlicht von Anderen abschauen. Auf der Suche nach lenkenden und steuernden Einflussgrößen dieses Aneignungsprozesses trifft man indes unmittelbar auf *materielle Artefakte* und *ideelle Quellen*: Gemeint sind einerseits Spielutensilien aller Art sowie andererseits die Fantasiewelten der Kinderliteratur einschließlich Märchen, Filmen und Liedern.

Bereits Sandspielzeug wie Sieb, Förmchen oder Rechen beinhaltet im Unterschied zu Stöcken und Steinen weitreichende Vorgaben darüber, was zu tun ist und wie man sich zu geben hat. Je deutlicher das Spielgerät einen imaginären Kontext heraufbeschwört, indem es schematisch als Schiff, Burg oder Eisenbahn gestaltet ist, je realistischer ein Spielzeug wirkt, je mehr Zubehör vorhanden ist, desto mehr wird das Spielverhalten in ein themenspezifisches Korsett gepresst, werden Rollen, Dramaturgie und Handlungsabläufe vorgeschrieben, wird die Fantasie kanalisiert.

Während Spielzeug für Mädchen in der Regel auf Haltungen abgestimmt ist, die im Zusammenhang mit Fürsorglichkeit und Ästhetik stehen, erfordert (und folglich: fördert) Spielzeug für Jungen stärker aggressive, raumerobernde und zweckrationale Verhaltensweisen. Anhand historischer Kampfszenarien (Cowboy, Ritter, Polizist) wird in gewisser Weise die kulturelle Evolution nachgestellt, allerdings eher als Geschichte militärischer Konflikte denn als Zivilisationsprozess. Gerade bei Computerspielen tritt die historische Authentizität des Rollenspiels häufig zugunsten einer realistischen Animation der Action-Szenen in den Hintergrund. Auch bei diversen Experimentier- und Modellbaukästen und sonstigem Konstruktionsspielzeug ist eine grundsätzliche Affinität zur Leitidee des technischen Fortschritts und zu technokratischen Kontrollfantasien kaum von der Hand zu weisen. Im Kinderzimmer werden also in gewisser Weise systematisch gigantische Herrschaftsapparate und Imperien errichtet!

Die Selbstsuggestion von Dominanz setzt sich in dem mit der Verfügungsgewalt über Spielzeugreiche (führender Marken) vermeintlich verbundenen Prestige fort. Das – für bestimmte Aspekte der modernen Gesellschaftsordnung charakteristische – Streben nach Besitz und Statusüberlegenheit mag von hier seinen Ausgang nehmen. In jedem Falle bieten sich hinreichend Gelegenheiten, die gängigsten Techniken der Selbstinszenierung männlicher bzw. weiblicher Art spielerisch einstudieren. (Mit den symbolischen Codes der Bezeugung von sozialem Status wird sich das vierte Kapitel eingehender befassen.)

Die Behauptung, dass die Weise des Umgangs mit Neugeborenen und Kleinkindern, die Art der symbolischen Zuweisung von Plätzen und Verhaltensskripten »kausal« verantwortlich seien für den sogenannten »Geist des Kapitalismus«[16], die auf Unterwerfung und Erniedrigung des Anderen abzielende »Wolfsprache«[17], die ausgeübte »symbolische Gewalt«[18] – oder wie immer man die zugehörigen Grundhaltungen in soziologischen Zeitdiagnosen bezeichnet hat –, mag als esoterische Fantasie erscheinen. Dass das bereitgestellte Spielzeug und die angebotenen Bilder und Metaphern einen solch entscheidenden Einfluss auf die spätere gesellschaftliche Orientierung ausüben sollten, klingt in hohem

---

16 Max Weber: Die Protestantische Ethik und der »Geist« des Kapitalismus, München 2006.

17 Im Sinne von Marshall Rosenberg: Gewaltfreie Kommunikation. Eine Sprache des Lebens, Paderborn 2009.

18 Pierre Bourdieu: Sozialer Sinn. Kritik der theoretischen Vernunft. Frankfurt a. M. 1987.

Maße spekulativ, zumal gewöhnlich im engeren Sinne die »Erziehung« und die genossene »Ausbildung« für die Persönlichkeitsentwicklung verantwortlich gemacht werden. Fragt man jedoch nach Anhaltspunkten dafür, wie solche kulturellen Muster erlernt werden, dann stößt man in den Strukturen der kindlichen Lebenswelt, in den (kulturell standardisierten) Spielen und Fantasien der Kinder unweigerlich auf sinnverwandte Vorformen.

Die Überzeugung, dass es ein Oben und ein Unten, dass es Bessergestellte und sozial Schwache gäbe, ist an sich nicht mehr und nicht weniger realistisch als bspw. der Glaube an die Existenz homöopathischer Konstitutionstypen, der vier Temperamente oder unterschiedlicher Intelligenzniveaus. Sie wird erst durch ihre permanente und penetrante symbolische Reproduktion ebenso zu einer Realität für sich, wie etwa auch die reale Existenz von »Weihnachten« soziologisch schwer zu bezweifeln ist. Die klischeehafte Verbreitung der eingefleischten Vorstellung, die gesellschaftliche Ordnung führe zu einer sozialen Konstellation der Konkurrenz, deren angemessenes soziales Format der faire Wettbewerb sei, beruht gleichermaßen auf der tiefen Verinnerlichung wie auf der äußeren Vergegenständlichung dieses Weltbildes. Es ist insofern durchaus augenfällig, dass viele Gesellschaftsspiele und Sportarten eine praktische Haltung beinhalten, die genau jener des Ringens um Statusgewinne und sozialen »Aufstieg« entspricht. Innerhalb eines vorgegebenen Regelraums gilt es zumeist in festgelegten Kategorien zu »punkten«, um die jeweiligen »Gegner« zu »schlagen«. Im organisierten Sportbetrieb spielt und kämpft man in unterschiedlichen Klassen, Ligen oder Graden.

In den Debatten über die Gefahren der Verherrlichung von Gewalt in Filmen und Computerspielen wird häufig das Argument vorgebracht, die betroffenen Rezipienten und Nutzer könnten sehr wohl zwischen Realität und Fiktion unterscheiden. Sie würden lediglich dem Stress des Alltags entfliehen und Aggressionen abbauen wollen. Kritiker vermuten dagegen eine anstiftende, Gewalt stimulierende Wirkung. In beiden Fällen wird die Bedeutung symbolischer Strukturen für die Entwicklung gesellschaftlicher Grundhaltungen vernachlässigt. Der Glaube an die »Realität« mit den ihr eigenen objektiven Sachzwängen und Handlungsoptionen einerseits, sowie an die Rationalität des »freien Willens« und das Handeln nach bewussten Motiven andererseits führt dazu, dass im Allgemeinen die Funktion der (religiösen wie quasireligiösen) Mythen und Rituale, der Wahrnehmung und Ausübung künstlerischer Arbeiten für die »ästhetische Erziehung des Menschen« (Schiller), ja die Bedeutung von Metaphern und Deutungsmustern überhaupt unterschätzt werden. Dies betrifft bis auf wenige Ausnahmen ebenso das öffentliche Gesellschaftsbild wie die soziologischen Zeitdiagnosen.

Es ist jedoch klar, dass Menschen im Falle von Krisensituationen aller Art dazu neigen, die Umwelt sehr schematisch wahrzunehmen und ebenso schematisch zu reagieren. Gerade bei starken Emotionen, Depressionen oder Gruppendruck schwindet bekanntlich das Differenzierungsvermögen. Aber auch die biografische Orientierung beruht häufig auf nachträglichen Rationalisierungen, auf naiven Illusionen oder gar ideologischen Verblendungen. Gerade im Krisenfall, in Situationen also, die etwa durch Orientierungslosigkeit und Entscheidungszwänge gekennzeichnet sind, erfolgt notgedrungen ein Rückgriff auf eingeübte Schemata, d.h. einerseits wird die Situation anhand tief verankerter Klischees gedeutet (z. Bsp.: Feindbilder, autoritäre Hierarchien, Schuldzuschreibungen), andererseits wird auf routinisierte Verhaltensweisen (wie Konsum, Aggression oder Opferrolle) zurückgegriffen. Wer also, kurz gesagt, seine Zeit anstelle von Gewaltspielen mit Harfespielen und Singen verbringt, der wird gar nicht erst darauf kommen, sich mit Waffen und Tarnanzug angetan zum Amoklauf in Richtung Schule aufzumachen. Er wird im Zweifelsfall vielleicht aus Protest auf dem Schulzaun sitzen und Harfe zupfen, vermutlich aber überhaupt nicht Lehrer und Schule als Inbegriff gesellschaftlicher Autorität ansehen und daher andere Orte und Ausdrucksformen finden.

Dass wir im Handeln und Denken ständig unsere Welt von morgen erschaffen, besagen bereits alte buddhistische Weisheiten. Gemeint ist damit natürlich nicht nur die Konstruktion von Materiell-Vergänglichem und von Sozialbeziehungen oder die eigene »Image«-Pflege. Vielmehr geht es ganz im Sinne symbolischer Strukturen darum, die Welt im Geiste zu entwerfen und zugleich unsere Haltung ihr gegenüber zu verinnerlichen. Heute spricht man in diesem Zusammenhang von neuronalen Netzen, kognitiven Landkarten und von Realitätstunneln, vom Habitus, von Routine und Sozialisation. Die Grundidee bleibt jedoch dieselbe: Wir sind das Ergebnis unserer Vergangenheit, die strukturierte Summe all dessen, was wir dachten und taten. Dass symbolischen Denkmustern und Handlungsweisen ein besonderer Einfluss zugeschrieben wird, dürfte in diesem Zusammenhang nicht mehr überraschen.

Nun gibt es neben dem Streben nach Dominanz, Erfolg und Ansehen durchaus auch andere, zum Teil unkonventionelle Grundhaltungen, deren Vertreter stattdessen eine autonome Gestaltung des eigenen Lebens wie der gesellschaftlichen Umwelt im Sinn haben. In einer vom Autor selbst durchgeführten Studie zu den Möglichkeiten gesellschaftlichen Engagements ließen sich beispielsweise vier solche Haltungen gegenüber der Gesellschaft empirisch nachweisen: der Aussteiger, der Rebell, der Subversive und der Missionar.[19] Während die beiden ersten Typen dem institutionellen Kern der Gesellschaft eher feindselig *gegenüberstehen* und »alternative« Lebensformen bevorzugen, setzen die beiden letzten Typen auf gestaltende *Partizipation.* Der Sozialphilosoph und vielbeachtete Publizist Hartmut Rosa vermutet sogar, dass auch die nichtengagierten Men-

[19] Vgl. Michael Beetz: Die Rationalität der Öffentlichkeit, Konstanz 2005.

schen sich entsprechend ihrer Haltung gegenüber der Welt in zwei Klassen einteilen lassen, die er die »Getragenen« und die »Geworfenen« nennt.[20] Orientierungsmuster dieser Art können sich aus der Familiengeschichte ergeben oder im Zusammenhang mit einer regionalen Mentalität, einem sozialen Milieu oder der Positionierung in einem sozialen Feld stehen. Auch solche besonderen Haltungen haben ihre symbolischen Entsprechungen in der kindlichen Lebenswelt.

In Sport und Spiel gibt es vielfältige Variationen des Wettkampfprinzips und der Regularien im Allgemeinen, die mit spezifischen sozialen Haltungen in Verbindung gebracht werden können. Allein die Facetten des Ballspiels reichen von friedlichen Fang- und Geschicklichkeitsübungen für Solisten über behutsame Wurfrituale für Gruppen bis zu schweißtreibenden Duellen und körperbetonten Kampfspielen. Der Ball mag dabei Symbol einer Gabe, der empfangenen Aufmerksamkeit oder einer besonderen Rolle sein, er kann aber auch als Objekt der Begierde oder als Waffe dienen. Das Spielen kann als bloße Motorik oder als gemeinsames Ritual erfolgen, jedoch auch die Form eines Kreisspiels oder eines Zweikampfs annehmen. In Mannschaftssportarten spielt bekanntlich der Teamgeist eine wichtige Rolle: Man übt interne Solidarität. Die Identifikation mit der Mannschaft wird dabei häufig durch Vereinssymbole und einen immensen Fankult untermauert, wobei zugleich Feindbilder des jeweiligen Spielpartners aufgebaut werden können, den man gemeinhin als »Gegner« bezeichnet. Andererseits gibt es auch betont harmlose und sanfte Spielpraktiken wie etwa die Rundlaufversion von Tischtennis, bei der die Mitspieler permanent ausscheiden, um quasi rituell sogleich wieder integriert zu werden. Auf diese Weise wird das vordergründig noch geltende Wettkampfprinzip regelrecht hintertrieben.

Der Eindruck, alle Erziehung liefe darauf hinaus, den Heranwachsenden eine »kapitalistische« – oder je nachdem: »demokratische« – Weltanschauung und die damit verbundene Grundhaltung eines technokratisch ausgefochtenen Konkurrenzverhaltens zu vermitteln, basiert auch deshalb auf einem gar zu düsteren Bild, weil die Kinderliteratur, Kinderlieder, sowie jugendliche Subkulturen durchaus ein umfangreicheres Reservoir an Idealen und Metaphern, ein breiteres Spektrum von Vorstellungen über die Welt vermitteln. Ein kritischer Blick auf die Welt der Erwachsenen bildet keinesfalls die Ausnahme. Etliche klassische Kinderbücher (»Pippi Langstrumpf«, »Momo«, »Alice im Wunderland«) haben geradezu subversiven Charakter. Soziale Rangordnungen werden hier auf den Kopf gestellt. Sämtliche bestehenden Regeln werden hinterfragt, indem die selbstverständlichsten von ihnen durch die Protagonisten symbolisch gebrochen werden. Die das Erwachsensein bestimmende Vernunft, die geltenden Sitten und

---

[20] Vgl. Hartmut Rosa: Geworfen oder getragen? Subjektive Weltbeziehungen und moralische Landkarten, in: ders.: Weltbeziehungen im Zeitalter der Beschleunigung. Umrisse einer neuen Gesellschaftskritik, Berlin 2012, S. 374-413.

die herrschende Moral werden oft als heuchlerisch entlarvt oder als lächerlich, lieblos und langweilig hingestellt.

Allerdings kommt es dadurch gleichwohl nach wie vor zu einer weiteren Verbreitung gängiger Klischees über das Rollenverhalten von Kriminellen, Geschäftsleuten und Polizisten, den Alltag in einer Kleinstadt und die Funktionsweise von Familien, Hierarchien sowie der gesellschaftlichen Ordnung insgesamt. Man mag sich als Kind mit Pumuckl, Asterix oder Karlsson vom Dach identifizieren – als biografisches Rollenmodell taugen solche Figuren nur begrenzt. Wem die betreffenden Zauberkräfte fehlen, der bleibt wohl dazu verdammt, blass und angepasst zu werden wie die Kinder Thomas und Annika aus »Pippi Langstrumpf«. Was kann dann mehr gelingen, als innerhalb des gegebenen Straßennetzes seinen Weg zu finden? Bestenfalls entwickelt man ein hinreichendes Maß an Autonomie, Charisma und Leidenschaft, um dem Gang der Dinge in kreativer Weise zu genügen und doch dabei eine eigene Haltung zu bewahren. Es ist die Ambivalenz einer solchen Existenz, die Zwiespältigkeit eines Zwangs zur Bewährung unter den vorgefundenen gesellschaftlichen Umständen, die das reale Leben von typischen Heldensagen unterscheidet.

Einen scharfen Kontrast zwischen Gut und Böse gibt es nur in den Beschreibungen eines moralisierenden Beobachters. Selbst politisch eher konservativ eingestellte Pädagogen treten ja mit dem Anspruch auf, den nachfolgenden Generationen neben ökonomischen auch ethische »Werte« zu vererben. Teil einer entsprechenden Moralerziehung sind Tugenden und Leitideen wie Disziplin, Loyalität, Verantwortlichkeit, Nachhaltigkeit, Vorsorge, politische Korrektheit und Toleranz. Zu der seitens der Pädagogik als kulturell wertvoll erachteten Einstellung gehört überdies ein Sinn für Prozesse der kollektiven Meinungsbildung und für die Legitimität formaler Verfahren der politischen Entscheidungsfindung. Dem Selbstverständnis des Erziehungssystems zufolge soll den Kindern mit dem lebensnotwendigen Wissensstoff auch eine humanistische Gesinnung beigebracht werden. Dass Lernprozesse sich eher durch symbolische Transformationen als durch die Aufnahme von Informationen auszeichnen, wird dabei freilich leicht übersehen. Entscheidend sind meist weniger die konkreten Inhalte, als vielmehr die allgemeine Form des schulischen Lernens. Dies führt uns zu einem letzten Punkt.

Unabhängig von der kulturellen Orientierungskraft all der Bilder, Metaphern und Geschichten, die in das Bewusstsein eines Kindes drängen, und über die prägende Wirkung hinaus, welche die Architektur kindlicher Lebensräume und das Design von Materialien wie Spielzeug oder Bekleidung haben können, übt auch die *institutionelle Struktur der Bildungseinrichtungen* selbst einen erheblichen Einfluss auf die resultierende Grundhaltung aus. Institutionen wie Kindergarten, Schule und Universität disziplinieren ihre Zöglinge nachhaltig, indem sie diese an die Regelhaftigkeit formaler Ordnungen anpassen. Die Schule konditioniert die Schüler auf Klingelzeichen, einen geregelten Tagesablauf und die assoziative Verknüpfung von Fragen und Antworten. Sie gewöhnt anhand einer Zergliederung der Welt in Fächer an jene Modularisierung des Wissens, welche die Grundlage der Autorität von Experten und Spezialisten bildet. Die soziale Form des Frontalunterrichts verkörpert in der Gegenüberstellung von Lehrpersonal und Schülerschaft zugleich die Differenz von Experten und Laien, die für die moderne Gesellschaft eine ganz weitreichende Bedeutung besitzt.[21] Was man im Unterricht ungeachtet der behandelten Inhalte lernt, ist die Unterscheidung zwischen falschen und richtigen Antworten, zwischen abweichendem und konformem Verhalten, zwischen lernstarken und lernschwachen Schülern, zwischen Durchfallen und Bestehen. Durch die Aufteilung der Kinderscharen in Klassen, Klassenstufen und Schultypen, das Zensieren und Begutachten der »Leistungen«, das Zelebrieren von Prüfungen, Abschlüssen und akademischen Graden wird ein direkter Zusammenhang zwischen lebenspraktischer Bewährung, sozialem Status und beruflicher Karriere suggeriert. Wenngleich diese rhetorisch oft beschworene Verbindung keine reine Erfindung überforderter Pädagogen ist: Der dadurch erzeugte Leistungsdruck und die resultierenden Versagensängste wirken wie eine selbsterfüllende Prophezeiung: Sie rufen aufgrund der bei den Versagern provozierten Minderwertigkeitskomplexe und der bei den Erfolgreichen bestärkten elitären Arroganz gerade jene Haltungen hervor, die für die vorgebliche gesellschaftliche Realität »da draußen« verantwortlich zu machen sind.

Auch hier gilt natürlich wiederum, dass die schulisch beförderten Einstellungen und Verhaltensmuster vielfältig sind und daher eine differenziertere Betrachtung verdienen. Schüler lernen auch auf dem Pausenhof, bei der Gestaltung von Schulfesten, Schulgärten und Schülerzeitungen oder durch das Übernehmen von Rollen wie Klassensprecher, Klassenbester oder Klassenkasper. Alternative Schulformen wie die Montessori-, die Jenaplan- oder die Waldorfschule setzen bevorzugt auf Projektarbeit, Gemeinschaftlichkeit bzw. ritualisierte Rhythmen. Die reformpädagogischen Ansätze suchen damit explizit eine ihrer jeweiligen Weltanschauung angemessene Weise der Entwicklungsförderung zu verwirklichen und dabei die aus ihrer Sicht bestehenden Beschränkungen konventioneller Erziehungsformen zu überwinden. Einiges davon ist inzwischen längst Teil des erziehungswissenschaftlichen Standardrepertoires geworden. ... Doch die damit zusammenhängenden Fragen müssen dem pädagogischen Diskurs überlassen werden. Sie können hier nicht detailliert verhandelt, sondern nur von ferne berührt werden in der Hoffnung, ihnen aus der umfassenderen Perspektive einer Soziologie der Symbole gleichwohl etwas zusätzliches Licht zu geben.

---

[21] Vgl. Rudolf Stichweh: Inklusion und Exklusion. Studien zur Gesellschaftstheorie, Bielefeld 2005, S. 13 ff. Zur Bedeutung von Expertensystemen vgl. Anthony Giddens: Konsequenzen der Moderne, Frankfurt a. M. 1995.

Aufgabe dieses Kapitels war es vielmehr, sich mit der symbolischen Wirkmächtigkeit basaler Strukturen der kindlichen Lebenswelt und den resultierenden Grundhaltungen gegenüber der Welt zu befassen, um die biografische wie gesellschaftliche Bedeutsamkeit symbolischer Strukturen zunächst in einem ganz grundsätzlichen Sinne aufzuzeigen (vgl. zusammenfassend Schaubild 1). Im Folgenden werden nun einzelne Aspekte des Symbolischen genauer betrachtet. Nachdem soziale Orte wie die Wiege oder der Spielplatz bereits als architektonischer Bestandteil der kindlichen Lebenswelt betrachtet wurden, geht das nächste Kapitel systematischer der Bedeutung symbolischer Elemente für die Etablierung *räumlicher* Ordnungen nach.

Schaubild 1: Schematische Zusammenfassung des Gedankenganges

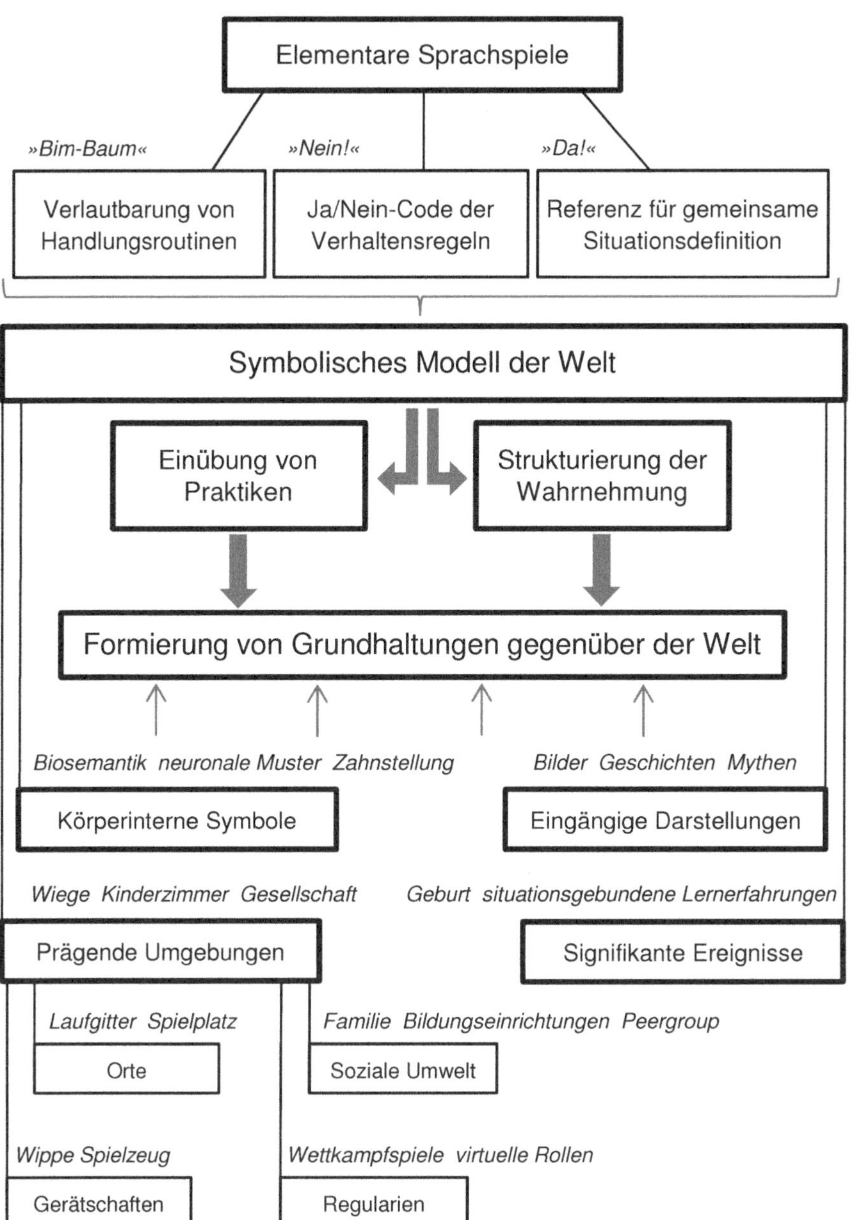

3 *Wege, Zonen, Schilderwälder.* Öffentlicher Raum

Was macht es möglich, aus den steinernen Ruinen der Stadt Pompeji ein lebendiges Bild der antiken Kultur herauszulesen? Wie gelingt es, sich im rauschenden Verkehrsfluss einer Großstadt zurechtzufinden? Wonach richtet sich die Entscheidung für einen bestimmten Platz in der Mensa, am Badestrand oder im Bahnabteil?

Die Antwort liegt auf der Hand. Sobald man einmal bewusst darauf achtet, ist es nicht mehr zu übersehen, ja sticht es geradezu ins Auge: Soziale Räume sind durchsetzt von Symbolstrukturen. Neben ihrer prägenden Wirkung bezüglich unserer *Grundhaltung* gegenüber der Welt (vgl. Kapitel 2) dienen Symbole nämlich auch dazu, den Fluss der alltäglichen Bewegungen durch das Bett der gesellschaftlichen Ordnung zu leiten. Sie koordinieren Verhalten. Wer im öffentlichen Raum unterwegs ist, sieht sich ständig mit einer mehr oder weniger feinsinnigen Symbolik konfrontiert, welche soziale Orte definiert, Grenzen markiert und die gangbaren Wege aufzeigt. Ob in Stein gehauen und zur Architektur geworden (wie in Pompeji), als Beschilderung (wie im Straßenverkehr) oder als spontane Gruppierung von menschlichen Körpern und persönlichen Utensilien (bspw. am Strand) – die lokale Umgebung beinhaltet über ihre rein physikalischen Eigenschaften hinaus durchweg symbolische Qualitäten.

Was immer individuelle Handlungen motivieren mag – die handelnden Akteure orientieren sich unwillkürlich an dieser symbolischen Topologie und ver*orten* sich zugleich selbst, indem sie dezent, aber gleichwohl demonstrativ zu verstehen geben, in welchem Kontext sie vor Ort Raum beanspruchen: Man stellt sich an oder steht Wache, man flaniert oder patrouilliert, betritt die Bühne oder huscht durch das Bild. Der eigene Gang durch den Raum beschreibt dabei typisch einen Weg, der wie eine auf einem imaginären Plan vorgesehene Route beschritten wird.[1] Um bspw. über eine dicht besiedelte Zeltwiese zu gelangen, müssen sich im Kopf gleichsam kleine Kartographen ans Werk machen und eine virtuelle Verbindung zum gewünschten Ziel ausarbeiten, die schon nach wenigen Durchgängen wie ein vertrauter Wildwechsel absolviert wird.

Im Idealfall konvergieren diese kognitiven Karten gar zu einer kollektiven Ordnung. Auf der Zeltwiese ist dies dann der Fall, wenn bereits beim Aufbau

---

1 Vgl. Erving Goffman: Behavior in Public Places, New York 1963.

neuer Zelte auf die Gangbarkeit der Gesamtanordnung geachtet wird, da schließlich niemand gerne aus seinen Zeltleinen eine Stolperfalle macht. Über den nackten Boden breitet sich dabei in den Augen der Beobachter nach und nach ein kulturelles Koordinatensystem aus. Über den physikalischen Raum wird ein gemeinsames Schema gelegt, das der Realität erst ihre Struktur gibt. Trampelpfaden gleich können sich so tatsächlich Wege in die Welt eingraben, die dann die Füße zwanglos hindurch führen. Abweichungen hingegen fallen auf. Zwischen Bordstein und Laterne zu laufen wirkt buchstäblich daneben – sofern nicht Hindernisse einen ersichtlichen Grund abgegeben. Ohne es recht zu bemerken, folgen die Fährten den vorgesehenen Routen. Nur bei Nacht und Nebel lockert sich das soziale Band. Grau und unbeobachtet verlieren die Linien ihre suggestive Kraft, schwindet die Verbindlichkeit der räumlichen Ordnung, wird ein soziales Gebiet zu bloßem Gelände. Die Funktion der Straßenbeleuchtung besteht daher nicht nur darin, nächtlichen Passanten den Weg zu weisen, sie macht deren Verhalten überdies beobachtbar und hält so künstlich das Licht der Öffentlichkeit aufrecht. Auf diese Weise ermahnt sie mithin dazu, auch im moralischen Sinne nicht vom rechten Weg abzukommen.[2] Für Stadtarchitekten mag es wie eine Binsenweisheit klingen, aber: Eine symbolträchtige Raumgestaltung trägt maßgeblich dazu bei, individuelle Lebensläufe zu kollektiven Lebensräumen zu verflechten.

Zur räumlichen Ordnung gehören indes auch die Abgrenzung von Arealen, sowie die Regulierung von Zutritt und Aufenthalt. Dies erfolgt zwar unter anderem durch Zäune, Wände und Absperrungen; Tore, Schranken und Personalschleusen; Türsteher, Pförtner und Sekretärinnen. Gleichwohl bleibt die Wirkungsmacht repressiver Kontrollmechanismen beschränkt. Sie bedürfen der Unterstützung durch symbolische Mittel, so etwa durch Warnsignale, Uniformen oder Markierungen. Häufig genügen die sichtbare Ausweisung der sozialen Funktion eines räumlichen Bereichs – als Parkplatz, Wartezimmer oder Biergarten – und die Andeutung seiner Grenzen, um ein ordnungsgemäßes Verhalten hervorzurufen. Die symbolische Auszeichnung des betreffenden Ortes wirkt in diesem Falle wie eine »selbsterfüllende Prophezeiung«[3]. Sie gestattet eine Identifizierung des Kontextes und erleichtert somit die Zuschreibung von Handlungssinn. Man merkt, wo man sich befindet, und füllt den Ort dementsprechend mit Leben. (Jeder kennt freilich ebenso Fälle des Misslingens symbolischer Funktionszuschreibungen, in denen die zugedachte Funktion einfach ignoriert und der Ort stattdessen anderweitig genutzt wird: Eichhörnchen besetzen ein Vogelhäus-

2 Vgl. Foucaults Interpretation des Panoptikums in Michael Foucault: Überwachen und Strafen, Frankfurt a. M. 1994.

3 Im Sinne von Robert Merton: Social Structure and Social Theory, New York 1949, S. 477 ff.

chen; ein Spielplatz wird zum Treffpunkt von Jugendlichen; eine Schutzhütte zum Abort.)

Menschen deklarieren allerdings auch selbst die von ihnen beanspruchten Räume und versuchen dabei mitunter ein möglichst großes Terrain zu erobern. Häufig geschieht dies ganz spontan. Sie besetzen Plätze, indem sie Gepäckstücke oder Kleider verteilen, halbleere Kaffeetassen oder Gläser positionieren oder Handtücher auslegen[4]. Durch eine raumeinnehmende Haltung versuchen bekanntlich vor allem Männer, sich Geltung zu verschaffen und etwaige Rivalen auf Abstand zu halten. Gesten und Gänge zeigen die Reichweite des vereinnahmten Reviers an: Man breitet die Arme aus oder senkt den Blick, misst das gesamte Podium aus oder verschanzt sich hinter dem Pult. Der gewöhnlich wechselseitig gewährte Respektabstand, den zu überschreiten als zudringlich empfunden würde, variiert in Abhängigkeit von kulturellem Hintergrund, persönlichem Verhältnis und individuellem Typ. Doch auch jenseits dieses zugestandenen Mindestabstands werden Räume beansprucht und gegebenenfalls gegenseitig streitig gemacht.

Das Ausmaß und die Exklusivität des behaupteten Territoriums werden üblicherweise als Anzeichen von *sozialem Status* (zugleich Thema des folgenden Kapitels) verstanden. Nicht zwangsläufig muss es sich hierbei um Hoheitsgebiete im strengen Sinne handeln. Der tägliche Spaziergang mit dem Hund, das regelmäßige Aufsuchen von Veranstaltungsorten künstlerischer oder wissenschaftlicher Art, von Spielplätzen, Kneipen oder Parks bezeugen die Zugehörigkeit zur Szene, zum Kiez, zur Heimat. Mit dem lokalen Lebensraum kann man durchaus verschmelzen, ohne ihn damit gleich zu okkupieren. Andererseits bleibt manch einer auch nach dem Erwerb eines Grundstücks oder der Besetzung einer »Stelle« in sozialer Hinsicht ein Fremder.[5] In Kleinstädten wird man in der Regel ein Leben lang als Zugereister gelten. Um es etwas pathetischer auszudrücken: Ein Grundstück lässt sich umzäunen, ein Zuhause aber wird durch Mauern eher noch zerschnitten.

Ohnehin können sich unterschiedliche Ebenen räumlicher Ordnung gegenseitig überlagern. In ihrer empirischen Mannigfaltigkeit ist diese daher methodisch nur schwer zu fassen. Ihre symbolischen Aspekte reichen immerhin von untrüglichsten Signalen bis zu feinsinnigsten Andeutungen. Fest etablierte Grundherrschaften, Sperrgebiete oder Stammplätze mögen sich in eindeutigen materiellen Symbolen wie Dekorationen, Urkunden und Schildern niederschlagen. Im Fußball drückt bspw. die Rückennummer den Status eines Spielers aus: Wer die

---

4 Vgl. Heinrich Popitz: Phänomene der Macht. Tübingen: Mohr 1986.

5 Klassische Texte hierzu sind Alfred Schütz: Der Fremde, in: ders.: Gesammelte Aufsätze, Bd. 2: Studien zur soziologischen Theorie, Den Haag 1972, S. 53-69; Georg Simmel: Exkurs über den Fremden, in: ders.: Soziologie. Untersuchungen über die Formen der Vergesellschaftung, Frankfurt a. M. 1995, S. 764-774.

Nummer 1 trägt, der beansprucht den Platz im Tor. Die in Haltungen und Verhaltensweisen zum Ausdruck kommende Symbolik lebt dagegen geradezu von ihrer Mehrdeutigkeit und ist daher oft missverständlich. Sie wird zum Teil improvisiert und bleibt zumeist hintergründig und implizit. Eine Vernachlässigung solcher unscheinbareren zugunsten markanter Phänomene wäre einerseits äußerst fatal. Andererseits ist jede fundierte Untersuchung auf greifbare Fakten angewiesen. Die fruchtbarsten Erkenntnisse können sich bekanntlich auf Daten stützen, die fernab von Natur, Alltag und praktischen Anwendungen unter Laborbedingungen, mittels der abstraktesten Erhebungsinstrumente oder anhand der ungewöhnlichsten Erscheinungen gewonnen wurden, wenn diese Daten umso klarer ein generelles Gesetz zum Vorschein bringen oder ein strukturelles Muster offenbaren. Hierin besteht häufig der Trick einer wissenschaftlichen Herangehensweise: dem Sein abseits des allgemeinen kosmischen Rauschens seine Geheimnisse abzulauschen, bei konzentrierter Beobachtung von ganz elementaren Ereignissen unter isolierten Umständen.

Nachdem wir nun bereits die verschiedensten Facetten räumlicher Symboliken im Schnelldurchgang umrissen haben, stellt sich damit die Frage, wie wir im Weiteren vorgehen sollen. Um die Sozialphysik des Symbolischen zu verstehen, ist vor allem ein Blick für dessen feinste Nuancen erforderlich. Um ihrem Geheimnis auf die Spur zu kommen, bedarf es allerdings ebenso einer systematischen Herangehensweise, die auf der Beobachtung realer Tatsachen basiert. Es bietet sich daher an, zunächst bei solchen Gegenständen anzusetzen, die explizit als Symbol zu identifizieren sind, um von dort aus zu den versteckteren Formen und Grenzfällen vorzudringen.

Die mit Abstand größte Signifikanz unter den raumgestaltenden Symbolen besitzen *Schilder*. Ähnlich dem Rahmen eines Gemäldes grenzen sie sich selbst deutlich von ihrer Umwelt ab. Dies betont ihren offiziellen Charakter und verleiht ihnen Autorität, denn das Anbringen des Schildes ist als administrativer Akt zu verstehen. Selbst in einer technisch hochgerüsteten Zeit, in der prinzipiell jede Privatperson Gegenstände bedrucken und Schilder anfertigen lassen kann, haben das gedruckte Wort, das aufgeklebte Etikett und eben das industriell gefertigte Schild augenscheinlich eine größere Überzeugungskraft als etwa Handgeschriebenes. Die Gründe hierfür sind unschwer zu erkennen: Schilder weisen eine mehr oder weniger standardisierte Form auf, und ihre Herstellung erfordert einen gewissen – heute allerdings minimalen – Aufwand sowie nicht zuletzt eine kleine Investition, sodass durch eine fachgerechte Beschriftung die Etablierung der jeweiligen Institution symbolisch untermauert wird.

Durch die Rahmung als Schild wird dessen Inhalt aus dem umgebenden Raum herausgehoben. (Nur in Ausnahmefällen befinden sich Piktogramme und Schriftzüge direkt auf dem fraglichen Objekt, so im Bereich des Straßenverkehrs bspw. bei Parkplätzen für Behinderte oder bei Busspuren.) Schilder sind in diesem Sinne nicht selbst Teil des Raumes, auch wenn sie gelegentlich Hindernisse darstellen mögen. Sie schmiegen sich an Wände an, stehen am Wegesrand oder thronen über den Köpfen. Über seine Botschaft hinaus ist das Symbol hier nie an sich funktional, wie bei einer auf der Wiese ausgebreiteten Decke oder im Falle des funktionsbetonten Designs des Bauhaus-Stils. Wo Gebrauchsgegenstände sich vollständig selbst erklären, werden sie gewissermaßen zum Symbol ihrer selbst und machen daher jede zusätzliche Beschilderung überflüssig. Aber auch wenn das Design oder die Architektur über das sachlich Notwendige hinausgeht, sind symbolische und instrumentelle Anteile selten scharf auseinanderzuhalten. Schilder dagegen geben sich gewöhnlich – und hierin besteht ihre Besonderheit – klar als reine Kommunikation ohne sonstigen Nutzen zu erkennen.

Sogar bei Schildern zeigt sich andererseits wiederum, dass deren symbolischer Gehalt sich keineswegs auf ihren unmittelbaren *Zweck* beschränkt. Die vordergründige Aufgabe von Schildern ist es zumeist, einen Bereich, ein räumliches Gebilde oder dessen Inhalt zu deklarieren. Bereits ein *Etikett* ist insofern raumbezogen, als es ein Gefäß, einen Behälter oder einen klar konturierten Gegenstand bezeichnet. Schon Etikettierungen aber transportieren immer mehr als diejenigen rein sachlichen Informationen, welche zur Identifikation von Orten und Objekten erforderlich sind. Gütesiegel, Warnhinweise und Barcodes repräsentieren die Reichweite institutioneller Ordnungen. Der Arm des Gesetzes und die unsichtbare Hand des Marktes hinterlassen in ihnen ebenso ihre Fingerabdrücke wie sogar die Wissenschaft. Die Namen von Substanzen und Produkten sind ja oft Bestandteil einer umfassenden Nomenklatur. Sie stehen damit nicht nur für sich, sondern ordnen das bezeichnete Objekt zugleich in eine übergreifende Systematik ein, welche durch die Beschriftung unwillkürlich in Erinnerung gerufen wird.

Vielfach finden sich auch Anleihen und Anspielungen. Ob »Nonnenfürzle«, »Götterspeise« oder »Klosterbräu« – viele Bezeichnungen enthalten Wortbestandteile religiösen Ursprungs oder erinnern an anderweitige kulturelle Kontexte. Die Etikettierung von Warenpackungen stellt zugegebenermaßen einen Grenzfall der Beschilderung räumlicher Einheiten dar. Gleiches gilt jedoch für Straßen, Wirtshäuser oder Schulen. Ihre Benennung birgt oftmals zugleich eine Geschichte und verweist auf historische Hintergründe oder Persönlichkeiten. Die Namensgebung stimuliert damit eine Identifikation mit bestimmten Werten und Idealen, die sich günstigenfalls auch auf die kulturelle Atmosphäre vor Ort auswirken.

So tragen viele Herbergen Europas im Mittelalter Namen von Heiligen. Sie geben sich damit symbolisch als Teil einer umfassenderen, in diesem Falle: »geistlichen« Ordnung zu erkennen. Ohnehin sind es zunächst vor allem Pilger, die auf eine derartige Unterkunft angewiesen sind, sodass die Namen der Heiligen auf ihr Klientel im wahrsten Sinne ansprechend gewirkt haben dürften. Der Bezug auf religiöse Motive mag zugleich den Vorteil haben, dass diese eine buchstäblich ideale, den irdischen Wirrnissen und Übeln entzogene Welt repräsentieren, die zudem im kulturellen Gedächtnis tief verankert ist. Die Erinnerung an das Heilige im Jenseits aber ermahnt eindringlich zum moralischen Verhalten im Diesseits. Ein gewisser Respekt vor der Religion darf schließlich auch erwartet werden, wenn es sich bei den Reisenden um Adlige, Söldner, Gelehrte oder Spielleute handelt.

Immerhin stellen insbesondere all die Karawansereien, Wirtshäuser und Tavernen ganz außerordentliche Orte der Zivilisation dar, die aufgrund ihrer allgemeinen Zugänglichkeit, ihrer öffentlichen Natur und ihrer oft ungeschützten Lage ein besonders hohes Krisenpotenzial aufweisen. Da hier viele Fremde unterschiedlicher Herkunft aufeinanderprallen, drohen zwangsläufig Konflikte. Der Ausschank alkoholischer Getränke erhitzt zusätzlich die Gemüter. Räuber und Diebe versprechen sich gute Beute. Was kann da besser zur Friedensstiftung beitragen als ein symbolisches »Andenken« an die Autorität Gottes?[6]

Seit der frühen Neuzeit dominieren bei Gasthäusern indes weltliche Namen. Die Wirtschaft weist sich nunmehr unverkennbar als Ort eines irdischen Geschehens aus, das folglich den Gesetzen sozialer Ordnung unterworfen ist. Man stellt sich gleichsam unter den Schutz der »goldenen Krone«, wie so manches historisches Wirtshaus in der Tat heißt. Am verbreitetsten aber sind Gasthöfe mit Tiernamen, die sich häufig auf die Wappen regionaler Adelsgeschlechter zurückführen lassen, vor allem: Bär, Hirsch, Adler, Schwan oder Löwe. Der ursprünglich als Verteidigungswaffe dienende Wappenschild kann so zu einem reinen Symbol umfunktioniert werden. Das Schild über der Tür bezeugt demnach, dass das Haus unter dem (symbolischen) Schutzschild des lokalen Machthabers steht.

Allerdings zeigt sich allein am Falle der Wirtshausschilder bereits sehr schön die Vielschichtigkeit symbolischer Sinnzusammenhänge. Wie sich anhand einiger klassischer Beispiele leicht verdeutlichen lässt, kommt es zu einer Überlagerung unterschiedlicher Bedeutungsebenen und Facetten, welche eine eindeutige Auslegung häufig nicht gestatten. Die französische Variante des auch in Deutschland nicht selten vorkommenden Namens »Zum goldenen Löwen« lautet »au lion d'or«, was durch eine leichte Akzentverschiebung zu »au lit on dort« wird: Im Bett schläft man. Der goldene Löwe weist damit auch die des Lesens Unkundigen auf das Vorhandensein von Gästebetten hin. Da das Wortspiel im Deutschen ohnehin nicht funktioniert, können hier Gasthöfe ebenso gut »Zum goldenen Schwan«, »Zum roten Hirsch« oder »Zum schwarzen Bären« heißen. Der entscheidende Hinweis steckt nun mittlerweile in der Verbindung von Farb-

---

6 Zu unterschiedlichen Perspektiven auf den Zusammenhang von Raumordnung und sakraler Ordnung vgl. die Beiträge in Susanne Rau/Gert Schwerhoff (Hg.): Topographien des Sakralen. Religion und Raumordnung in der Vormoderne, München / Hamburg 2008, sowie Susanne Rau/Gert Schwerhoff (Hg.): Zwischen Gotteshaus und Taverne. Öffentliche Räume in der frühen Neuzeit, Köln/Wien 2008.

attribut und Tiergattung. Bis auf den heutigen Tag lassen derartige Namen den Schluss zu, dass man im Hause höchstwahrscheinlich auch nächtigen kann.

Ein Tier im Aushängeschild lässt sich aber natürlich auch als Anspielung auf die Speisekarte verwenden: Wo man ausgestopfte Wildschweine aushängt, dort werden diese augenscheinlich gejagt. Da das Aushängeschild von jeher das Angebot anzeigt, liegt stets die Erwartung nahe, dass man das im Aushang befindliche Produkt vor Ort erwerben kann. Was man heraushängen lassen kann, das hat man offensichtlich im Überfluss. Bereits in der Antike dienten bekanntermaßen Weinzweige oder grüne Kränze in diesem Sinne als Symbol für den Ausschank von Wein.

Weil das vor Ort verfügbare Jagdwild immer auch leicht den Sprung ins lokale Wappen schaffen kann, mag es oft nicht ganz eindeutig sein, welche Bewandtnis es nun mit dem im Schilde geführten Tier hat: eine politische oder ein kulinarische. Und dies sind bei weitem nicht die einzigen Möglichkeiten. Vor allem in englischen Pubs kann ein Hahn wiederum auch als Hinweis auf das regelmäßige Austragen von Hahnenkämpfen zu verstehen sein. Musikkneipen werden sich gewöhnlich durch Musikinstrumente, Striplokale eher durch stilisierte weibliche Silhouetten zu erkennen geben. Die Funktion einer Schenke beschränkt sich schließlich nicht auf die Ausgabe von Speisen und Getränken. Sie ist ein öffentlicher Ort, ein Lokal innerhalb eines lokalen Kontextes. Wichtiger als das Speisenangebot kann daher sein, wer hier verkehrt, wer unerwünscht ist und wer das Sagen hat.

Gastronomische Einrichtungen können ja zugleich Austragungsort für kulturelle Veranstaltungen oder Praktiken verschiedenster Form sein (von Hahnenkampf und Billard über Jazzmusik bis zu Sex); sie können ein Podium für spezielle Personenkreise bilden und werden je nach Ausrichtung zu sozialen Kontaktstellen für Vereinsmitglieder, Anwohner oder bestimmte Subkulturen. Die sich hieraus ergebende Selbstdefinition des Lokals zeigt sich vor allem am Einrichtungsstil, am Inventar und an der Dekoration; schon um deplatzierte Besucher abzuschrecken oder Kundschaft anzulocken gilt diese jedoch bereits nach außen hin zu signalisieren. Hierdurch werden die vor Ort verbindlichen Ordnungen sichtbar, welche nicht nur für das Haus selbst, sondern auch für die gesamte Region, das jeweilige Viertel oder das betreffende Milieu im Allgemeinen gelten. Bis heute lassen sich solche sinnhafte Ordnungen unterschiedlichster Art meist bereits am Aushängeschild und am Namen aufspüren, ohne dass freilich die hieraus ableitbaren Schlüsse immer eindeutig wären.

Das Wirtshaus – insbesondere das mittelalterliche – ist Wahrzeichen, Treffpunkt und Denkmal zugleich. Die Aushängeschilder weisen dabei nicht nur das Wirtshaus selbst aus, sondern dienen auch als räumliche Orientierungspunkte, auf die Wegbeschreibungen vorzugsweise bezugnehmen. Sie müssen möglichst markant sein und sind daher oft aufwendig gestaltet.[7] Zum Teil sucht man sich selbst als Attraktion hervorzutun und sich so einen Namen zu machen (»Hofbräuhaus«), zum Teil lehnt man sich an natürliche Wahrzeichen an (»Drei Linden«).

Bevor es Straßennamen und Hausnummern, Stadtpläne und Navigationsgeräte gab, trugen bedeutende Häuser überhaupt ihren eigenen Namen. Dies galt natürlich insbesondere für wichtige Anlaufstellen wie Apotheken, Mühlen und Kirchen. Sie alle wollten gefunden und erkannt werden, und die damit verbundene Symbolik strukturierte unweigerlich den umgebenden Raum im Ganzen.[8] Am Kirchturm kann sich schließlich auch orientieren, wer gar nicht vorhat, den Gottesdienst zu besuchen.

Ähnliches gilt für die moderne Stadt: Unzählige einzelne Blickfänge erheischen die Aufmerksamkeit der Passanten und prägen so zugleich das Stadtbild als solches. Logos und Firmenschilder – oder gegebenenfalls: Reliefs und Portalinschriften – bringen dabei oft sowohl den Eigennamen (»Löwen-Apotheke«, »Adler-Apotheke«, »Schwanen-Apotheke«) als auch die Branche zum Ausdruck (so im Falle der Apotheke das Grüne Kreuz bzw. das deutsche Apotheken-A mit Schlange und Kelch). Das gesamte Gebiet wird dadurch mit einem Netz von Bezugspunkten überzogen und in Areale gegliedert.

Über diese rein *topologische* Strukturierung hinaus führt die Beschilderung indes auch zu einer *institutionellen* Überformung der Lebensräume. In ihr manifestiert sich – in einem noch näher zu erläuternden Sinne – gesellschaftliche Ordnung. Bereits durch traditionelle Aushängeschilder wird ja nicht nur die konkrete Apotheke oder das einzelne Wirtshaus als solches angezeigt, sondern zugleich die soziale Institution des Gesundheitswesens bzw. der Gastwirtschaft im Allgemeinen »beschworen«.

In der modernen Gesellschaft bezeichnen Eingangsschilder zumeist eine umfassendere Organisation, als deren Niederlassung, Filiale oder Repräsentanz das örtliche Gebäude ausgewiesen wird, sei es nun ein Kaufhaus oder ein Ronald McDonald-Haus. Ob Behörde, Bank oder Kirche – Institutionen gewinnen so eine offizielle Residenz und verorten sich auf diese Weise in der Welt. Sie eröffnen Zugänge und grenzen sich zugleich demonstrativ von der Außenwelt ab. Wie sich im Falle so genannter Briefkastenfirmen zeigt, genügt zwar notfalls bereits eine Anschrift, um zumindest schriftliche Kommunikation adressieren zu können. In der Regel sind jedoch reale Räumlichkeiten erforderlich, um Anlauf-

---

7 Vgl. Ursula Pfistermeister: Hier kehrt man ein. Wirtshausschilder aus drei Jahrhunderten, Nürnberg 1998.

8 Hierzu ausführlicher etwa Susanne Rau: Räume der Stadt. Eine Geschichte Lyons 1300-1800, Frankfurt a. M. 2014.

punkte und Arbeitsplätze zu schaffen, Schalter und Stellen einzurichten, Wartezimmer und Büros bereitzustellen.

Die Präsenz von Institutionen aber wirkt sich wiederum umgekehrt auf die Umgebung im Ganzen aus. Sie verdichtet sich zu urbanen Zentren und erzeugt eine institutionelle Infrastruktur, welche die Lebensräume insgesamt durchdringt und geradezu kolonialisiert. Regionen, Nischen und Provinzen allerorts werden erschlossen und unwiderruflich vereinnahmt. Es entstehen »Ketten« und »Netze« unterschiedlichster Art, welche die Fremde vertraut und die heimatliche Provinz weltläufig machen. Die moderne Stadt ist dementsprechend geprägt durch Kirchen und Rathäuser, Industriekomplexe und Verwaltungsgebäude, Gewerbegebiete und Einkaufspassagen.

Diejenigen Institutionen, denen es gelingt, sich am nachhaltigsten zu materialisieren, dominieren das Erscheinungsbild. Sie setzen sich damit offenbar auch in evolutionärer Hinsicht leichter durch: Das Naturnahe, Unscheinbare und Zerbrechliche wird durch technische Anlagen, markante Großbauten und Festungen verdrängt. Die sesshaften Siedler verbauen den Nomaden schlichtweg den Weg – und untermauern ihre Ansprüche durch Palisaden. Das Flötenspiel des Hirten wird durch Baulärm übertönt. Die massive Konstruktion triumphiert so über die Fragilität natürlich gewachsener Arrangements. Pyramiden bleiben bestehen, während Weiden auf heimeligen Lichtungen spurlos vergehen. Was sind schon die angestammten Jagdreviere der nordamerikanischen Ureinwohner im Vergleich zu den Eisenbahnlinien der Weißen, Strohhütten gegen Blockhäuser, Baracken gegen Wolkenkratzer, Datschen gegen einen Staudamm? Für Kolonisten, Bauherren, Investoren handelt es sich hier schlicht um unerschlossenes Land. Erfolgreich ist oft, wer Fakten schafft und das Geschaffene mit erbarmungsloser Härte verteidigt.

Dabei geht es beileibe nicht nur um die Eroberung von Raum, von strategisch wichtigen Orten und um die Kontrolle von Wegen und Knotenpunkten. Von erheblicher Bedeutung ist auch die sichtbare Präsenz im öffentlichen Raum insgesamt. Die Kirchtürme und Rathausgiebel haben diesbezüglich den Konkurrenzkampf um die Lufthoheit schon vor einem Jahrhundert gegen Bürotürme und die Wolkenkratzer der Finanzunternehmen verloren. Hinzu kamen bald noch die alles überragende Fernsehtürme und Antennen, die zusammen wie Eisenspäne die unsichtbaren Felder der modernen Massenkommunikation anschaubar werden ließen. Bekanntermaßen sendet man inzwischen bevorzugt über Satellit und trägt die Welt folglich in Form mobiler Kommunikationselektronik buchstäblich in der Tasche. Die Kehrseite dieser ins Extreme getriebenen Expansion bis in den Weltraum hinein ist allerdings: Der Blick fällt seither in freien Momenten eher auf das Display als gen Himmel.

Der Einflussbereich von Institutionen erstreckt sich ohnehin primär über den Erdboden, und auch hier gilt es umso mehr, in visueller Hinsicht Präsenz zu zeigen und die Blicke auf sich zu ziehen. Über die Verortung von Organisationen in einem konkreten Gebäude oder Gelände hinaus werden daher nach Möglichkeit auch Gegenstände und Personen mit Symboliken, Logos und Schriftzügen versehen, welche die institutionelle Zugehörigkeit anzeigen oder die Anhängerschaft ausweisen. (Wir werden im sechsten Kapitel hierauf zurückkommen)

Uniformen und Inventarschilder, Trikots und Mannschaftsbusse, Fanschals und Aufkleber, Markenzeichen und Werbeplakate – der öffentliche Raum ist überzogen von einem Film aus Symbolen, welcher wie Schellack die sinnhafte Maserung der sozialen Welt zur Geltung kommen lässt. Kaum eine Fassade, ein Kleidungsstück oder Gerät bleibt unbeschriftet. Hinter den meisten dieser vielfältigen Botschaften aber stehen Institutionen, die sich Geltung zu verschaffen suchen, sowie Individuen, die Anbindung zu erkennen geben. (Soziale) Disziplinierung und (individuelle) Identitätssuche, (öffentlichkeitswirksame) Reklame und (persönliche) Selbststilisierung, formale Funktion und Rollenmodell gehen hierbei oftmals Hand in Hand.

Mitunter bleibt der Bezug ausgesprochen vage, etwa wenn die zivile Nutzung von Militärkleidung nicht einmal mehr mit der Vorstellung in Zusammenhang gebracht werden kann, bei dem Träger handele es sich um einen verdienten Kriegsveteranen – früher übrigens ein verbreiteter Trick vagabundierender Bettler, der allerdings schnell zu einer leicht durchschaubaren Inszenierung wurde, sobald lumpige Uniformteile falsch kombiniert wurden. Im Zuge der Verbreitung ehemals militärischer Kleidungsstücke wie der Parka-Kutte durch die Hippiebewegung oder der Bomberjacke durch die Neonaziszene kommt es regelrecht zu einer Umkehrung ihrer symbolischen Funktionen. Das Soldatentum wird zur Metapher der Gesinnung (obgleich Söldner ja ursprünglich wohl gerade aufgrund ihrer fehlender Identifikation mit den genauen Kriegsgründen militärischer Disziplinierung bedurften). Anstelle der Zugehörigkeit zu einer streng formalen Hierarchie tritt dann die Zugehörigkeit zu einer sozialen Bewegung in den Vordergrund. Teils dient die Militäroptik wohl einfach einer ganz unbestimmten Signalisierung eigener Stärke.

Auch im Falle der, zumeist englisch beschrifteten Babykleidung unserer Zeit handelt es sich um eher abstrakte Titel (»Champion«, »Master of Desaster«, »King«), Rollenmuster (»Princess«, »Girl«) und fiktive Mannschaften (»Winning Team«). Dies führt uns für einen Moment zur Thematik des vorangegangenen Kapitels zurück: Es scheint, als würde das Baby von Geburt an als potenzieller Vertreter institutioneller Ordnungen behandelt, als solle Kindern von klein auf in angloamerikanischen Schlagworten Leistungsethik nahegebracht werden.

Doch die institutionelle Durchdringung des sozialen Raums beinhaltet auch direktere Formen, die über eine bloße Deklarierung von Orten, Zugehörigkeiten und Mitgliedschaften hinausgehen. Dies führt zu einer bei den bisherigen Betrachtungen noch gänzlich vernachlässigten Gruppe von Schildern. Die symbolische Regulierung des Publikumsverkehrs im öffentlichen Raum erfolgt ja zu großen Teilen über sogenannte Vorschriftzeichen, welche dem Verhalten der Passanten explizit *Regeln setzen.*

Die Autorität von Vorschriften jeglicher Art geht selbstverständlich auf formale Instanzen – Behörden, Betreiber oder Eigentümer – zurück, gleichwohl müssen diese nicht immer eigens benannt werden. Die sprichwörtlichen Schilderwälder bestehen vor allem aus regulierenden Verkehrszeichen, die durch Wegweiser und Ortsschilder ergänzt werden. Aber auch im öffentlichen Nahverkehr, in Fußgängerzonen und Parks, in öffentlichen Gebäuden und wimmelt es nur so von Verbots-, Warn- und Hinweisschildern. Vor allem am Fall der weitverbreiteten *quadratischen Piktogramme* lässt sich gut verfolgen, wie sich institutionelle Deklarierungen (als WC, als Flaschenannahme, als Informationspunkt) mit Wegweisern (zum Ausgang, zur Fahrkartenausgabe, zur Tankstelle) und Regelangaben (bzgl. Parkverbotszonen, Raucherbereichen, Sicherheitsgurten) vermischen. Teilweise finden dabei bemerkenswerterweise dieselben Piktogramme Verwendung; dasselbe Symbol – etwa ein schematisierter Mann – dient also zugleich als Hinweis, Bezeichnung und Regulator.

Die vorgegebene Regel definiert oft bereits einen Ort oder eine Zone und kann daher selbst zugleich deklarierende Funktionen erfüllen, so etwa im Falle eines Raucher- oder eines Parkplatzsymbols. Die betreffende Vorschrift oder Erlaubnis trägt ja selten nur beiläufigen Charakter. Sie steht normalerweise in einem engen Zusammenhang mit wesentlichen Zügen des entsprechenden Ortes, selbst wenn dieser in einem ganz anderen Kontext aufgesucht wird. Wo Halteverbot herrscht, dort ist mit hohem Verkehrsaufkommen zu rechnen. Parkplätze sind dagegen meist so zugeparkt, dass man sie nicht nutzen kann, um bspw. Inlineskates zu fahren oder mit seinem Kind Radfahren zu üben. Wo ein Schild »Schutt abladen verboten!« steht, handelt es sich kaum um ein Plätzchen, wo man gerne Picknick machen würde. Die früher in Zügen noch vorhandenen Raucherabteile waren oft so verraucht, dass selbst viele Gelegenheitsraucher sie nur kurzzeitig aufsuchten. In ihnen saßen daher hauptsächlich notorische Kettenraucher.

Mit der Einrichtung von Geltungszonen bezüglich einer Regel – z. B. Rauchverbot/Raucherabteil, Parkverbot/Parkplatz, Naturschutzgebiet/Gelände – geht gewöhnlich eine Verstärkung der entsprechenden Unterschiede einher. Es kommt mithin zur Ausdifferenzierung sozialer Räume. Das Ergebnis: Man ist gehalten, den für sein spezielles Bedürfnis oder die angestrebte Tätigkeit geeigneten Ort aufzusuchen. Diese hierfür vorgesehen Orte werden dann anhand einer je nach Formalisierungsgrad mehr oder weniger dichten Beschilderung öffentlich ausgewiesen.

Umgekehrt beinhaltet die Kennzeichnung eines Ortes oder einer Zone ihrerseits weitere Regeln, die nicht immer noch einmal extra angezeigt werden. An Schaltern stellt man sich an, am FKK-Strand macht man keine Fotos, auf der Bühne, im Altarraum oder am Rednerpult haben auch Kinder nichts verloren.

Ohnehin können auf normalen Schildern allenfalls einzelne Verbote bzw. Gebote symbolisiert werden, nicht jedoch ein umfassender Verhaltenskodex. An besonderen Stellen, etwa an Grenzübergängen, wird mitunter auf die wichtigsten Besonderheiten in der speziellen Form einer Tafel aufmerksam gemacht, die mehrere Piktogramme auf einmal enthält. Die Aufmerksamkeit von Passanten und Passagieren für die allerorts präsenten Hinweise erlahmt indes selbst bei einer gelungenen schematischen Darstellung der Botschaften schnell. In unvertrauten Umgebungen (Flughafen, Universität, Großstadt) sind sie daher leicht überfordert. Allein Routinen und allgemeine Standards erleichtern hier die Orientierung.

Piktogramme und andere Schilder sind ihrem Wesen nach schlicht und prägnant. Die für die räumliche Ordnung verbindlichen Entscheidungen und Vorschriften können andererseits nicht durchweg als allgemein bekannt gelten. Sie werden daher gegebenenfalls *separat*, d.h. in raumunabhängigen Medien, festgehalten. Verordnungen müssen als Text vorliegen; Bebauungspläne entstehen am Reißbrett. Die Ordnung wird dann nicht primär im Raum selbst, sondern zunächst lediglich auf dem Papier geschaffen. Die geltende Hausordnung muss ja ebenso wenig wie die Straßenverkehrsordnung grundsätzlich vor Ort aushängen. Bei Bedarf wird man dann über andere Kanäle informiert oder hat sich eigenständig die erforderlichen Angaben zu verschaffen. Unwissenheit schützt bekanntlich nicht vor Strafe.

Natürlich gibt es in der Tat hier und da Informationstafeln, welche Regeln und Wege, Optionen und Sehenswürdigkeiten ausdrücklich hervorheben. Aufkleber beinhalten vielfach Sicherheitshinweise oder instruieren über das Verhalten in Notfällen. In Altstadtkernen weisen Schilder auf ehemalige Bewohner geschichtsträchtiger Häuser hin oder erläutern gar historische Hintergründe. Schautafeln informieren über Bauvorhaben, Nahverkehrsnetze oder denkwürdige Ereignisse. Einmal abgesehen von der oft enthaltenen Markierung des eigenen Standorts, sind jedoch Pläne ebenso wie Ordnungen oder sonstige Informationen grundsätzlich nicht an einen festen Ort gebunden. Sie werden zwar häufig in Form einer soliden Installation vor Ort angebracht, sind aber im Prinzip transportabel und können auch in mobilen Formaten, etwa als Karte, als Buch oder elektronisch verfügbar gemacht werden. Ob als Grafik oder Text, entscheidend ist nur, dass die betroffenen Räumlichkeiten in einem symbolischen Medium abgebildet werden, im Rahmen dessen sich dann die jeweils relevanten Aspekte bezeichnen und die dabei maßgeblichen Unterschiede hervorheben lassen.

Wie solche einfachen Beispiele zeigen, sind Räume also nicht nur durchdrungen von Symbolen und werden durch diese strukturiert. Symbole können überdies selbst Räume konstituieren, und es ist in diesem Zusammenhang sogar möglich, räumliche Strukturen jenseits der realen Örtlichkeiten (grafisch) zu symbolisieren. Symbolisch markierte Räume finden sich also sowohl im öffentlichen Raum als auch innerhalb des Symbolischen selbst. Das Verhältnis von Raum und

Symbol nimmt damit jeweils unterschiedliche Formen an. Dies gibt Anlass zu einer genaueren theoretischen Analyse.

Theorie-Memo 3: Symbol und marked space[9]

Konkrete Räume entstehen überhaupt erst durch Unterschiede im Raum, die sich in markanten Merkmalen manifestieren. Allein für die Wahrnehmung räumlicher Gegebenheiten bedarf es scharfer Kontraste. Zur Navigation auf dem Meer ist man daher bspw. gezwungen, sich an die Sterne zu halten oder sich anderer Anhaltspunkte zu bedienen, etwa dem Sonnenstand oder dem Magnetfeld der Erde. Wenn die Umgebung also zu diffus bleibt, um Ort und Lage zu identifizieren, kann die Kursbestimmung sich nur auf (technisch generierte) Daten stützen. Es werden dann mit Hilfe von Instrumenten wie Kompass oder Sextant künstlich Relationen generiert oder Marken gesetzt. Zumeist genügt aber schon die konzentrierte Betrachtung der Beschaffenheit einer Landschaft, um Vertrautes zu erkennen und sich im Revier zu orientieren. Dabei werden die wahrgenommenen materiellen Gegebenheiten mit den vorhandenen individuellen Bedürfnissen (etwa nach Wasser und anderen Ressourcen, nach Schutz vor Witterung oder sonstigen Gefahren) sowie mit den in der Vergangenheit gewonnenen Erfahrungen in Verbindung gebracht.

Wie sich am Beispiel der sinnlichen Wahrnehmung des Raumes veranschaulichen lässt, ist die räumliche Orientierung in einer Landschaft also an ein Zusammenspiel von Sinneseindrücken, funktionsbezogenen Assoziationen und den vorhandenen »kognitiven Landkarten« gebunden. Zugleich zeigt sich hierbei jedoch auch, dass für die *soziale* Koordination individueller räumlicher Orientierungen zusätzliche, *kollektive* Symbole unentbehrlich sind. Hierzu müssen die wahrgenommenen Unterschiede intersubjektive Geltung besitzen und den Status einer kollektiv verbindlichen Ordnung gewinnen.

Auch die soziale Definition des Raumes beruht auf Differenzen, die hierzu allerdings nun ausdrücklich als symbolische Markierungen aufgefasst werden. Dabei kann es sich handeln um:

- die *Markierung einer Grenze*, durch die eine klare Unterscheidung der einen von der anderen Seite getroffen wird;
- die *Markierung sozialer Relevanzen*, die eine Unterscheidung zwischen der rein materiellen Räumlichkeit und einem ideellen Hintergrund beinhaltet und auf einen institutionellen Zusammenhang oder einen kulturellen Kontext verweist;

---

9 Der von Niklas Luhmann soziologisch kultivierte Begriff geht zurück auf George Spencer Brown: Laws of Form, New York 1969.

- *eine modellimmanente Markierung*, durch die innerhalb symbolischer Modelle eine Unterscheidung eingeführt wird.

Die genannten Formen der Markierung lassen sich in der Praxis durchaus miteinander verknüpfen, sind aber analytisch voneinander zu unterscheiden. Ein Beispiel für die symbolische Markierung von Grenzen wären die Linien eines Sportfeldes. Nur durch deutliche Markierungen kann sichergestellt werden, dass reale räumliche Differenzen von allen gleichermaßen wahrgenommen werden und diese Wahrnehmungsweise auch ohne Ausnahme unterstellt werden kann. Wer die Augen nicht aufmacht und sich nicht an die Linien hält, der ist dann selber schuld. Die durch Kennzeichnung gewährleistete Unterscheidbarkeit räumlicher Bereiche ist eine wichtige Voraussetzung für die Etablierung ortsabhängiger sozialer Verbindlichkeiten.

Wo Grenzen sind, da bestehen indes Gebietsansprüche oder existieren Regeln. Insofern werden durch die Kennzeichnung einer Grenze immer auch soziale Erwartungen transportiert. So zeigen Ortseingangsschilder nicht nur die offiziellen Stadtgrenzen an, sondern signalisieren auch den Herrschaftsanspruch einer administrativen Autorität.

Indes können ortsbezogene Symbole soziale Relevanzen auch unabhängig von der Funktion der Grenzmarkierung zum Ausdruck bringen. Sie deklarieren dann denn objektiven Raum als Bestandteil einer sozial konstituierten Ordnung. So lässt sich die allseitige Ausweisung von Notausgängen/Notausstiegen als Form einer demonstrativen Präsenz administrativer Risikoabsorption verstehen.[10] So flächendeckend wie subtil prangen Fingerabdrücke vom Arm des Gesetzes wohin man schaut, hängen kulturelle Klischees an fast allen Wänden. Der physikalische Raum wird mittels symbolischer Markierungen mit einer Bedeutungsschicht überzogen, die als sozialer Raum diesem sich anschmiegt, ihn sich zu eigen macht, sich gleichsam aus ihm gebiert.

Dieser soziale Raum, der mehr ein geistiges Gebilde ist mit materiellem Korrelat, verwirklicht sich im Realen wie auch im Virtuellen. Die symbolischen Markierungen werden im ersten Falle im realen Raum installiert, im zweiten Falle existieren sie allein in einem Medium. Mitunter werden also Ordnungen auf dem Papier geschaffen, ohne im realen Raum eigens Markierungen zu hinter-

---

[10] Zu beachten ist hierbei vor allem die symbolische Wirkung, die sich durch die Präsenz von Sicherheitswesten, Rettungsringen und Notrufsäulen bereits im Routinebetrieb ergibt. Ob der Notruf im Notfall überhaupt funktioniert, der Feuerlöscher nicht defekt oder die Fluchtwege blockiert sind, ist eine andere Frage. Mit dem organisationssoziologischen Begriff der Risikoabsorption ist daher immer auch gemeint, dass Behörden, Betreiber und Beschäftigte mit dem Risiko umgehen müssen, im Krisenfall zur Verantwortung gezogen zu werden. Entscheidender als der möglicherweise eintretende Schaden selbst ist für sie, den Vorschriften genügt zu haben und nicht etwa zum Sündenbock gemacht zu werden. Vgl. Niklas Luhmann: Soziologie des Risikos, Berlin 1991, S. 201-215.

lassen. Die Unterscheidung wird dann rein auf der symbolischen Ebene getroffen, so etwa durch die Einfärbungen virtueller Räume auf einem Plan. Die Ordnungsbildung findet gleichsam in einem symbolischen Paralleluniversum statt. So verzeichnen Grundbücher die Lage und den Eigentümer eines Grundstücks. Dieser kann kraft eines administrativen Aktes, der allein auf dem Papier durch Stempel und Unterschrift vollzogen wird, wechseln, ohne dass sich dies im realen Raum unmittelbar bemerkbar macht. Die Verbindlichkeit solcher formalen Regelungen erwächst (sieht man einmal von ihrer *Durchsetzung* ab, die sich wiederum anderer Symbole bedienen mag) nicht zuletzt aus der Markanz jener dokumentarischen Symbolik, welche die Eindeutigkeit formaler Entscheidungen verbürgen. Bezüglich traditioneller Gebietsansprüche und Gewohnheitsrechte können aufgrund der ihnen zu eigenen Unbestimmtheit unterschiedliche Auffassungen bestehen, sodass es leicht zu Auseinandersetzungen kommt. Erst durch die Projektion der räumlichen Gegebenheiten in ein symbolisches Medium und durch Übersetzung der realen Verhältnisse in symbolische Relationen wird der Raum verfügbar für politische Planung, ökonomische Transaktionen, juristische Urteile und kognitive Operationen. Je formaler die symbolische Repräsentation, je stärker abstrahiert wird, je deutlicher die relevanten Unterschiede innerhalb der symbolischen Darstellung markiert werden, desto schematischer kann mit Fragen der räumlichen Ordnung, mit Problemen der räumlichen Orientierung und mit Aufgaben der Raumgestaltung umgegangen werden. Landkarten heben Wege und Ortschaften, Flüsse und Berge hervor. Sie reduzieren die Komplexität einer Landschaft damit auf einige wenige Parameter, die ein Maximum an räumlicher Kontrolle gewähren. In Bauplänen werden räumliche Strukturen nicht nur abgebildet, sondern überhaupt konzipiert. Auf je eigene Weise schaffen solche symbolischen Repräsentationen des Raumes somit Ordnung und wirken sich so auf die Praxis aus, ohne unmittelbar im realen Raum selbst präsent zu sein.

***

Wie Räume wahrgenommen werden, dies hängt ohnehin maßgeblich von den diesbezüglichen Vorstellungen in den Köpfen der Menschen ab. Was die Jugend gemütlich findet, erscheint den Alten als Saustall. Was den einen ihr eigenes Reich, ist für die anderen ein Loch. Was jenen die Erfüllung eines Lebenstraums war, wird von diesen als trostlos und trist wahrgenommen (man denke an Plattenbauten, Reihenhäuser oder Nobelvillen). Dabei gibt es nicht nur kulturelle Besonderheiten, die charakteristisch für die Angehörigen einer Generation, eines Milieus oder einer bestimmten Epoche sind; im Hinblick auf die Abgrenzung zwischen Privatsphäre und öffentlichem Raum wäre hier etwa der kulturhistorische Prozess zu erwähnen, der zur Etablierung von abgesonderten Schlafgemächern und Klosetts (d.h.: geschlossenen, sogenannten stillen Örtchen) geführt hat.[11]

Die Raumwahrnehmung wird überhaupt durch *kollektiv geteilte Erfahrungen* geprägt, die im Laufe der Zeit jeweils an Ort und Stelle gemacht wurden. Sie ist das langfristige Resultat einer sozialen Lebenspraxis, die das tägliche Umfeld ganz allmählich zu einem gemeinsamen Lebensraum macht, indem sich an den verschiedensten Punkten seines abstrakten Koordinatensystems konkrete Bedeutungen herauskristallisieren. Jeder neue Schulhof will erst nach und nach erobert sein; jener Stein mag zum angestammten Pausenplatz der Clique, jene Ecke zum Raucherrevier, jenes Gebüsch zum gewohnten Versteck werden. Über die Jahre können so die Horizonte expandieren, eignen die heranwachsenden Schüler sich womöglich Keller und Dachboden an, dringen sie vor bis ins Fotolabor oder ins Direktorenzimmer, so wie Dornröschen in das abgelegene Zimmer im alten Turm. Vorher bedeutungslose Plätze werden zu Schauplätzen unerhörter Begebenheiten und saugen so den Sinn der Kindheit in sich auf wie ein Schlachtfeld das Blut seiner Opfer. Um abgelegenes Niemandsland ranken sich finstere Geschichten; wo Außenstehende nur kargen Boden wähnen, liegt der Sage nach vielleicht der Hund begraben.

Das Beschreiten der über Generationen eingetretenen Pfade, die für alle längst zu materiell wie ideell verfestigten Wegen geworden sind, die wohlvertraute Verteilung der einschlägigen sozialen Orte, die so oft gehörten wie selbst verwendeten Ortsbeschreibungen und –bezeichnungen verdichten sich im Bewusstsein zu einer Heimat, die weitestgehend als eine *bevölkerte* Heimat in Erinnerung bleibt und schon von daher nie nur individuelle Heimat sein kann, sondern ihrem Wesen nach stets eine gemeinschaftliche Heimat ist.[12] Von hier aus erschließt sich die Welt – und führt doch der Weg stets wieder nach Hause zurück, und sei es auch nur im Geiste. Noch in der fremden Stadt erkennt man doch altbekannte Strukturen wieder: den Markt, den Park, das Cafe; das Einkaufszentrum, die Metro, die Promenade.

Die Orientierung im urbanen Raum ist überhaupt eine soziokulturell äußerst voraussetzungsvolle Angelegenheit. Man findet sich zurecht, indem man sich in den Strom der Massen hineinbegibt und sich von ihm tragen lässt. Die individuelle Wahrnehmung der Stadt ist immer schon hochgradig sozial standardisiert und von Klischees geprägt. Sehenswürdigkeiten und Wahrzeichen kennt der Tourist bereits aus den Prospekten und Reiseführern – und macht sich gleich einem Ritual ein eigenes Bild davon, das wie zum Beweis als Foto festgehalten

---

[11] Vgl. etwa die betreffenden Studien »Über das Verhalten im Schlafraum« von Norbert Elias: Der Prozess der Zivilisation, Bd. 1, Frankfurt a. M. 1976, S. 312 ff.

[12] Für ausführlichere Schilderungen solcher Vorgänge sei auf Marcel Prousts Roman »Auf der Suche nach der verlorenen Zeit« verwiesen.

wird. Diesen und jenen Ort muss man vorgeblich gesehen haben, muss dort gewesen sein, – ja warum? – um seine innere Karte mit dem gehobenen Standardbild von Stadt und Region, Land und Gesellschaft abzugleichen. Nicht nur in Siedlungsbau und Landschaftsarchitektur zeigen sich insofern die Auswirkungen gesellschaftlich bedingter Raumkonstruktionen. Wie kulturphilosophisch ausgerichtete Geisteswissenschaftler nicht erst seit dem sogenannten *spatial turn*[13] betont haben: Schon die Konzepte und Begriffe, mittels derer die Menschen ihre räumliche Umgebung deuten, sind sozialer Natur.

Aus einer radikal soziologischen Sicht lässt sich selbst der *physikalische* Begriff des Raumes auf soziale Ursprünge zurückführen. Er gleicht in dieser Beziehung anderen abstrakten Begriffen wie jenem der Kraft oder der Zeit [14] Archaische Stammeskulturen kennen ja zunächst einmal nur ihre gewohnte Biosphäre, innerhalb derer sich das alltägliche Leben bewegt, die sie erkunden und im wahrsten Sinne er-*fahren*, die sie gemeinsam teilen und so gewissermaßen zu einer unumgänglichen sozialen Tatsache werden lassen, welche einen wesentlichen Bestandteil ihrer sozialen Wirklichkeit bildet. Für sie gibt es Lagerstellen und Jagdgründe, heilige Stätten und feindliche Territorien. Geometrie und Kartografie sind ihnen dagegen fremd. Die ihnen zugrundeliegende Idee des Raumes wäre demnach eine (wissenschaftliche) Abstraktion, die aus dem Erleben der Raumgebundenheit des gesellschaftlichen Lebens erst nachträglich abgeleitet ist.

An dieser Stelle darf allerdings nicht darüber hinweg gegangen werden, dass die Kategorie des Raumes auch in Philosophie und Psychologie keine unbedeutende Rolle spielt. Dabei wird sie vor allem von der sogenannten philosophischen Erkenntnistheorie traditionell als *psychische* Konstruktion – und damit nicht: als soziale Konstruktion – angesehen, die sich bereits aus der Notwendigkeit einer *kognitiven* Verarbeitung der *sinnlichen Wahrnehmung* (vorzugsweise: des Gesehenen und des Gehörten) ergebe.

Diese unterschiedlichen Perspektiven auf die Erfahrung räumlicher Gegebenheiten müssen sich nicht zwangsläufig widersprechen, sie beziehen sich vielmehr auf verschiedene Ebenen. Um dies an einem einfachen Beispiel aus dem Bereich Biologie zu verdeutlichen: Das Raumgefühl eines Greifvogels im Sturzflug, der mit sprichwörtlichem Adlerauge seine Beute erspäht hat, hilft in Fragen des Revierverhaltens wenig weiter, da es bei letzterem um soziale Raumordnungen geht, die durch Duftmarken und Drohgebärden umrissen werden. Umso mehr

---

13 Vgl. für eine Fülle interdisziplinärer Publikationen exemplarisch Jörg Döring/Tristan Thielmann (Hg.): *Spatial Turn. Das Raumparadigma in den Kultur- und Sozialwissenschaften* Bielefeld 2008, sowie als klassischen Essay zum Thema des sozialen Raums Georg Simmel: Der Raum und die räumlichen Ordnungen der Gesellschaft, in: ders.: Soziologie. Untersuchungen über die Formen der Vergesellschaftung, Frankfurt a.M. 1992, S. 687-790.

14 Vgl. für eine solche Auffassung allen voran Emile Durkheim: Die elementaren Formen des religiösen Lebens, Frankfurt a. M. 1981, S. 588 ff.

gilt auch für die Menschen: Wenngleich das Bewusstsein das Wahrgenommene notwendigerweise räumlich interpretieren mag, da es nur so Äußeres von Innerem, also auch sich selbst von seiner Umwelt zu unterscheiden vermag, so wird der konkrete Raum doch nur als eine *mit den anderen geteilte Welt* symbolisch, und dies heißt vor allem auch: sprachlich, verfügbar. Erst über einen komplexen Vorgang der kulturellen Vermittlung können Menschen sich einen *Begriff* von Raum und Zeit machen. Diese in einer gemeinsamen Lebenswelt[15] verankerten *Ideen des Raumes* aber sind äußerst wirkmächtig, und zwar als Abbildung der Wirklichkeit ebenso wie als kulturelles Regulativ. Ohne sie wäre es schließlich unmöglich, soziale Orte zu definieren und die symbolischen Chiffren des sozialen Raumes schlüssig zu entziffern.

Doch es ist wohl ratsam, sich hier nicht zu weit in das Gebiet philosophischer Debatten hineinlocken zu lassen. Da Phänomene des Denkens nun mal schwer zu fassen sind, handelt es sich hierbei vielfach um hochabstrakte Spekulationen, während streng auf methodisch kontrollierte Messergebnisse beschränkte Studien im Ergebnis typisch stark vereinfachenden Modellen verhaftet bleiben, was sich nicht zuletzt an der weitestgehenden wechselseitigen Ignoranz von Philosophen und Psychologen zeigt. Demgegenüber hat der Kulturwissenschaftler den Blick vorzugsweise auf *soziale Tatsachen* symbolischer Art zu richten, in denen ihrerseits bestimmte Konzeptionen des Raumes verkörpert sind.

Jeder, der Ausflüge zu historischen Sehenswürdigkeiten (insbesondere der höfischen Kultur) wie Schlössern oder Gärten unternimmt, wird wohl unweigerlich daran erinnert: Als *gestaltete Welt* weist der soziale Raum allerorts symbolische Spuren auf, in denen die kollektiven *Vorstellungen der Welt* in dieser selbst zum Ausdruck kommen. So zeigt sich an der Architektur und der üppigen Raumausstattung eines Palastes der repräsentative Anspruch, für eine größere, höhere, übermächtige Ordnung zu stehen. Diese Ordnung und die damit verbundenen Mythen werden in der feinsinnigen Symbolik von Gemälden und Skulpturen, in Wappen und technischen Instrumenten, Bibliotheken und Parkanlagen aufwändig vor Augen geführt. Die außerordentliche Besonderheit des Ortes ist dabei Bestandteil der Inszenierung. Springbrunnen und Pergolen, Salons und Kabinette, Musik und Konversation, Orangerien und Terrassen bieten Attraktionen, die den Besucher beindrucken und den Bewohner zugleich in seinem Selbstverständnis bestätigen. Ungeachtet aller Stil und Epoche sowie dem persönlichen Geschmack des Erbauers geschuldeten Einzelheiten gilt: Die Einrichtung spiegelt die Ideale ihrer Besitzer wieder, unterstreicht deren gesellschaftliche Bedeu-

15 Vgl. Alfred Schütz: Der sinnhafte Aufbau der sozialen Welt, Wien 1974.

tung und kanalisiert die Aufmerksamkeit ihrer Beobachter.[16] Sie ist bewusste Selbstinszenierung und unwillkürliche Offenbarung zugleich.

Nicht minder gilt dies für bürgerliche Wohnungen, Arbeiterquartiere und Studentenbuden. Bilder und Nippes, Tapeten und Teppiche, Gerätschaften und Mobiliar bilden gleichsam eine symbolische Gesamtkonstellation, die sich lesen lässt wie eine archäologische Fundstätte. Die für die zweite Hälfte des 20. Jahrhunderts charakteristische Ablösung des Familientisches als Mittelpunkt des Wohnzimmers durch den Fernseher, auf den hin die Sitzmöbel so ausgerichtet wurden, dass die Blickachsen auf jene zum Altar stilisierte Stelle hinlaufen, lässt sich als Symptom einer kulturindustriellen Vereinnahmung des Bewusstseins verstehen.[17] Abends kam die Familie noch regelmäßig zusammen, sie saß sich jedoch nicht mehr gegenüber, sondern erstarrte im massenmedialen Angesicht der großen Welt. Man war körperlich beisammen und zugleich geistig gleichgeschaltet. Obschon die Sessel sich bei Bedarf zu einem Kreis umrücken ließen und die familieninternen Beziehungen weitaus vielfältiger waren, so drückt die Ausgangsanordnung der Sitze doch das den Ort beherrschende soziale Selbstverständnis aus.

In jedem Falle – wenn auch um den Preis einer gewissen Übertreibung – erlaubt die Raumstruktur (methodisch kontrollierte) Rückschlüsse auf die allgemeine Verfassung der zugehörigen Kultur.[18] Solches trifft ebenso für die Sitzordnung in Klassenzimmern, Besprechungsräumen, Opernhäusern und an Tafeln zu und betrifft sogar die Lage von Wohnungen und die Gruppierung von Häusern. Villenviertel, Reihenhäuser und Wohnblocks verkörpern eine andere Auffassung des sozialen Zusammenlebens als etwa die Runddörfer der Bororo-Indianer, wie sie der französische Ethnologe Levi-Strauss beschrieben hat.[19] Der klassische Frontalunterricht steht für klare Hierarchien, für Gruppenarbeit formiert man sich dagegen als Runde.

Auch zeitgemäße Sitzgruppen auf öffentlichen Plätzen sind in Kreisform angeordnet; die Sitze allerdings weisen nach außen hin: Man wendet sich voneinander ab. Den Archäologen künftiger Epochen mag das ein Rätsel aufgeben. Der öffentliche Raum ist heutzutage offenbar nicht als Treffpunkt konzipiert, sondern eher als Schaubühne, als Schaufenster, als Panoptikum. Es geht zwar darum, zu sehen und gesehen zu werden, doch beobachtet man sich gegenseitig eher aus den Augenwinkeln, als gelte es – daheim wie in der Öffentlichkeit – zu

---

[16] Vgl. zur Unterscheidung dieser drei Aspekte als allgemeinen Dimensionen jeglicher Kunst Michael Beetz: Sinnform Kunst. Eine kleine Theorie, in: Die Gesinnung. Magazin für praktische und theoretische Kultur 1, 2009, S. 7-9.

[17] So Günther Anders: Die Antiquiertheit des Menschen, Bd. 1, München 1956, S. 106 f.

[18] Die »Übertreibung« wird von Günther Anders daher gar zu dessen philosophischer Methode erklärt.

[19] Vgl. Claude Levi-Strauss: Traurige Tropen, Frankfurt a. M. 1978.

vermeiden, sich gegenüberzutreten. Könnte dies womöglich ein Indiz für eine umfassendere Transformation des gesellschaftlichen Raum-Sinn-Kontinuums sein, in deren Folge die zwischenmenschliche Begegnung sich mehr und mehr in virtuelle Räume hinein verlagert? Es lohnt sich durchaus, dieser in der akademischen Welt so beliebten wie nebulösen Hypothese etwas weiter nachzugehen.

Körperliche Anwesenheit im Sinne einer lokalen Kopräsenz scheint im Zuge des Sieges elektronischer Kommunikationsmedien in der Tat zunehmend entbehrlich zu werden. Das Bild der vor dem Fernseher versammelten Familie hat mittlerweile sogar schon nostalgische Züge. Heute ist – trotz Public Viewing und Massenstudium – der Medienkonsum längst gänzlich individualisiert. Man sitzt gleichsam allein am offenen Fenster zur Welt. Das minimalistische Jugendzimmer ist eher mit Internet und Musikanlage ausgestattet als mit einer Sitzecke. Knopfhörer und Laptops gewähren separaten, exklusiven Zugang zum schillernden Einerlei des Spiels virtueller Symbole, sei es Film, Computerspiel, Musik oder Chatroom. Die hierdurch vermeintlich gewonnenen Freiheiten erweisen sich indes bei genauerer Betrachtung als trügerisch, geht doch die Lockerung der sozialen Bindungen an die Ansässigen mit einer weitaus schlechter kontrollierbaren Verstrickung in schwer durchschaubare Diskurse und die zugehörigen technisch-institutionellen Netzwerke einher, wird die Unabhängigkeit gegenüber den örtlichen Gegebenheiten also durch eine umso bedingungslosere Unterwerfung unter das ideologische Diktat der globalen Kulturindustrie erkauft. Die Gedanken sind frei, doch nur in der Wahl, welcher kraft der Massenmedien standardisierten Fantasien sie nachhängen, in welchen fiktiven Räumen sie sich verfangen. Die Möglichkeiten sind weitestgehend vorgegeben, sofern anderes schlicht nicht mehr denkbar ist.

Immerhin gibt es neben den Monitoren mit ihren Quizshows, Actionfilmen, Pornos und Werbesendungen in vielen Wohnungen auch noch Bücherregale voller Literatur, welche freilich oft des plakativen Titels wegen angesammelt wird und letztlich ungelesen bleibt, ja anscheinend bereits für solche primär repräsentativen Zwecke geschrieben ist. Das Buch wandelt sich damit vom Ideengeber zu einem häuslichen Einrichtungselement und wird so im Online-Zeitalter zu einem Denkmal traditioneller Bildungsansprüche. Den Büchern wird dabei zwar im Allgemeinen durchaus noch eine starke Bedeutung zugeschrieben. Diese bleibt jedoch in dem Maße abstrakt, als sie kaum mehr mühselig aus der je konkreten Schrift in langen Mußestunden herausgelesen wird.

Gleiches gilt umso mehr für die öffentlichen Archive des überlieferten Schriftguts: Bibliotheken rufen nach wie vor das breite kulturelle Erbe an Texten in Erinnerung, auch wenn viele heute dort nur Kaffee trinken gehen oder schlafen und die Qualität vieler Publikationen zu wünschen übrig lässt. Wirklich gelesen werden vorzugsweise Lehrbücher und seichte Schundliteratur überhaupt. Als Mahnmal der geistigen Anstrengung wirken gerade an den Universitäten Textsammlungen, Leselisten und Literaturangaben augenscheinlich wie inoffizielle

Absperrsignale, die eher dazu animieren, sich weiter rollenkonform in den einfachen Geleisen der Massenkultur leichthin zu bewegen, als dass sie die Studenten dazu verlocken würden, sich als Querdenker auf eigene Faust im geistigen Kompost des Abendlandes zu aalen, um sich hier auf die Suche nach unerwarteten Wegen zu begeben.

Ein wesentlicher Unterschied zwischen den virtuellen Reichen der Kommunikationsmedien und wirklichen Räumlichkeiten bleibt jedoch in jedem Falle bestehen: Die Verfügbarkeit von Grund und Boden unterliegt natürlichen Grenzen.[20] Im Gegensatz zur geistigen Standardisierung[21], welche dem Bewusstsein lediglich eine Orientierung gibt, beschränkt die räumliche Ordnung deshalb massiv die realen Optionen. Sie definiert, welche Aktivitäten zugelassen sind, auf welchen Wegen und Weisen man sich frei bewegen darf, welche Ausflugsziele in Frage kommen und wer mit wem in Kontakt kommt. Wo Straßen und Parkplätze sind, da fehlen Wanderwege und Feuerstellen. Wo Abraumhalden, Industriekomplexe und Gewerbegebiete entstehen, dort schwindet der Reiz des ländlichen Lebens, verlieren Schrebergärten und Naherholungsgebiete an Attraktivität.

Der Raum schafft Fakten, und dies mitunter gerade als verdeckter Effekt von vordergründig eher symbolisch scheinenden Elementen. Blumenrabatten, Grünanlagen und Pflanzkästen symbolisieren nicht nur ästhetische Ansprüche sowie die gelungene Beherrschung der Natur, sie strukturieren den Raum auch rein materiell, indem sie Buhnen gleich den Strom der Passanten brechen und Autos die Durchfahrt versperren. Was sich als harmlose Verzierung oder als freundlicher Ausblick gibt, das erfüllt dezent womöglich dieselbe Aufgabe wie Stacheldrahtzäune, Tretminen und Überwachungskameras. Glaswände in Eisenbahnwaggons, an Haltestellen und Aufzügen stehen ja nicht nur in stilistischer Hinsicht für Transparenz und zerbrechliche Eleganz, sie erleichtern auch die Beobachtbarkeit etwaiger Unsittlichkeiten und unterwerfen somit jeden Winkel der Kontrolle des öffentlichen Blicks. Die Selbstverständlichkeit des Designs tarnt hier geradezu dessen versteckte Funktion.

Mit räumlichen Strukturen werden unmerklich soziale Tatsachen geschaffen. Die örtlichen Gegebenheiten wirken sich – ob ungeplant oder intendiert – kulturell, politisch und sogar demografisch aus, und dies letztlich nicht nur lokal, sondern auf ganze Landstriche und die gesellschaftlichen Verhältnisse insgesamt. Im Zuge des Verfalls bzw. der Sanierung von Stadtvierteln verändert sich bspw. die Zusammensetzung der Anwohnerschaft (demografischer Wandel), werden bestimmte Milieus verdrängt und andere angelockt. Das Image des Ortes

20 »Das Weltall ist zu weit, und der Rest ist schon verteilt« heißt es entsprechend in einem Lied der deutschen Band »Die Sterne«.

21 Hierzu später noch einmal Kapitel 7.

wandelt sich (kulturelle Entwicklung) und mit ihm die lokalen Normalitätsstandards und die wechselseitig unterstellbaren sozialen Erwartungen (politische Transformation).

Der Raum ist für die Gesellschaftsordnung mithin in zweierlei Hinsicht von Bedeutung. Zum einen können sich erstens gesellschaftliche Verhältnisse nur in dem Maße etablieren, in dem sie sich flächendeckend in *individuellem Verhalten* niederschlagen, und dieses beruht ja wesentlich auf der Raumgebundenheit des Leibes, der sich von Ort zu Ort bewegt, Grenzen überschreitet oder Positionen behauptet. Da Menschen grundsätzlich Platz beanspruchen, bemisst sich die Funktionsfähigkeit eines Gesellschaftssystems nicht zuletzt daran, inwieweit es gelingt, jedem zu jeder Zeit eine passende Stelle einzuräumen. Die tagtäglichen Bewegungen der menschlichen Körper werden entsprechend durch Institutionen kanalisiert, zu Strömen gebündelt, koordiniert und Regeln unterworfen. Dabei materialisiert sich im Raum eine umfassende Infrastruktur aus Wegen, Zonen und Distrikten, aus Immobilien, Verkehrsnetzen und öffentlichen Plätzen. Um sich in der resultierenden Sozialtopologie zurechtzufinden, lassen die Passanten sich unweigerlich durch den sanften Zwang von symbolischen Elementen leiten. Sie folgen den vielfältigen Markierungen und Zeichen, die sie davor bewahren, von der Straße abzukommen oder vor die Straßenbahn zu laufen. Für die räumliche Orientierung ist daher ein implizites Verständnis der sozialen Bedeutungen jeglicher signifikanter Merkmale unerlässlich, die sich jeweils vor Ort beobachten lassen.

In räumlichen Relationen drücken sich zum anderen vielfach auch soziale Relationen aus. So konnte man bspw. am Hof von Ludwig XIV bekanntlich die soziale Position eines Adligen an dessen räumlicher Nähe zum König ablesen. Wer nur in den Vorzimmern seine Aufwartung machte, der war demnach noch nicht sonderlich weit vorgedrungen, obgleich er immerhin schon einmal überhaupt am Hof präsent war. Wer dagegen mit dem König speiste oder ihm gar beim Ankleiden beiwohnte, der stand ganz offensichtlich entsprechend hoch in der Gunst. Therapeutische Techniken wie Körperskulpturen oder systemische Aufstellungen nutzen die Anordnung von Körpern im Raum ganz gezielt aus, um soziale Konstellationen sichtbar werden zu lassen und die Positionen der Beteiligten sinnlich erfahrbar zu machen, und dies nicht nur visuell, sondern auch leiblich. Rituelle Besuche bezeugen die freundschaftliche Verbundenheit zwischen Personen.

Beispiele dieser Art führen einen zweiten Aspekt der räumlichen Manifestation von sozialen Strukturen vor Augen: Sie betreffen die materielle Objektivierung kultureller Sinngehalte. Da jedes menschliche Verhalten vom Bewusstsein der Akteure abhängt, wirkt die Gesellschaft sich auch als *sozialer Sinn in den Köpfen* aus. Um ihren ideellen Einfluss entfalten zu können, müssen kulturelle Muster indes wahrnehmbar sein. Sie bedürfen der Vermittlung und sind an kollektive Praktiken gebunden. Wo aber ließe sich eine solche Praxis realisieren, wenn nicht an konkreten Orten?[22] Wie ließen Ideen, Vorstellungen und Deutungsmuster sich anders kommunizieren als in Form von erkennbaren Symbolen? Ob akustisch im Medium der Sprache, als Schrift oder Bild im zweidimensionalen, als Architektur oder Prozession im dreidimensionalen Raum, oder als Kombination aller dieser Varianten – die Gesellschaftsordnung findet in vielfältigen symbolischen Formen Ausdruck. Die umfassendste Präsenz wird gleichwohl im *realen Raum* erreicht, da hier Repräsentation und soziale Wirklichkeit unmittelbar miteinander verschränkt sind.[23]

Selbst der Zugang zu Kommunikationsmedien war lange Zeit noch strikt an *Lokalitäten* wie Bibliotheken, Postämter, Fernsprecher oder Internet-Cafés geknüpft. Im Zeitalter des mobilen Internet, des Cyberspace und des globalen Finanzmarkt-Kapitalismus scheint sich dies allmählich zwar zu ändern. Doch das gesellschaftliche Leben findet – trotz Schriftverkehr, Massenmedien und Internet – immer noch im Wesentlichen in Lebens*räumen* statt. Es zeigt sich lokal, und hier hat es sich zu bewähren. Bei aller virtuellen Kommunikation – Staaten sind geografisch gesehen immer auch Länder; Märkte erstrecken sich über Plätze und Passagen; Gerichte, Institute und Regierungen haben einen Sitz, Firmen eine Niederlassung. Die Gesellschaft bleibt also unweigerlich in einer räumlichen Symbolik verankert (vgl. resümierend Schaubild 2).

---

22 Vgl. allerdings für die umfangreiche soziologische Diskussion zum soziologischen Status virtueller Räume und zur Möglichkeit der Interaktion ohne räumliche Ko-Präsenz bspw. Lutz Ellrich: Die Realität virtueller Räume. Soziologische Überlegungen zur »Verortung« des Cyberspace, in: Rudolf Maresch, Niels Werber (Hg.): Raum Wissen Macht, Frankfurt a. M., 2002, S. 92-113.

23 Vgl. Helmuth Plessner: Über die Verkörperungsfunktion der Sinne, in: Studium Generale 6/1953, S. 410-416.

Schaubild 2: Schematische Zusammenfassung des Gedankenganges

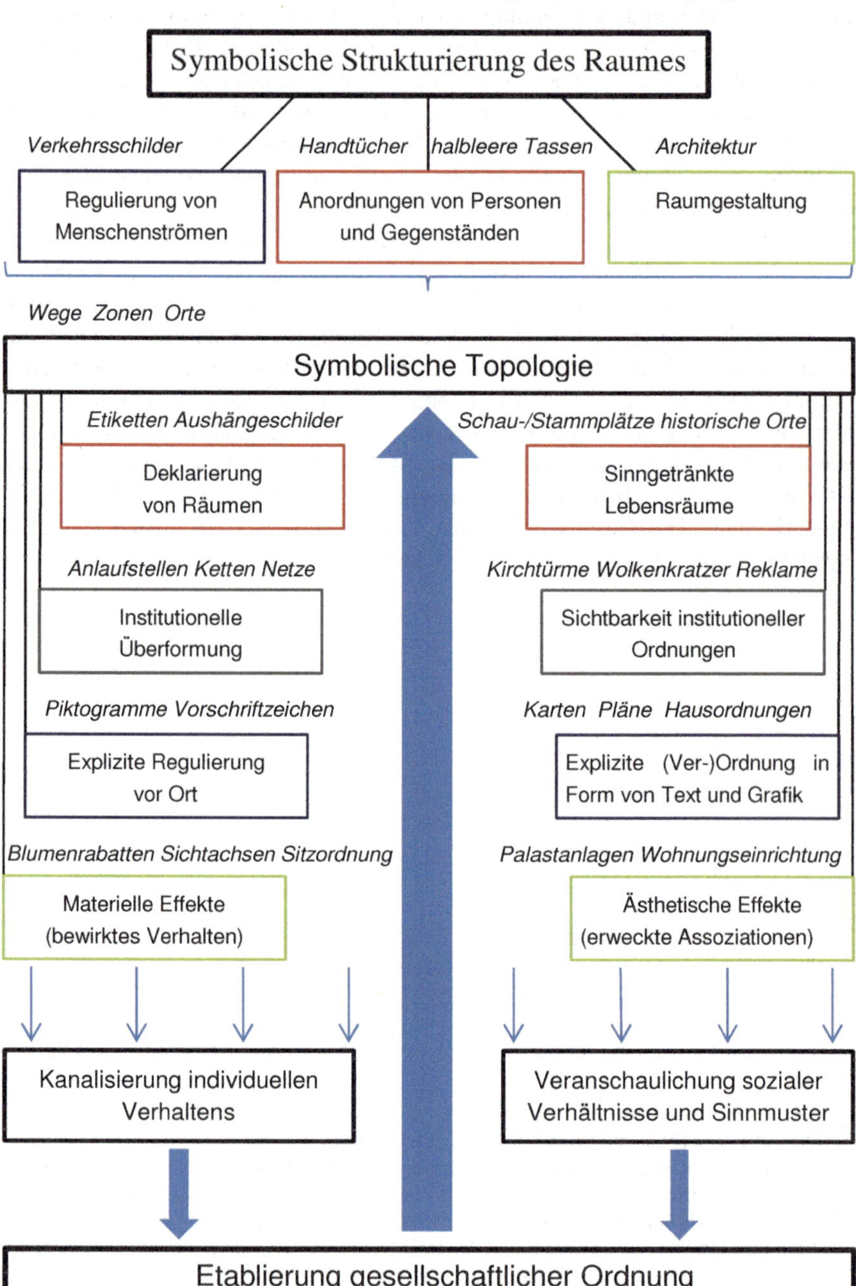

4 *Pomp, Gehabe, Distinktion.* Statussymbole

Wieso trägt man Krawatten, weshalb gibt es so simple Gebrauchsgegenstände wie Uhren, Geschirr oder Schreibstifte als Luxusartikel, warum werden manche Gemächer prunkvoll mit Marmor, Gold und Samt ausstaffiert? Die Auskunft, dass es hier um die Hervorhebung von sozialem Status gehen könnte, ist derart geläufig, dass allenfalls überraschen dürfte, wie spät das Thema der Statussymbole innerhalb einer soziologischen Abhandlung wie der unseren nun erst aufgegriffen wird. Wenn an Kleidung und Konsum, in Ausstattung und Auftreten von Menschen Eigenheiten ins Auge fallen, die sich nur erklären lassen, indem man sie als Symbole der gesellschaftlichen Stellung dieser Menschen begreift, dann zeigt sich hierin die wohl offensichtlichste, aber längst nicht die einzige Form der symbolischen Vermittlung zwischen Individuum und Gesellschaft.

Resümieren wir kurz die bisherigen Betrachtungen, um die Bedeutung von Statussymbolen dahingehend einordnen zu können: Wie wir gesehen haben, spiegelt sich gesellschaftliche Ordnung schon in den symbolischen Aspekten von Grundhaltungen (Kapitel 2) und in der Symbolik des öffentlichen Raumes (Kapitel 3) wider.

Sozialisation vollzieht sich weitgehend über symbolisch vermittelten *Grundhaltungen*. Die eigene Einstellung gegenüber der Welt scheint zwar lediglich eine persönliche Strategie zur Bewältigung der vorgefundenen Umstände zu sein. In Wirklichkeit ist sie jedoch ein wesentlicher Bestandteil der Ordnung selbst: In ihr pflanzen sich gleichsam jene menschlichen Eigenschaften fort, von denen der große Leviathan Gesellschaft lebt. Eine stabile Gesellschaft formt sich die zu ihr passenden Menschen: Despoten, Eliten und brave Bürger ebenso wie selbst noch ihre schärfsten Kritiker, Delinquenten und Aussätzige[1]. Die Haltung

---

[1] In der Tat betrachtet etwa Foucault den sozialen Umgang mit der Lepra als Vorbild für die spätere Behandlung des Wahnsinns, die auf der künstlichen Absonderung der Betroffenen basiert. Michel Foucault: Wahnsinn und Gesellschaft. Eine Geschichte des Wahns im Zeitalter der Vernunft, Frankfurt a. M. 1993. Das Ausgeschlossene bestätigt gerade durch seine faktische Existenz die Norm. Phänomene der Ausgrenzung oder der (gleichsam expliziten) Verdrängung durch Thematisierung finden sich entsprechend auch bezüglich des Umgangs mit Sex, dem Orient, Kriminalität usw. Bereits Durkheim hatte in diesem Sinne auf die Rolle der Sühne des Verbrechens für die Bestärkung der kollektiven Identität aufmerksam gemacht. Emile Durkheim: Über soziale Arbeitsteilung. Studie über die Organisation höherer Gesellschaften, Frankfurt a. M. 1988, S. 147 ff.

eines Menschen korrespondiert mit seiner gesellschaftlichen Position, an ihr lässt sich der soziale Ort eines Menschen ablesen. Standpunkt und Ansichten, Rolle und Charakter, Funktion und Identität stimmen in der Regel überein. Beides entwickelt sich parallel: Man findet zu sich selbst und zugleich seinen Platz. Mit Haltung, Stil und Habitus verrät man daher, wie man die Welt sieht und wo man sich verortet.

Auch die Symbolstruktur des *öffentlichen Raumes* dient nicht nur der Ausweisung von Wegen, der Markierung von Grenzen und der Ausschilderung von Orten, kurz: der symbolischen Hervorhebung einer gegebenen *räumlichen* Ordnung. Vielmehr manifestiert sich in ihr die Gesellschaft selbst. Vermittels symbolischer Formen wird im Raum überhaupt erst Ordnung geschaffen. Ordnung im Raum zu schaffen bedeutet jedoch zugleich, gesellschaftliche Verhältnisse zu etablieren und diffuse soziale Muster in konkrete Ansprüche und Erwartungen umzusetzen, so auf einem Universitätscampus bspw. allein durch die Anordnung von Essensausgabe und Kasse in der Mensa. Indem man sich an der räumlichen Symbolik orientiert, folgt man zugleich einer gesellschaftlichen Ordnung, bestätigt oder durchkreuzt diese, fügt sich in den Gang des Geschehens ein oder zeigt sich widerspenstig.

Wenn wir die Gesellschaft für einen Augenblick einmal mit einem großen Gesellschaftsspiel vergleichen wollen, dann wären demnach bereits das *Spielfeld* und der *Wille* der Mitspieler von einer symbolischen Präsenz gesellschaftlicher Strukturen geprägt. Soziale Ordnung wird also spieltheoretisch gesehen nicht erst durch Spielregeln und die Verteilung von Ressourcen erzeugt![2] Sie umfasst mithin weitaus mehr als Rechts- und Besitzverhältnisse. Oft wird diese Ordnung zwar unmittelbar mit einer *Hierarchie sozialer Statuspositionen* gleichgesetzt, die sich allein aus der ökonomischen Ausstattung und den geltenden Normen ergeben würde. Es scheint dann leicht so, als ließe Gesellschaft sich auf eine Herrschaftsbeziehung reduzieren, bei der die Gewinner gleichsam selbst die Regeln vorgeben. Wer über Gesetz und Eigentum, über Waffengewalt und Produktionsmittel verfüge, der gehöre demnach zur *herrschenden* Klasse, wer zu Gehorsam und Arbeit gezwungen sei, zur *beherrschten* Klasse.[3] Doch zum einen sind selbst die Herrscher in enormem Maße sozialen Zwängen unterworfen, diktieren Traditionen und Konflikte, Zeremonien und Strategien den Lauf der Dinge. Zum anderen gab es zu allen Zeiten nicht nur Herren und Knechte, sondern weitere soziale Positionen, so die des Priesters oder des Händlers, existierten zudem andere Polaritäten wie etwa die zwischen Mann und Frau, zwischen

---

2 So aber das an diesem Punkt vor allem aufgrund seiner Schlichtheit bestechende Modell von Anthony Giddens: Die Konstitution der Gesellschaft, Frankfurt a. M. 1988.

3 Vgl. als klassische Version einer solchen Auffassung Karl Marx/ Friedrich Engels: Manifest der kommunistischen Partei, Hamburg 2009 [zuerst 1848].

Rechts und Links, zwischen Nomaden und Sesshaften, zwischen Klans, Völkern oder Religionen.

Was aber kann unter diesen Bedingungen »sozialer Status« heißen? Verbindet man auch mit dem Begriff in erster Linie gesellschaftlich erzeugte Oben/Unten-Unterschiede: Das Gesellschaftsspiel des sozialen Lebens beinhaltet keineswegs ein Ende mit klar definierten Gewinnern und Verlierern, es kennt keinen aktuellen Punktestand, keine Ergebnistabelle und keine Weltrangliste, es unterscheidet nicht zwischen Auf- und Absteigern, und wenn, dann gibt es diese neben vielen anderen Rollen wie die von Schiedsrichtern und Platzwarten, Cheerleadern und Fans, Trainern und Experten.

Gleichwohl bleibt – wie die Sozialforschung zeigt – das Denken in den Kategorien von Oben und Unten weit verbreitet, nicht zuletzt in der Sozialforschung selbst.[4] Unter »Sozialstruktur« versteht man hier gewöhnlich nichts anderes als die Einteilung der Bevölkerung in Statusgruppen: etwa gehobene Schichten, Mittelschicht, Unterschicht. Die Überzeugung, die Gesellschaft bestände aus solchen – höheren oder niedrigeren – sozialen »Schichten«, ist so tief verwurzelt, dass die empirisch gewonnene Einsicht in das Verschwinden einer klaren Rangordnung immer wieder aufs Neue als überraschend empfunden wird.

In gewisser Weise ist diese eigentümliche Hierarchie-Fixiertheit insofern gerechtfertigt, als sie der gesellschaftlichen *Selbstbeobachtung* entspricht. Aufstiegsorientierung und Abstiegsängste prägen anscheinend tatsächlich vielerorts die individuelle Lebensplanung und sind zugleich – falls man heute noch so sagen darf – Teil der herrschenden Ideologie. Als »sozial« gilt, wenn die »Starken« die »sozial Schwachen« unterstützen. Man kann folglich seinen überlegenen Status demonstrieren, indem man zeigt, dass man es sich leisten kann, gegenüber den »Schwachen«, die keine ernsthafte »Konkurrenz« darstellen, auf aggressive Akte des Angriffs und der persönlichen Vorteilsnahme zu verzichten. Insbesondere sogenannte Hartz IV-Empfänger werden gemeinhin als »sozial schwach« stigmatisiert und gelten dem gängigen Klischee nach gleichsam als festverkrusteter gesellschaftlicher Bodensatz, dessen Integrationsprobleme sich vermeintlich direkt an der Wirkungslosigkeit von populistischen Bildungsinitiativen, Umschulungen und anderen technokratischen Instrumenten ablesen lassen. Ihre verbal wie selbstverständlich vollzogene Ausgrenzung ist indes nicht nur Ausdruck der Überheblichkeit jener, die sich ihrer kulturellen Identität nach als Bessergestellte empfinden und geben. Gerade Gesellschaftskritiker, »linke« Lobbyorganisationen (Gewerkschaften, Parteien, Sozialforschungsinstitute) und

---

[4] So stellt Neckel einen interessanten Zusammenhang zwischen Scham und sozialer Ungleichheit her, identifiziert diese dabei jedoch unwillkürlich mit Herrschaft, Autorität und hierarchischen Statusdifferenzen. Vgl. Sighard Neckel: Status und Scham. Zur symbolischen Reproduktion sozialer Ungleichheit, Frankfurt a. M. 1991.

»soziale« Einrichtungen (Kirche, Wohlfahrtsverbände, Stiftungen) erneuern in Form von suggestiven Begriffen wie »soziales Gefälle«, »Schere«, »Zwei-Drittel-Gesellschaft«, »obere Zehntausend«, »abgehängtes Prekariat«, »Exklusion«, oder »Parallelgesellschaften« immer wieder die kommunikativ konstruierte Differenz zwischen Bürgern unterschiedlicher Klassen.

Andererseits ist bereits in den fünfziger Jahren die Rede von einer »nivellierten Mittelstandsgesellschaft« (Schelsky), in der Ober- und Unterschichten zu einer breiten Mittelschicht verschmelzen. Standesunterschiede treten damit in den Augen der Sozialforscher zugunsten regionaler und kultureller Unterschiede zurück. Eine eindimensionale Rangordnung lässt sich empirisch einfach nicht rekonstruieren. In der »Sozialstrukturanalyse« proklamiert man daher einen Übergang »von Klassen und Schichten zu Lagen und Milieus«[5]. Neben Herkunft und Reichtum wird nun vor allem Bildung als zentraler Faktor betrachtet. Anstelle von Statushierarchien oder Klassengegensätzen spricht man von einem »sozialen Feld« (Bourdieu), bei der neben ökonomischem Kapital auch »Bildungskapital« (also Abschlüsse und Zertifikate) und »soziales Kapital« (also Solidarität und Beziehungen) eine wichtige Rolle spielen sollen.

Ein solches soziales Statusfeld ist indes ein diffuses Kontinuum. Die Grenzen sind fließend. Auch gibt es keinerlei per Geburt oder Dekret geregelte Zuweisung zu den einzelnen Statusgruppen. Es fehlt überdies eine anhand von Kleidung, Tätowierungen oder sonstigen Abzeichen eindeutig erkennbare Zugehörigkeit, wie dies etwa bei nach Kasten oder Ständen gegliederten Ordnungen der Fall ist. Unter diesen Umständen wird das Vorkommen, werden Bedeutung und Funktion statusbezogener Symbolik in besonderem Maße erklärungsbedürftig.

Gesellschaftliche Funktionen sind in der modernen Gesellschaft ohnehin nicht mehr an bestimmte Populationsgruppen gebunden, die erforderliche Differenzierung wird vielmehr auf der Ebene von Institutionen gewährleistet. Rangordnungen und Hierarchien finden sich dementsprechend in Behörden, Unternehmen und formalen Organisationen aller Art. Stellung und Funktion des Personals sind oft an Dienstkleidung, Namensschildern und Rangabzeichen zu erkennen; diese werden jedoch nach Feierabend buchstäblich abgelegt. Die betreffenden Positionen bleiben auf *interne* Kompetenzen beschränkt. Extern spielen sie allenfalls bei Bewerbungen eine Rolle, verketten sich also zu Abschlüssen und Karrieren. Vor Gericht, bei Geschäften, im Parlament wird dagegen im Prinzip jeder gleich behandelt, sofern man Recht, Geld bzw. eine Stimme hat.

Nichtsdestotrotz betreibt offenbar fast jedermann auch privat einen beträchtlichen Aufwand in Bezug auf die Ausweisung seines sozialen Status. Vielfältige Techniken der Selbstinszenierung dienen der Abgrenzung gegenüber milieube-

[5] Stefan Hradil: Sozialstrukturanalyse in einer fortgeschrittenen Gesellschaft. Von Klassen und Schichten zu Lagen und Milieus, Opladen 1987.

zogenen Klischees (wie dem des »Spießers« oder des »Landeis«), der Markierung feiner Unterschiede, der Distinktion. Wesentliche Elemente des Lebensstils sind auf die Betonung von Individualität, die demonstrative Zitation kultureller Chiffren und die Anhäufung von Prestige ausgerichtet.

Warum aber so viel Zeit und Mühe investieren, wenn Konflikte sich juristisch regeln lassen, man bei Bedarf einfach zahlen kann und politische Fragen bürokratisch entschieden werden? Eine Symbolisierung des sozialen Status scheint ja vordergründig nur von Vorteil, wo dadurch eine ständige Aushandlung der Rollenverteilung oder ein permanenter Machtkampf vermieden wird. Mittels Symbolen wie Krone, Zepter und Robe kann hier Herrschaft auf Dauer gestellt werden. Herrschaftsinsignien zeigen an, wer das Sagen hat, und sie können so dazu beitragen, Machtkämpfe vorübergehend stillzustellen. Wozu aber dienen Statussymbole, wenn weder die Zugehörigkeit zu den Statusgruppen noch die mit diesen verbundenen Erwartungen und Ansprüche eindeutig geregelt sind? Welche Informationen beinhalten sie, wenn ihnen die Gesellschaftsstruktur gar nicht mehr entspricht? Sind sie noch Anzeichen realer Verhältnisse oder lediglich Ausdruck eines hierarchischen Weltbildes? Kann man sich durch sie reich, schön und wichtig schummeln, oder sind sie die unverzichtbare Grundlage jeder sozialen Identität? Solchen Fragen soll im Folgenden weiter nachgegangen werden. Wir beginnen mit jener nach der gesellschaftlichen Notwendigkeit von Statusunterschieden.

Als einfachste Form sozialer Ordnung, die über eine rein biologische Symbiose hinausgeht, mögen Lebensformen gelten, bei denen es zu einer kollektiven Koordination des Verhaltens kommt. Der Schwarm, die Herde, die Gruppe reagieren als Ganzes auf ihre Umwelt und teilen sich in routinemäßige Aufgaben. Sie gehen gemeinsam auf Nahrungssuche und warnen sich vor Feinden. Schon eine Betrachtung der bekanntesten Beispiele aus dem Tierreich lässt deutlich werden, dass eine klare Rangordnung hierfür keineswegs erforderlich ist. Die Flugformationen von Zugvögeln oder die komplexe Logistik einer Ameisenkolonie kommen ohne zentrale Kommandostruktur aus. Signale und Botschaften werden schlichtweg nicht als *Befehle* kommuniziert und bedürfen daher zunächst keiner Symbolisierung von Autorität. Die Bezeichnung »Königin« für die gemeinsame Ameisenmutter entspringt offenbar nur dem menschlichen Glauben an die Notwendigkeit hierarchischer Ordnung.

Besonderheiten einzelner Mitglieder eines sozialen Verbandes zeugen jedoch nicht automatisch von deren Überlegenheit oder gar von Herrschaft, und dies gilt nicht minder für menschliche Kulturen. Das zentrale Prinzip sozialer Koordination lässt sich weitaus besser mit dem Begriff der Arbeitsteilung erfassen. Sonderrollen wie die des Priesters, des Arztes, des Künstlers, des Richters oder des Gelehrten bleiben an konkrete Praktiken gebunden, bei denen je nach Kontext gemäß seiner Kenntnisse und Kompetenzen hier der eine und dort der andere in den Vordergrund tritt. Insbesondere der Schamane, die wohl ursprünglichste und zugleich symbolträchtigste Funktionärsposition, ist mitnichten ein Machthaber. Er genießt vielmehr in religiösen, zeremoniellen und medizinischen Fragen das *Vertrauen* der Gemeinschaft. Wenn es im Zuge einer soziokulturellen Evolution zu ersten Differenzierungsprozessen kommt, infolge derer verschiedene Funktionen noch – dauerhaft oder temporär – unterschiedlichen Populationsgruppen zugeordnet werden, dann handelt es sich gleichwohl bei den daraus resultierenden Ungleichheiten nicht zwangsläufig um ein generelles »Gefälle«.

Auch für die historische Entwicklung hin zur modernen Gesellschaft ist eher die Etablierung von Märkten, Tauschmedien und spezialisierten Praktiken maßgeblich als eine autoritäre Steuerung von »oben«. Machtstrukturen, die soziales Verhalten anhand des Codes überlegen/unterlegen organisieren, spielen zweifellos eine wichtige Rolle, bleiben aber grundsätzlich nur *ein* (strukturlogisch untergeordneter) Bestandteil des gesellschaftlichen Systems.[6] Die Formulierung, »unter« jemandem zu leben, zu dienen oder zu arbeiten, setzt einen konkreten Herrschaftsapparat – Reich, Partei, Kirche oder Unternehmen – voraus. Sie bezieht sich immer auf eine institutionalisierte Hierarchie, die zwar innerhalb einer Epoche im Rahmen einer bestimmten gesellschaftlichen Konstellation durchaus dominieren mag – vor allem auch hinsichtlich der Präsenz ihrer Symbolik –, gleichwohl aber sonstige kulturelle Quellen der Achtung nie vollständig ersetzen kann. Es gibt also stets auch andere Statusformen.

So genießen bspw. die Ältesten mitunter ein immens hohes Ansehen, welches sie sich durch ihren Erfahrungsschatz und ihre Leistungen, aber mehr noch aufgrund ihrer Funktion als Hüter des kollektiven Gedächtnisses und der daraus abgeleiteten gemeinschaftlichen Identität verdienen. Die Alten erzählen nicht nur von früher, sie verkörpern buchstäblich die Vergangenheit, und dies ungeachtet ihres Dienstgrades oder ihrer Stellung. Sie bilden so gesehen einen eigenen gesellschaftlichen Stand: den Ruhestand. Frauen wiederum mögen zuvorkommend behandelt und verehrt werden, ohne dass ihnen dabei als Personen in gleichem Maße gesellschaftliche Anerkennung zuteilwürde wie Männern.

Im Hinblick auf die Frage, wer das Sagen hat, können somit unterschiedliche Maßstäbe parallel gelten. Daher lässt sich der soziale Status einer Person, ihre gesellschaftliche Stellung oder situationsbezogene Rolle im Normalfall nicht einfach auf einer Oben/Unten-Skala verorten. Es gibt – zumindest in der modernen Gesellschaft – keine eindeutige gesamtgesellschaftliche Hierarchie, ja nicht einmal eine eindeutig definierte Matrix sozialer Funktionsrollen. Die Ethnologie mag hier und da exotische Völker als Belege für symbolische Ordnungen anfüh-

---

6 Hierzu ist auf die klassischen Überlegungen von Parsons und – im Anschluss daran – Luhmann zu verweisen. Vgl. Talcott Parsons: Zur Theorie der sozialen Interaktionsmedien, Opladen 1980. Niklas Luhmann: Die Gesellschaft der Gesellschaft, Frankfurt a. M. 1997, S. 202 ff.

ren können, in denen durch die Bewahrung kultureller Traditionen und ausgefeilte rituelle Bestimmungen ein verbindliches System sozialer Positionen definiert wird.[7] In der Gegenwartsgesellschaft jedenfalls lässt sich nicht mehr sagen, welcher Status sich aus Alter und Geschlecht, aus Adels- oder Doktortiteln, aus der Eigenschaft als Politiker, Wissenschaftler, Künstler zu gelten, im Allgemeinen ableitet, zumal die Bedeutung solcher Merkmale je nach Situation, Ort und Milieu zu variieren scheint.

Ist dies vielleicht gerade der Grund dafür, dass Personen ihren sozialen Status symbolisch auszuweisen suchen? Wenn es keine klar definierte Rangordnung, ja nicht einmal eine verbindliche Selbstbeschreibung der Gesellschaft gibt, dann rückt jede Symbolisierung des eigenen sozialen Status suggestiv zugleich einen bestimmten Maßstab in den Vordergrund, einen Maßstab nämlich, an dem gemessen die Symbolträger vorteilhaft und bedeutsam erscheinen, der ihnen eine Identität verleiht und ihr Erscheinungsbild zugleich überhaupt legitimiert. Werden durch die Markierung von Statusunterschieden also spezielle Deutungen der Gesellschaft transportiert, welche die Haltung, die Lage und die Bedeutung der jeweiligen Personen herausstreichen?

Genauso ist es. Schon die Ausübung sozialer Rollen wie die des Schamanen, des Priesters, des Arztes oder des Künstlers beinhaltet oft eine symbolische Auszeichnung des Status der entsprechenden Personen in Form charakteristischer Instrumente (Trommel[8], Kruzifix, Stethoskop, Pfeife) und typischer Bekleidung (Federschmuck, Talar, Kittel, Frack). Statussymbole dieser Art beziehen sich allerdings nicht unmittelbar auf den *gesellschaftlichen* Rang der Rollenträger, sie verweisen vielmehr auf einen die aktuelle Situation bestimmenden *Sinnzusammenhang*. Kontexte wie Religion, Medizin oder Kunst stellen ja Sinninseln dar, die kraft symbolischer Inszenierungen stets aufs Neue aus dem Meer der sozialen Wirklichkeit herausgehoben werden müssen, um ihren spezifischen Eigensinn tatsächlich entfalten zu können. In der Kirche, im Gerichtssaal oder im Krankenhaus[9] herrschen je eigene Regeln, deren Auslegung den jeweiligen Experten obliegt. Die zeremonielle Bewältigung eines Todesfalls, das Akzeptieren eines Gerichtsurteils oder die professionelle Behandlung körperlicher Leiden beinhal-

---

7 Wobei allerdings meist Verwandtschaftsbeziehungen entscheidend sind. Vgl. hierzu bspw. Michael Oppitz: Notwendige Beziehungen, Abriss der strukturalen Anthropologie, Frankfurt a.M. 1993.

8 Die Bedeutung der Trommel im Schamanismus wurde vor allem durch Michael Oppitz eindrucksvoll herausgearbeitet. Vgl. etwa Michael Oppitz: Die magische Trommel Re, in: Michael Kuper (Hg.): Hungrige Geister und rastlose Seelen. Texte zur Schamanismusforschung. Berlin 1991, S. 77-107.

9 Vgl. zu letzterem Michel Foucault: Die Geburt der Klinik. Eine Archäologie des ärztlichen Blicks, Frankfurt a. M. 1988.

ten überdies immense soziale Zumutungen an die (als Laien, Beklagte bzw. Patienten) betroffenen Personen. Ob es sich um ein Beerdigungsritual, einen juristischen Prozess oder eine medizinische Operation handelt, soziale Praktiken sind zumeist nicht rein sachlich determiniert. Selbst der Kfz-Mechaniker, der schließlich nur das Auto reparieren soll, sucht mit seinem Auftreten um Vertrauen und Geduld zu werben: Er signalisiert Redlichkeit und Kompetenz, gibt sich als umsichtiger und versierter Fachmann, bemüht sich um einen guten Ruf.

In vielen, aber durchaus nicht in allen Fällen verbindet sich die Rollenmaske nun mit dem Image der ganzen Person. Während Schiedsrichter, Prostituierte oder Weihnachtsmänner ohne genaueres Ansehen der hinter ihrer Rollenmaske verborgenen Persönlichkeit zur Geltung kommen und die jeweils relevanten Sinnzusammenhänge vor allem durch ihr charakteristisches Outfit und ihr rollentypisches Auftreten in Erinnerung rufen, während Verwaltungsbürokratien ihre trockene Rationalität gerade aus der formalen Trennung von Amt und Person ziehen und es für die Karriere einer Schauspielerin eher abträglich ist, wenn ihr Gesicht auch ohne Kostüm nachhaltig mit ihrer Paraderolle identifiziert wird, verlängern sich soziale Identitäten in vielen Fällen hinein in das Privatleben. Der Rollenträger wird damit zu einer öffentlichen Person, die als lokale Symbolfigur für die von ihr ausgeübte gesellschaftliche Funktion fungiert. Bereits Versicherungskaufleute, Gastwirte und Lehrer arbeiten in diesem Sinne mit personifizierten Rolleninterpretationen: Sie stehen mit ihrem Kopf, ihrer Statur, ihrem Namen persönlich für ihre Berufsrolle ein und können diese dann auch nach Dienstschluss nicht in der gleichen Weise ablegen, wie dies etwa einem Busfahrer, einem Fahrkartenkontrolleur oder einem Tankstellenverkäufer möglich ist. Umso mehr gilt dies für Pfarrer, Künstler, Minister oder Professoren, die auch außerhalb ihrer Hausinstitutionen immer zugleich Repräsentanten der Religion, der Kunst, der Politik bzw. der Wissenschaft bleiben. Ihre professionelle Aufgabe erschöpft sich nicht in materiellen Tätigkeiten, ja ihre konkrete Arbeit kann sogar in den Augen der gemeinen Werktätigen leicht als Müßiggang erscheinen. Es ist jedoch mitunter gar nicht so entscheidend, was sie wirklich machen, und die Wirkungslosigkeit aufopferungsvollen Engagements mag in diesen Metiers daher manchmal als deprimierend empfunden werden. Vielmehr lebt der kulturelle Wert dieser Figuren geradezu von ihrer öffentlichen Präsenz und der ihnen zugeschriebenen Bedeutung.

Es verhält sich oft ähnlich wie im Film »Star Quest«, einer Star-Trek-Parodie, bei der die Schauspieler einer Science-Fiction-Serie von realen Außerirdischen entführt werden, weil sie für diese einen verzwickten interstellaren Konflikt lösen sollen. Die so wider Willen zur Besatzung eines Raumschiffs gewordene Besetzung der Serie versucht zunächst den Irrtum aufzulösen – die Außerirdischen hatten schlicht das fiktive Filmgeschehen mit der (eigenen) Realität verwechselt. Die Schauspieler werden dann jedoch mehr und mehr in den Konflikt hineingezogen, sodass ihnen mangels Alternativen letztendlich nichts anderes übrig bleibt, als ihrem durch die Serie vorgegebenen Rollenskripten zu folgen – und überraschenderweise: mit Erfolg! Der Film führt eindrucksvoll vor, dass bei bestimmten (Führungs-)Rollen offenbar kaum ein Unterschied zwischen der sozial praktizierten Rolle und dem Imitieren dieser Rolle besteht. Heißt das aber, dass Statussymbole heute lediglich noch der Reklame dienen, der Reklame für bestimmte Berufe und die damit verbundenen Sinnsysteme?

Mitnichten. Eine gesellschaftliche Funktion färbt umgekehrt selbstverständlich auf das öffentliche Ansehen einer Person ab, und Statussymbole beziehen sich keineswegs ausschließlich auf Berufe, bringen sie doch etwa auch die Zugehörigkeit zu (möglicherweise fiktiven) Klassen und Ständen (inklusive des Ruhestandes), zu gehobenen, gesetzten oder auch gestandenen Milieus, ja zu Subkulturen, Schicksalsgemeinschaften und sonstigen Statusgruppen aller Art zum Ausdruck. Sie zeigen dann auch im Privaten an, das man wer ist und als was man angesehen und behandelt werden will. Und mehr noch: Gehören zur gesellschaftlichen Stellung eines Menschen neben Herkunftsmilieu, Beruf und Bildungsgrad nicht ebenso der Familienstand, das Geschlecht oder etwaige Behinderungen? Sind also auch der Ehering, der Rock und die gelbe Binde mit den drei schwarzen Punkten Symbole eines bestimmten sozialen Status?

In der Tat. Versteht man unter Statussymbolen im weitesten Sinne all jene äußerlichen Merkmale, welche jegliche Form des sozialen Status einer Person zum Ausdruck bringen (sollen), so sollten diese zuvorderst Informationen über ihren Träger transportieren. Authentische Trachten – man denke an Wandergesellen und Mönche –, aber umso mehr diverse Abzeichen und Armbinden haben im Normalfall diese Eigenschaft. Statussymbole dieser Art statten ihre Inhaber offenbar mit situativ relevanten Facetten sozialen Identität aus, indem sie Anleihe bei kulturell etablierten Mustern nehmen. Wie aber wirken sich solche personenbezogenen Informationen auf die gesellschaftliche Konstruktion der Wirklichkeit aus und in welchen Kontexten spielen sie überhaupt eine Rolle? Diese Fragen führen zu einer weiteren theoretischen Betrachtung.

Theorie-Memo 4: Symbol und Kontext

Beginnen wir mit einer ganz grundsätzlichen Feststellung. Das Spektrum der Kommunikation umfasst bekanntlich weit mehr als die Übermittlung expliziter Informationen und Anweisungen. So kann man etwas in unverbindlicher Form zu verstehen geben, um im Falle eines Konflikts (etwa mit dem Gesetz) abzustreiten, es so gemeint zu haben. Eine mehrdeutige Bemerkung, eine undeutliche Geste dienen als Andeutungen, die *im gegebenen Kontext* nur auf eine Weise zu interpretieren sind, zugleich aber – dies ist der Trick – immer auch in einen anderen Zusammenhang gerückt werden können: Man wurde auf der Feier nicht bewusst ignoriert, sondern bedauerlicherweise übersehen; oder: Der Torhüter habe nicht die Fans beleidigen wollen, sondern sich lediglich geistesabwesend mit dem ausstreckten Mittelfinger am Kopf gekratzt, heißt es dann.

Andererseits kann durch inhaltlich ganz belanglose Formulierungen oder eher harmlose Handlungen *ein bestimmter Kontext auch konstruiert werden*, ein Kontext etwa, indem die Lage durch Sachzwänge bestimmt wird und die Rollen klar verteilt sind: Man habe eine »Krise« und müsse daher auf erfahrene Experten und Führungskräfte vertrauen, ist dann seitens der politischen Führung immer wieder zu hören. In einer Gegenwart von unübersichtlicher Komplexität wird so eine einzelne Facette beleuchtet, anhand derer die Situation in der Folge definiert wird – in unserem Beispiel mit der Folge, dass undurchsichtige Maßnahmen und Machenschaften aus ängstlicher Autoritätsgläubigkeit murrend hingenommen werden, wobei selbst die schärfsten Kritiker den gesetzten Referenzrahmen als reale Situation akzeptieren.

Ob nun aufgrund einer solchen *kontexterzeugenden* Manifestierung von Beobachtungsperspektiven oder im Zusammenhang mit besagten *kontextabhängigen* Deutungen: Der kommunikative Akt gewinnt unweigerlich symbolischen Charakter, je mehr der Schwerpunkt sich vom Expliziten zum *Impliziten* verschiebt. Die Wirklichkeit wird ja (durch den Kontext) einerseits auf einige signifikante Unterscheidungen hin verkürzt, vor deren Hintergrund die feinste Bewegung der Augenbraue, die feinsinnigste Anspielung von Bedeutung ist. Krieg oder Frieden, oben oder unten, Mann oder Frau – wenn klar ist, worum es geht, dann wird jede noch so minimale Reaktion daraufhin beobachtet, ob sie die eine oder die andere Seite symbolisieren könnte. Umgekehrt hat der Gebrauch der betreffenden Symbolik eine suggestive Wirkung und bestärkt eine diesbezügliche Wahrnehmung der Situation, selbst wenn die transportierte Botschaft ansonsten keine relevante Information enthält und an sich folgenlos bleibt.

Symbole sind immer zugleich kontextabhängig und kontexterzeugend. In ihnen spiegelt sich eine auf bestimmte Aspekte reduzierte Wahrnehmung der Welt, sie machen nur im Kontext einer solchen Perspektive einen Unterschied, und sie lenken die Aufmerksamkeit umgekehrt genau auf diese Aspekte. Gerade weil sie in einer auf explizite Fakten fokussierten Kultur unterschätzt und gleichsam immer nur aus dem Augenwinkel heraus wahrgenommen werden, können sich Symbole in den Kommunikationsstrom einschmuggeln und den Fluss der sinnhaften Assoziationen unmerklich lenken. So vermitteln sie kraft eines zwanglosen Drucks zwischen individueller Orientierung und gesellschaftlicher Ordnung, ohne die Autonomie(ansprüche) von gesellschaftlicher und individueller Rationalität merklich zu beschädigen.

Dies gilt insbesondere für Statussymbole, die ja zum einen ein soziales Positionsgefüge als gegeben voraussetzen, welches zum anderen an ihnen allein sichtbar und erst durch sie produziert wird. Ihr impliziter Charakter kommt darin zum Ausdruck, dass sie sich in jedem relevanten Kontext jeweils als Kommunikation in einem anderen Kontext ausgeben können, ihre symbolische Funktion also zu tarnen verstehen. Nicht nur werden hierzu häufig kausale, zweckrationale und pragmatische Gründe angeführt: Der Flügel sei ein Erbstück (kausal), der Pool für die Kinder (zweckrational), der Sportwagen ein Gelegenheitskauf (pragmatisch). Vielmehr werden typisch selbst symbolische Nebenbedeutungen vorgeschoben, um die unmittelbare Wirkung eines Symbols gekonnt zu verschleiern. Dies liegt daran, dass Statussymbole per se drei Funktionen erfüllen und sich dementsprechend immer zugleich auf drei verschiedene Kontexte der öffentlichen Selbstinszenierung beziehen lassen, nämlich auf:

- den zugehörigen praktischen *Vollzugskontext:* Statussymbole bezeugen öffentlich die Authentizität der reklamierten Statusrolle, um im Rahmen einer autonomen Praxis (Kunst, Wissenschaft, Religion) den jeweiligen *Sinnvollzug* als solchen zu gewährleisten. Dabei verweisen sie auf Kontexte, in denen es um das Vertrauen in die Kompetenz und die Legitimität von funktionalen Rollenträgern geht, etwa bei Lehrer/Schüler-Verhältnissen oder öffentlichen Veranstaltungen (Konzert, Vortrag, Predigt).
- den *Binnenkontext* der Statusgruppe: Statussymbole markieren die Zugehörigkeit zu einer *Bezugsgruppe oder Institution* gegenüber der entsprechenden Binnenöffentlichkeit, um interne Solidarität zu stimulieren. In diesem Zusammenhang beziehen sie sich auf Kontexte der kollektiven Identität, in welchen es um Probleme der Anerkennung als seinesgleichen geht, etwa solche der Vergemeinschaftung bzw. Ausgrenzung innerhalb eines Dorfes, einer kulturellen Szene, einer Bewegung oder Lobbygruppe.
- den *äußeren Kontext* des öffentlichen Lebens: Statussymbole unterstreichen die Integration in die betreffende Statusgruppe bzw. Institution gegenüber *Außenstehenden*, um das individuelle Potenzial zur Mobilisierung von sozialen Ressourcen und moralischer Unterstützung deutlich zu machen. Hierbei bezieht sich ihre Bedeutung auf Kontexte der Abgrenzung, bei denen Fragen des Respekts gegenüber Andersartigen im Vordergrund stehen, etwa solche der Sittlichkeit, der Konkurrenz oder des Konflikts.

So signalisiert eine Krawatte typisch zugleich die *Seriosität*, die *Standesangehörigkeit* und die *Autorisation* ihres Trägers, d.h. sie bekräftigt als sorgfältig geschlungenes Accessoire erstens die individuelle Glaubwürdigkeit bezüglich der auszuübenden Rollenfunktion, bestärkt als korporatives Outfit zweitens die kollegiale Verbundenheit innerhalb einer Profession oder einer Organisation, und sie unterstreicht als Symbol der Anbindung drittens die Legitimität der beanspruchten Machtposition. Ebenso bezeugt ein Ehering den Ehepartnern den allzeit präsenten Status ihrer *Liaison*, bekräftigt gegenüber den anderen Verheirateten den sittlichen *Wert der Ehe*, und sie gibt den Ledigen den Status der beziehungsmäßigen *Gebundenheit* zu verstehen: Der Ringträger ist bereits vergeben. Doch schon der seriöse Eindruck von Authentizität erwächst nicht unmittelbar aus der Präsentation des Symbols gegenüber dem Publikum, dem Kunden, dem

Ehepartner, denn wenn man die Krawatte bzw. den Ehering allein für den Vollzug der betreffenden Interaktionen anlegte, würde das schnell den Verdacht der Heuchelei erwecken. Vielmehr erweckt gerade die Permanenz der vermeintlich im Rahmen der anderen beiden Kontexte signalisierten Botschaften den Eindruck eines öffentlichen Bekenntnisses zu einem entsprechenden Lebensentwurf. Gleiches gilt jedoch für diese anderen Kontexte selbst: Man gibt sich seinen Statusgenossen gegenüber als Repräsentant nach außen zu erkennen und signalisiert damit nach innen: Jener ist einer von uns, denn er wird uns schließlich zugerechnet. Um dem Anschein der Protzerei zu entgehen, kann man umgekehrt wiederum nach außen hin so tun, als trage man das Symbol (hier: Krawatte bzw. Ehering) vornehmlich aufgrund eines durch die Statusgruppe erzeugten internen Drucks. Mit einem Wort: Statussymbole sind daher grundsätzlich mehrdeutig. Sie leben von einer Verschmelzung ihrer drei Bezugskontexte.

***

Im Trubel des Alltags führt die meist oberflächlich bleibende Wahrnehmung indessen leicht zu Fehleinschätzungen, kommt es umgekehrt zu kleineren Schummeleien oder sogar zu gezielten Täuschungsmanövern. Die für die Gegenwartsgesellschaft charakteristische Unübersichtlichkeit, das Nebeneinander pluraler Praktiken und die Anonymität öffentlicher Räume ermöglichen vielfach ein Auseinandertreten der einzelnen Kontexte. Die innere Konsistenz symbolischer Selbstinszenierungen und deren Übereinstimmung mit dem tatsächlichen sozialen Stand sind heute oft kaum nachprüfbar. Dies eröffnet verschiedenste Spielräume zur symbolischen Selbstverwirklichung, erfordert zugleich aber auch neue Strategien der symbolischen Selbstbehauptung. Kurzum, zugespitzt und vorwegnehmend: Es begünstigt Angeberei (äußerer Kontext), Mobbing (Binnenkontext) und Karrierismus (Vollzugskontext). Doch versuchen wir uns der damit umrissenen Zeitdiagnose von einer historischen Perspektive ausgehend anzunähern.

Ursprünglich mag jegliche statusbezogene Symbolik strikt an die reale Rolle der betreffenden Person gebunden sein, welche ihr im Rahmen eines klar definierten sozialen Positionsgefüges zukam. Das Statussymbol führte somit stets die allgemeine Ordnung vor Augen und bestätigte noch einmal den seinem Träger innerhalb der Gesellschaft zugewiesenen Platz. Dies gilt wohl bis in die frühe Neuzeit hinein und ändert sich erst grundlegend mit dem Übergang zur Moderne. Für unsere Zwecke soll es daher genügen, auf eine übergreifende kulturgeschichtliche Rekonstruktion zu verzichten und uns stattdessen vor Augen zu führen, welche Veränderungen die Ablösung des feudalistischen Ständesystems durch die moderne Gesellschaftsordnung mit sich brachte.

Versetzen wir uns dazu für einen Moment in die Zeit des Mittelalters. Das (städtische) Handwerk ist in Zünften organisiert, die Religion wird durch strenge kirchliche Hierarchien kontrolliert. Innerhalb kleinerer Gemeinschaften, auf dem Lande oder am Hof bleibt der soziale Status einer Person keinem verborgen und stets allgemein nachvollziehbar. Jeder Schwindel würde alsbald auffliegen. Der Schmied ist eben seines Zeichens Schmied, und der König ist der König. Ausnahmen bestätigen die Regel: Richard Löwenherz, sowie später Karl August und der junge Goethe mischten sich der Sage nach bekanntlich verkleidet unter das gemeine Volk. Der umgekehrte Fall der »Hochstapelei« dürfte seinerzeit noch seltener gewesen sein. Immerhin findet sich beides im Märchen: Aschenputtel nimmt am Ball teil, in »König Drosselbart« muss die Prinzessin dagegen arbeiten gehen.

Ob Knecht oder Magd, Müller oder Hebamme, Dirne oder Pfarrer – der soziale Status von Dorfbewohnern und Bürgern kleinerer Städte leitet sich primär aus den zugewiesenen Aufgaben und den substantiell erbrachten Leistungen ab, ist also in der Regel eng an den jeweils erwartbaren *gesellschaftlichen Beitrag* geknüpft. Ansehen und Ruf der einzelnen Person sind dabei nicht zuletzt auch mit deren speziellen handwerklichen oder kulturellen Kompetenzen verknüpft.

In der höfischen Gesellschaft dieser Zeit hingegen geht es vor allem um *zugeschriebene und sozial konstruierte Qualitäten* des Adels: um die Gunst des Königs, um Einfluss, um Macht. Das Gespür für den symbolischen Ausdruck feinster Rangunterschiede ist hier überlebensnotwendig.[10] Diese zeigen sich anhand des Abstands zum Zentrum des königlichen Hofes, sei es durch den Ort einer Audienz, die Lage der Ländereien oder den Stil der Ausstattung, sei es durch die körperliche Nähe zum König selbst, etwa während des täglichen und außeralltäglichen Zeremonielles. Die königliche Gunst erweist sich darüber hinaus an den zugewiesenen – oft an sich nebensächlichen – Funktionen und Titeln.

Während der Hofstaat Etikette und Manieren, Perücken und Kleider zur Verfeinerung der Sitten und zur Pazifierung der Umgangsformen beitragen lässt, symbolisiert die höhere Position der Burgen und Reiter gegenüber Dorf und Bauern den absoluten Herrschaftsanspruch des Adels gegenüber seinen Untergebenen. Wehranlagen und Waffen unterstreichen das beanspruchte Gewaltmonopol, welches sowohl zur Sicherheit wie zur Ausbeutung der Landbevölkerung dient. Der hierbei angehäufte Reichtum an Gütern und Besitz veranschaulicht wiederum die über das beherrschte Reich ausgeübte Macht, sodass ein Gebieter schon aus symbolischen Gründen kaum umhin kommt, sich auf Kosten seiner Untergebenen und Unterworfenen schonungslos zu bereichern und das so gewonnene Vermögen seinerseits verschwenderisch zur Schau zu stellen, statt etwa

10 Vgl. Norbert Elias: Die höfische Gesellschaft. Untersuchungen zur Soziologie des Königtums und der höfischen Aristokratie, Frankfurt a. M. 1983.

den gehorteten Schatz am sicheren Ort verschlossen zu halten. Die in goldenem Glanz erstrahlenden Spitze der feudalen Macht-Pyramide aber, und damit den absoluten Referenzpunkt ihres institutionellen Koordinatensystems, bildet in jeder Hinsicht die im Thron sowie der Person seiner Majestät verkörperte königliche Hoheit. Für lange Zeit bleibt somit der König allein das symbolische Maß des sozialen Standes. (Allenfalls die Rolle der Kirche könnte diesbezüglich noch etwas genauer diskutiert werden. Aber das ihrerseits von einem allmächtigen Herrn beherrschte, jenseitige Paralleluniversum der Religion spiegelt letztlich nur noch einmal symbolisch die geltende weltliche Ordnung.)

Die Eindeutigkeit dieser sozialen Statusordnung löst sich erst an der Schwelle zur Moderne allmählich auf (wobei vor allem an das 18. Jahrhundert zu denken wäre). Mit dem Wandel hin zur bürgerlichen Gesellschaft fällt insbesondere der königliche Luxus als Maßstab des gesellschaftlichen Ranges nach und nach weg. Er wird schließlich durch den Wohlstand neureicher *ökonomischer* Führungskräfte schlicht übertrumpft, wobei die Neigung der Reichen und Mächtigen zum Pomp sich durchaus weiterhin hält. Der zur Schau gestellte Prunk zeigt nunmehr jedoch die Ablösung des Adels durch das aufstrebende Bürgertum an.

Dieses wächst in der Tat unaufhaltsam zu einer neuen Elite heran, welche die alten Adelsgeschlechter ablöst und auch in kultureller Hinsicht prägenden Einfluss gewinnt. Die bürgerliche Kultur wird mehr und mehr zur Leitkultur und transformiert zugleich das gesellschaftliche Positionsgefüge. Die Dynamik des gesellschaftlichen Auf- und Abstiegs der einzelnen Familien wird nun durch die Gesetze des Marktes bestimmt.[11]

Mit der Entstehung des demokratisch verfassten Nationalstaates wird die Gewalt überdies politisch zentralisiert und das Gewaltmonopol an Polizei und Militär übertragen. Öffentlichkeit und Privatbereich werden weitestgehend voneinander getrennt. Die Privatsphäre wird fortan vor Eingriffen geschützt, die unmittelbar an den gesellschaftlichen Status einzelner Personen – an Stand, Reichtum oder Macht – gebunden wären. In diesem Sinne wird inzwischen jeder Mensch gleichermaßen als Bürger angesehen. Und in der Öffentlichkeit gelten – zumindest formal – alle Staatsbürger als gleich, ob vor dem Gesetz, am Markt oder in der Politik.

Neben der politischen Statushierarchie verschwindet auch das starre ökonomische Rollensystem. Das Zunftwesen verliert an Bedeutung. Gewaltherrschaft wird durch Bürokratie und Handwerkstraditionen werden durch Verwaltungsapparate ersetzt. Politische Verhältnisse werden gesetzlich und wirtschaftliche Beziehungen vertraglich geregelt. Wer man ist und wie man sich zu geben hat,

---

[11] Die Überlegungen lehnen sich hier an Wolfgang Englers äußerst prägnante Gegenüberstellung von höfischer, bürgerlicher und arbeiterlicher Gesellschaft an. Wolfgang Engler: Die Ostdeutschen. Kunde von einem verlorenen Land, Berlin 1999, S. 198-207.

wird seither kaum noch im Ganzen durch eine vorgegebene Matrix gesellschaftlicher Statuspositionen definiert. An die Stelle der alten Standesordnung tritt also keineswegs einfach ein reformiertes Statussystem; Ordnung wird jetzt vielmehr durch formale Organisation geschaffen, die den Zugang zu Stellen und Positionen über zertifizierte Abschlüsse und formale Entscheidungsverfahren regelt. Die stratifizierte Ständegesellschaft verwandelt sich so in eine Organisationsgesellschaft, in der sich der soziale Status einer Person innerhalb jeder einzelnen Institution primär aus Bescheiden, Urkunden und Aktenzeichen ergibt. Außerhalb von Bildungseinrichtungen, Behörden und Unternehmen aber entsteht damit ein gänzlich neuer Spielraum der (symbolischen) Freiheit.

Hieraus ergeben sich für den Gebrauch und die Bedeutung von Statussymbolen wesentliche Konsequenzen, die sich im Einzelnen den oben beschriebenen drei Bezugskontexten zurechnen lassen. Sie betreffen also in unterschiedlicher Weise den äußeren Kontext (a), den Binnenkontext (b) und den Vollzugskontext (c).

a) Die Liberalität der Moderne, die weitere Ausdifferenzierung von Institutionen und Subkulturen, die bunte Anonymität des modernen Großstadtlebens erleichtern die Ausbildung vielfältiger Weltbilder, sowie eine daran anschließende Stilisierung der eigenen sozialen Identität. Herkunft, Beruf und Einkommen können dabei sicher nach wie vor von Bedeutung sein, werden aber zunehmend zu nebensächlichen Faktoren, welche in die eigenständig zu bewerkstelligende Komposition des eigenen Selbst unweigerlich mit einfließen. Wer nichts anderes aufzuweisen hat, kann sich über Adelstitel, Herkunftsregion oder Nationalität, als Ärztin, Leichenbestatter oder Wurstverkäufer, als Multimillionär, (Aktien-)-Rentner oder Arbeitsloser, als Invalide, Opfer oder Penner zu definieren suchen, muss jedoch in vielen Lebensbereichen damit rechnen, dafür eher Missfallen, Mitleid oder Spott zu ernten. Einheitliche, aus singulären sozialen Parametern abgeleitete Identitätsentwürfe sind in der gegenwärtigen Gesellschaft eher etwas für Sekten, Fanatiker oder sonstige Extremisten. Der symbolisch ausgewiesene Status variiert vielmehr in Abhängigkeit von den verschiedenen Interaktionszusammenhängen, in denen man sich bewegt, und entsprechend facettenreich sind die vorzufindenden Statussymbole.

Durch die Entkopplung der drei Sphären *Arbeit*, *Familie* und *Freizeit* verschärfen sich etwa auch die Unterschiede zwischen Arbeitskluft, Hausklamotten und Freizeitlook. Nach Feierabend wird die Dienstkleidung abgestreift, um – vielfach von dieser gänzlich unabhängig – in eine passende Abendgarderobe zu schlüpfen. Selbst Prominente, Professoren und Präsidenten wählen hierfür häufig ein bequemes Sportoutfit (Trainingsanzug, Baseballmütze, Turnschuhe) oder volkstümliche Kleidungsstücke (Cowboyhut, Lederhose, AC/DC-Shirt); gemeine Bürger verbringen ohnehin ihre Mußestunden gewöhnlich inkognito und geben sich im engen Freundeskreis betont leger. Doch da gerade jenseits aller repräsentativen Zwänge vermeintlich das wahre Ich umso deutlicher zum Vorschein kommt, bleibt jede noch so verschlissene Jeans, bleiben jeder Pyjama und jedwede Unterwäsche ein Kostüm. Um Charakter zu zeigen, hat man sich quasi bis in die intimsten Situationen hinein zu verkleiden. Jedes stilistische Element beinhaltet bestimmte Botschaften, die trotz der offensichtlichen Äußerlichkeit aller modischen Accessoires als Symbole meiner seelischen Verfassung gedeutet werden können.

Der jenseits von Behörden und Büros als Privatperson reklamierte Status wird damit weitestgehend zu einer modellierbaren Größe. Man ist unweigerlich dazu gezwungen, sein nacktes Ich durch äußerlich wahrnehmbare Eigenschaften einzukleiden und so die abstrakte Schablone seiner gesellschaftlich zuerkannten Persönlichkeit gleichsam mit den sozialen Farben der Saison auszumalen. Der gemimte Charakter wird regelrecht zu einer modischen Fantasiefigur umgestaltet, die zum Teil eine gewisse Ähnlichkeit mit der virtuellen Identität innerhalb eines Rollenspiels aufweist. Dies gilt nicht nur für Chatrooms, Internet-Communities (wie um 2010 herum Facebook, MySpace oder studiVZ) und anderen, von realer Anwesenheit entlasteten Kommunikationsforen. Als modernes Individuum hat man schließlich individuell zu sein, und Individualität markiert man üblicherweise durch das symbolische Angeben sozial relevanter Merkmale, bezüglich derer die jeweils Anwesenden den Status von Außenstehenden haben (sodass man letztlich durch die Gesellschaft selbst genötigt wird, – im Sinne des oben unterschiedenen *äußeren Kontexts* – buchstäblich zum Angeber zu werden).

In dem Maße, in dem Arbeit und Familie ihre sinnstiftende Kraft einbüßen, sich zu negativen Parametern, zu Angstregimes und Abhängigkeitssyndromen verdichten, in diesem Maße hat man sich stattdessen als Freizeit- und Erlebnissubjekt neu zu erfinden.[12] Es gilt sich die angesagten Kulturangebote (Urlaubsreisen, Popmusik, Hobbies) zu eigen zu machen, sich die neuesten, coolsten, abgefahrensten Trends (Lebensstile, Drogen, Körperkunst) einzuverleiben. Man sieht sich dann in seinen freimütigsten Fantasien vorzugsweise als (verhinderter) Berufsurlauber und Müßiggänger. Als Kennzeichen eines gelungenen Lebensentwurfs gelten entsprechend dessen Weltläufigkeit und der damit verbundene Spaßfaktor.

Doch der durch Konsum, Spaß und Unterhaltung gestiftete Sinn vermag offenbar die von sozialen Verantwortlichkeiten und gesellschaftlichen Funktionen ausgehende Bindungskraft der alten Standesordnung nicht wirklich zu ersetzen. Die vermeintlich gewonnene Freiheit erweist sich als trügerisch, denn die dem Individuum gewährte Autonomie schlägt im Kontext der modernen Massenkultur unversehens in Unverbindlichkeit um, und diese Unverbindlichkeit entfrem-

---

12 Gerhard Schulze: Die Erlebnisgesellschaft. Kultursoziologie der Gegenwart, Frankfurt a. M. 1992.

det die Menschen auch dort noch voneinander, wo Lohnarbeit und Zahlungsverkehr dies nicht ohnehin längst bewirkt haben. In einer Freizeit-Öffentlichkeit von lauter Fremden kann das äußere Erscheinungsbild hemmungslos auf beinahe beliebige Kontexte verweisen, ohne dass die betreffende Person tatsächlich in entsprechende Kreise integriert sein muss, etwa auf militärische (Bomberjacke), sportliche (Trikot) oder satanistische Kontexte (umgekehrtes Kreuz). Diese mögen im Hinblick auf den realen biografischen Hintergrund völlig fiktiv sein, oder aber die zugehörigen Praktiken mögen halbherzig um des damit verbundenen Images willen ausgeübt werden. Anstelle einer echten gesellschaftlichen Position wird so eine Alibi-Identität erschaffen und diese dann gegebenenfalls noch durch entsprechende Alibi-Aktivitäten nachträglich untermauert, sei es durch soziales Engagement, durch Hobbytätigkeiten oder durch deviantes Verhalten. Um seine Einbindung in gesellschaftliche Zusammenhänge jedweder Art zu zeigen, werden Menschen zu Aufschneidern, zu Hochstaplern, zu zweifelhaften Helden, lässt sich so mancher gar von seinem Minderwertigkeitskomplex zu Mord- und Totschlag hinreißen.

Die als Identitätsersatz dienenden symbolischen Selbstüberhöhungen stellen indes mehr dar als des Angebers schönen Schein, der dazu dient, Fremden etwas vorzugaukeln, was ein idealisiertes Zerrbild der eigenen Träume, Wünsche und Erfahrungen sein mag. Sie lassen Personen massenhaft zu Repräsentanten von Sinnsystemen werden, in denen sich letztlich nur die am weitesten verbreiteten und daher kulturell dominierenden Rollenmasken reproduzieren. Wer sich als Sportler, als Künstler, als Rocker oder als Geschäftsmann gibt, der ruft die zugehörigen Perspektiven und Praktiken in Erinnerung. Er wird damit zu einem kulturellen Aushängeschild, zu einem Werbeträger voller Zitate und Klischees, die oft kaum mit dem inneren biografischen Sinnkern verschmelzen und somit rein äußerlich bleiben, im Zeitalter der Kulturindustrie aber gleichwohl zu den gebräuchlichsten, weil standardmäßigen Bausteinen des »individuellen« Lebensstils werden. Die aus dem Streben nach Statusgewinn erwachsende Angeberei trägt insofern maßgeblich dazu bei, jene Illusionen vom glücklichen, guten, gelingenden Leben aufrechterhalten, welche ein essentieller Bestandteil unserer sozialen Wirklichkeit sind.

Je vollkommener aber die gegenüber den anderen errichtete Fassade, desto mehr entfernen sich die – hinter dem vertrauten Standardschmuck der Statussymbole regelrecht verkümmernden – Menschen voneinander. Da sich in der modernen Gesellschaft soziale Integration in Wirklichkeit überhaupt nicht mehr über sozialen Status vollzieht (sondern über die Teilhabe an sozialem Sinn), verbindet sie letztlich allein noch der Zwang zur Individualisierung in einer unter Sinnverlust leidenden Welt. Insofern sind sie gewissermaßen Leidensgenossen im Sumpfe der symbolischen Verstrickungen. Selbst die Solidarisierung mit Gleichgesinnten bleibt ja eine weitestgehend willkürliche Angelegenheit, wenn gleicher Sinn lediglich noch aus der Gleichheit im Hinblick auf irgendein partielles Phänomen erwächst. Man teilt Gene, betreibt das gleiche Hobby, ist Anhänger desselben Fußballvereins, trägt/raucht/fährt eine Marke.

b) Die Zugehörigkeit zu Klans, Klubs oder Konsumgemeinschaften vereint die vereinzelten Individuen zumindest symbolisch, und Statussymbole nehmen damit tendenziell den Charakter von Gemeinschaftssymbolen (dazu Kapitel 6) an. Da jede Gruppe sich selbst am wichtigsten nimmt und sich intern schlichtweg als Inkarnation des Guten versteht, bliebe es im Grunde gesellschaftlich weitestgehend irrelevant, welcher Gruppierung man sich im Einzelnen zuordnet, wären da nicht jene dauerhaften Animositäten, wie sie zwischen Rockerbanden, Fangemeinden, Parteien, Sekten und akademischen Schulen unweigerlich entstehen. Während Unbeteiligte meist kaum Verständnis für die feinen Unterschiede zwischen Bandidos und Hells Angels, Schalke 04 und Borussia Dortmund, Demokraten und Republikanern, Schiiten und Sunniten, Kritischer Theorie und Systemtheorie haben, gewinnt der soziale Stallgeruch eines Akteurs im dazugehörigen moralischen Spannungsfeld eine ganz entscheidende Bedeutung.

Die gesellschaftlichen Konsequenzen solcher künstlich aufgebauschten Konflikte und Rivalitäten sind folglich immens. Sie treffen ja nicht nur die jeweiligen Widersacher und unmittelbaren Kontrahenten, sondern wirken sich auch auf zunächst unbeteiligte, eigentlich neutrale Akteure aus, sofern sie nur in die Schusslinien der Gefechte geraten. Fehden und Auseinandersetzungen verlagern sich in sämtliche gesellschaftliche Felder hinein, wo sich institutionelle Positionen für die ausgetragenen Auseinandersetzungen instrumentalisieren lassen, mit verderblichen Folgen für die betreffende Kultursphäre. In diesem Sinne drohen alle bedeutenden gesellschaftlichen Institutionen von Machtkartellen korrumpiert zu werden (ausgenommen vielleicht einmal den akademischen Bereich). Von den eingesessenen Fraktionen wird jeder, der nicht eindeutig zu ihresgleichen zählt, als möglicher Eindringling wahrgenommen und angegriffen oder zumindest als unbedeutender Außenseiter angesehen und kommunikativ schlicht übergangen. Da es in Systemen aus mehreren Parteien zu wechselnden Koalitionen kommen kann und zudem interne Intrigen an der Tagesordnung sind, bleibt womöglich unklar, auf welcher Seite eine Person im weiteren Verlauf stehen mag. Ihr sozialer Status leitet sich daher (im Sinne des oben unterschiedenen *Binnenkontexts*) zunächst aus dem Grad ihrer Integration in die etablierten Netzwerke ab. Wer nicht dezidiert eine solidarische Gesinnung zeigt, wer nicht überzeugend signalisiert, dass man grundsätzlich in einem Boot sitzt, dass man dasselbe Metier teilt und sich späterhin als bedeutsamer Bündnispartner erweisen könnte, wird bei der Vergabe von begehrten Stellen und renommierten Posten nicht nur benachteiligt, sondern ist in jedem Falle so gut wie chancenlos.

Auf der Suche nach dem beruhigenden Gefühl des Angehörens wird das Leben so zu einem Spiel um Inklusion oder Exklusion, das nach ständig wechselnden Regeln und anhand unterschiedlichster Kriterien gespielt wird. Allein: Das Spiel braucht Verlierer, Opfer, Sündenböcke. Ob gezielt gemobbt oder als »sozial Schwache« bemitleidet – es muss in jedem Falle Ausgeschlossene geben, negative Beispiele, Fälle des Scheiterns, denn nur so kann man sich die Bewährung im Spiel des Lebens bestätigen. Da der eigene Angehörigkeits-Status stets gefährdet ist, hat man immer wieder um Anschluss zu ringen, aktuelle Modeströmungen vorauszuahnen und im Kampf um Distinktionsgewinne voranzupreschen – nur um sich zu etablieren und seine Hand dauerhaft im Spiel zu halten. Das Streben nach dem kleinen Vorteil entzweit selbst noch diejenigen, welche sich im Prinzip über Disziplin und Erfolgskriterien einig sind. Ob Macht oder Markenartikel, Rekorde oder Renditen, Helden- oder Straftaten, im »sportlichen« Wettstreit ringt man mit mal mehr, mal weniger fairen Mitteln um Statusgewinne, Rang und Namen.[13]

Die hierdurch zugelegten sozialen Schalen stellen indes mehr dar als (kontingente) Konstruktionen von Gemeinsamkeiten und Unterschieden, die den jeweiligen Bezugsgruppen die geteilte Sehnsucht nach dem Aufgehen in einem größeren Ganzen signalisieren. Wer sich Gleichgesinnten gegenüber als Anhänger einer politischen Gruppierung, als Mitglied einer Burschenschaft, als Fan einer Rockgruppe, eines Autors oder eines Vereins, als Veganer, Nudist oder Kiffer, als Christ, Buddhist, Kommunist oder Freimaurer zu erkennen gibt, der bestätigt die entsprechenden Wertmaßstäbe, Standards und Routinen. Zugleich distanziert man sich – ob insgeheim oder offenkundig – im Geiste von all den Anderen, die nicht über den Status eines Angehörigen der betreffenden Gruppe verfügen. Diese Anderen werden von der virtuellen Gemeinschaft symbolisch ausgegrenzt und abgewertet. Sie werden damit von vornherein vom internen »Kampf um Anerkennung«[14] ausgeschlossen. Doch gesellschaftliche Teilhabe kann in der Moderne grundsätzlich keine Frage eines exklusiven sozialen Status mehr sein. Zur Gesellschaft gehören letztlich alle und keiner zugleich, denn sie ist jene Struktur, die jegliche soziale Praxis umfasst und dabei doch gleichsam erhaben über allen steht.

c) Allerdings ist im Rahmen verschiedenster solcher Praktiken selbst oft unvermeidlich eine Ausweisung des persönlichen Status erforderlich, um das Vertrauen der Beteiligten in die Rolle herausgehobener Fachleute zu gewinnen. Man traut (im Sinne des oben unterschiedenen *Vollzugskontexts*) gewöhnlich nur den etablierten Akteuren. Das Geschäft von Managern und Politikern, von Künstlern, Priestern wie Wissenschaftlern lebt ohnehin von deren individuellem Ruf, zuvorderst aber überhaupt von ihrem Ansehen als würdigen Vertretern ihrer Zunft.

---

[13] Vgl. für den Bereich des Sports selbst Pierre Bourdieu: Programm für eine Soziologie des Sports, in: ders.: Rede und Antwort, Frankfurt a. M. 1992, S. 193-207.

[14] Diese Phrase hat innerhalb der Soziologie eine bemerkenswerte Karriere erlitten, was nicht zuletzt für die Bedeutung symbolischer Statusspiele auch innerhalb der Soziologie selbst spricht. Als Stichwortgeber der von Hegel entlehnten Formel vgl. Axel Honneth: Kampf um Anerkennung. Zur moralischen Grammatik sozialer Konflikte, Frankfurt a. M. 1994.

Obwohl im Gegensatz zu Ärzten, Anwälten und Pädagogen formal für ökonomische politische, künstlerische, religiöse und wissenschaftliche Aktivitäten in der Regel keine qualifikationsgebundene Zulassung erforderlich ist, traut man nicht jedem beliebigen Dilettanten. Das Publikum – ob Kollegen oder Laien – lässt sich hinsichtlich der Akzeptanz des Verhaltens eines Experten weitestgehend von der diesem zugeschriebenen Kompetenz leiten. Der Glaube an diese Kompetenz kann durch *persönliche* Erfahrungen mit der betreffenden Person begründet sein, speist sich aber zumeist aus dem Eindruck einer *allgemeinen* Anerkennung als fachliche Autorität. In Unkenntnis der tatsächlichen Fähigkeiten hält man sich an soziale Indikatoren und wird darin durch die öffentliche Meinung nur bestärkt. Ein genaueres Kennenlernen der fraglichen Personen kann diesbezüglich oft sogar desillusionierend wirken.

Wer erfolgreich sein will, verbirgt sich daher besser durchweg hinter einer Maske der Professionalität, ob er nun von Pult, Kanzel oder Podium aus, am Mikrophon oder am Verhandlungstisch agiert, in Büchern, Zeitschriften oder Sendungen erscheint, oder ob er im kleinen Kreis, am Rande, beiläufig etwas bemerkt. Um als ausgewiesener Experte gelten zu können, bedarf es einer »professionellen« Selbstinszenierung *als Profi*, die zusätzlich durch Veranstalter und Personal abgesichert werden muss, um ihre symbolische Wirkung vollends entfalten zu können. In der Regel besteht diese Inszenierung aus der Kommunikation institutioneller Referenzen. In Briefköpfen, Nebenbemerkungen und Einblendungen, auf Hintergrundbildern von Präsentationen, Schildern und Schmutzseiten wird auf Lehrer, Schulen und soziale Kreise verwiesen, werden Zertifikate, Ämter und Funktionen hervorgehoben. Man zeigt, wer man ist, indem man Mitgliedschaften und Engagements, Vita und Referenzen, Posten und Orden vorzuweisen hat. Das Phänomen ist allseits bekannt: Zur Festigung lokaler Beziehungen sind Geschäftsleute Mitglied im Rotary-Club und spielen Golf, engagieren sich Politiker und Prominente in Wohltätigkeitsvereinen und besuchen Galas usw. Bereits Max Weber hatte im Übrigen zur Erläuterung der soziologischen Bedeutung des Vereinswesens geschildert, wie zentral der Verweis auf diverse Mitgliedschaften für die Evaluierung des modernen Amerikaners sei.[15] Die reale Position (als Beirat, Gremienmitglied, Gastdozent) fungiert hier (paradoxerweise) als äußerliches Symbol für den repräsentativen Status der Person als solcher, d.h. sie wird vor allem pro forma bekleidet. Namhafte Persönlichkeiten, renommierte Experten und Vertreter etablierter Institutionen haben das Sagen, nicht weil sie als Amtsinhaber formal dazu legitimiert werden, sondern weil sich aus ihrem Status als Würdenträger öffentliches Ansehen ableitet. Oft werden diese Stellungen überhaupt nur zu Zwecken der Statussicherung besetzt, Lebens-

---

15 Vgl. Max Weber: Geschäftsbericht, in: Verhandlungen des Ersten Deutschen Soziologentages, Frankfurt a. M. 1911, S. 39-62.

lauf und Evaluationen also gezielt daraufhin manipuliert, dass sie den geltenden Erfolgskriterien genügen.[16] Angestrebt wird insofern allein die resultierende Karriere innerhalb von Institutionen und Medienöffentlichkeiten, es geht nicht mehr – um es einmal in großen Worten zu fassen – um eine Bildung des Geistes an sich, also um das Aufgehen in einer autonomen Praxis entsprechend der tieferen Sinnlogik des jeweiligen Systems.

Die primär zur Sicherung des individuellen Auskommens benutzten symbolischen Statuspositionen sind indes mehr als bloße Fetische der Eitelkeit, welche für alle Beteiligten die fehlende Authentizität einer situativen Praxis kaschieren. Vielmehr führt der Karrierismus zu einer parasitären Unterwanderung der betroffenen Sinnsysteme[17] und bewirkt eine Reduktion des Sinnes von Politik, Wissenschaft, Religion, Kunst und Wirtschaft auf krude Klischees, öde Stereotypen und seriöse Standards. Wer als offizieller Sprecher, als Spezialist oder Gutachter, Ordinarius oder Eminenz, Star oder Koryphäe auftritt, der behauptet ein Monopol bezüglich der durch ihn vertretenen Sinnzusammenhänge. Hierdurch spricht er jeglichen Amateuren, die sich in »seine« Angelegenheiten aus Liebhaberei, aus Leidenschaft und Berufung einmischen, die Anerkennung als ernst zu nehmender Kommunikationspartner ab. Der (authentische) Sinn von Politik und Religion, Kunst und Wissenschaft geht jedoch im Gegensatz zu dem damit verbundenen Geschäft im Prinzip jeden an, er durchzieht die soziale Wirklichkeit bis in jede einzelne Interaktionen hinein. Die gesellschaftliche Ordnung der Gegenwartsgesellschaft wird nicht durch Rang und Namen, Besitzstand und Schichtzugehörigkeit konstituiert, sondern vor allem durch die Ausdifferenzierung der betreffenden Teilsysteme, an denen jeder einzelne Mensch auf seine Weise teilhat.[18] Insofern hätte das Streben nach Selbstverwirklichung sich heute nicht mehr auf den Besitz von Status auszurichten, es dürfte vielmehr nur demjenigen glücken, der von einer adäquaten Form sozialen Sinns besessen ist.

Die symbolische Orientierung bleibt allerdings auch heute noch (womöglich mangels eines progressiveren Weltbildes?) vielfach dem alten Oben/Unten-Schema einer hierarchischen Gesellschaftsordnung verhaftet.[19] Die Idee des

---

16 Zur These einer Ablösung des Kriteriums »Leistung« durch das Kriterium »Erfolg« vgl. Sighard Neckel: »Leistung« und »Erfolg«: Die symbolische Ordnung der Marktgesellschaft, in: Eva Barlösius / Hans-Peter Müller / Steffen Sigmund (Hg.): Gesellschaftsbilder im Umbruch. Soziologische Perspektiven in Deutschland, Opladen 2001, S. 245-265.

17 Zur These der »Kolonialisierung gesellschaftlicher Funktionssysteme« durch Organisation vgl. Michael Beetz: Organisation und Gesellschaft, Hamburg 2003.

18 So jedenfalls aus gesellschaftstheoretischer Sicht Niklas Luhmann: Die Gesellschaft der Gesellschaft, Frankfurt a. M. 1997.

19 Zum Fortbestehen des Klassendenkens und des überkommenen Prestiges von Ständen und Berufen vgl. auch Maurice Halbwachs: Das Gedächtnis und seine sozialen Bedingungen, Frankfurt a. M. 1985, S. 297-360.

sozialen Status verbindet sich daher gewöhnlich mit Vorstellungen von *Erfolg*, *Eliten* und *Wohlstand*. Wer, wie es so schön heißt, etwas aus sich zu machen gedenkt, dem werden »Aufstiegsambitionen« nachgesagt. Er habe angeblich die Stufen einer imaginären Karriereleiter zu erklimmen, welche im Extremfall bis in die höchsten Führungsetagen gesellschaftlicher Eliten hinein reicht, um sich so einen (leistungsgerechten) Wohlstand zu verdienen, welcher die Grundlage eines erstrebenswerten Lebens bilde.

Doch als erfolgreich, elitär und wohlhabend kann sich heutzutage auf seine Weise nahezu jeder geben. Vom Frühschwimmerabzeichen »Seepferdchen« bis zum dritten Platz im Skatturnier, vom Hauptschulabschluss bis zum nichtsnutzigsten Bachelorstudiengang – fast jedes durch formale Instanzen authentifizierte Ergebnis lässt sich symbolisch als *Erfolg* verkaufen (sofern man nicht gerade durch die Abschlussprüfung gefallen ist). Ob Mädchenclique oder Burschenschaft, avantgardistische Künstlergruppe oder erzkonservative Funktionärsriege, ob Abiturjahrgang oder historische Epoche, religiöse Sekte oder nationalistische Bewegung– innerhalb jeder noch so barbarischen Bezugsgruppe pflegt man sich symbolisch als *Auserwählte* zu behandeln. Und schließlich: Motorräder, Whiskyflaschen, Smartphones, E-Gitarren usw. – die symbolträchtigsten Prestigeobjekte sind inzwischen als erschwingliche Industrieprodukte verfügbar, sodass so gut wie jedermann es sich leisten kann, seinem Leben gegebenenfalls einen schillernden Anstrich zu geben. Somit könnte man zusammenfassend sagen: In dem Maße, in dem Prunk, Pomp und Protz ihren ursprünglichen historischen Sinn verloren haben, sind sie – wenngleich auf unterschiedlichem Niveau betrieben – nach und nach zu einem Massenphänomen geworden.

Trotz der beschriebenen Tendenz zur Instrumentalisierung von Statussymbolen für Karrierezwecke, zur Abgrenzung von exklusiven Bezugsgruppen gegenüber Mitmenschen und zur Angeberei gegenüber Außenstehenden erfüllt die Symbolisierung des sozialen Status nach wie vor wichtige soziale Funktionen. Zwar haben die Unterscheidung von oben und unten (Bourdieu), der Code überlegen/unterlegen (Luhmann) und das Verhältnis von Herr und Knecht (Hegel) ihre gesamtgesellschaftliche Bedeutung längst verloren und sind heute lediglich noch mögliche kulturelle Chiffren, anhand derer Kriterien wie Reichtum, Bildung und Macht zu Zwecken der Stilisierung individueller Identitäten genutzt werden. Aber auch ohne Rückbindung an eine verbindliche gesellschaftliche Rangordnung signalisieren Statussymbole sozial relevante Eigenschaften und Differenzen. Sie weisen Milieu und Herkunftsregion, Standpunkt und Interessen, Lebensphase und Vorbilder aus. Sie zeigen an, ob eine Person sich als ledig oder verheiratet, seriös oder authentisch, gesetzt oder sinnsuchend, konservativ oder progressiv, als Platzhirsch oder als Novize ausgibt und vieles mehr.

Auch die Mittel sind äußerst vielfältig. Anhand expliziter Symbole auf Aufdrucken, Aufklebern oder Aufnähern, durch Pomp, Schmuck und Verzierungen, aber auch über Gebrauchsgegenstände, Design und Outfit, mittels Wortwahl,

Tonfall und Haltung werden die verschiedensten Aspekte des sozialen Status eines Menschen zum Ausdruck gebracht. Alles Äußerliche eines Menschen, was nur deutlich und markant genug ist, lässt sich als Statussymbol verstehen, auch und gerade wenn es gar nicht als bewusst intendierte Inszenierung erscheint, denn die habitualisierten, in Fleisch und Blut übergegangenen Signale sind oft die aussagekräftigsten. Das Selbstverständlichste besitzt die größte Signifikanz. Schließlich ist man bezüglich seines öffentlichen Erscheinungsbildes gehalten, zu kontrollieren, ob dieses konform mit dem sozialen Status ist. Da diese Form der Selbstkontrolle stets unbewusst mitläuft, führt die resultierende Selektivität zwangsläufig zur Anpassung der impliziten Statussymbolik an die reale soziale Position.

Allerdings ist damit noch nicht gesagt, wie diese Symbolik letztlich verstanden wird. Allein die Beobachter befinden über den Kontext, in welchem das Symbol seine situationsabhängige Bedeutung gewinnt. Daher hat vor allem die vorherrschende gesellschaftliche Selbstbeschreibung – die Soziologie des Alltags – einen ganz wesentlichen Einfluss darauf, ob Statussymbole lächerlich oder beeindruckend wirken, ob sie als Angeberei oder als Abbild der Verhältnisse, als Mobbing oder als Moment der Solidarität, als Karrierismus oder als Anzeichen von professioneller Authentizität aufgefasst werden.

Schaubild 3: Schematische Zusammenfassung des Gedankenganges

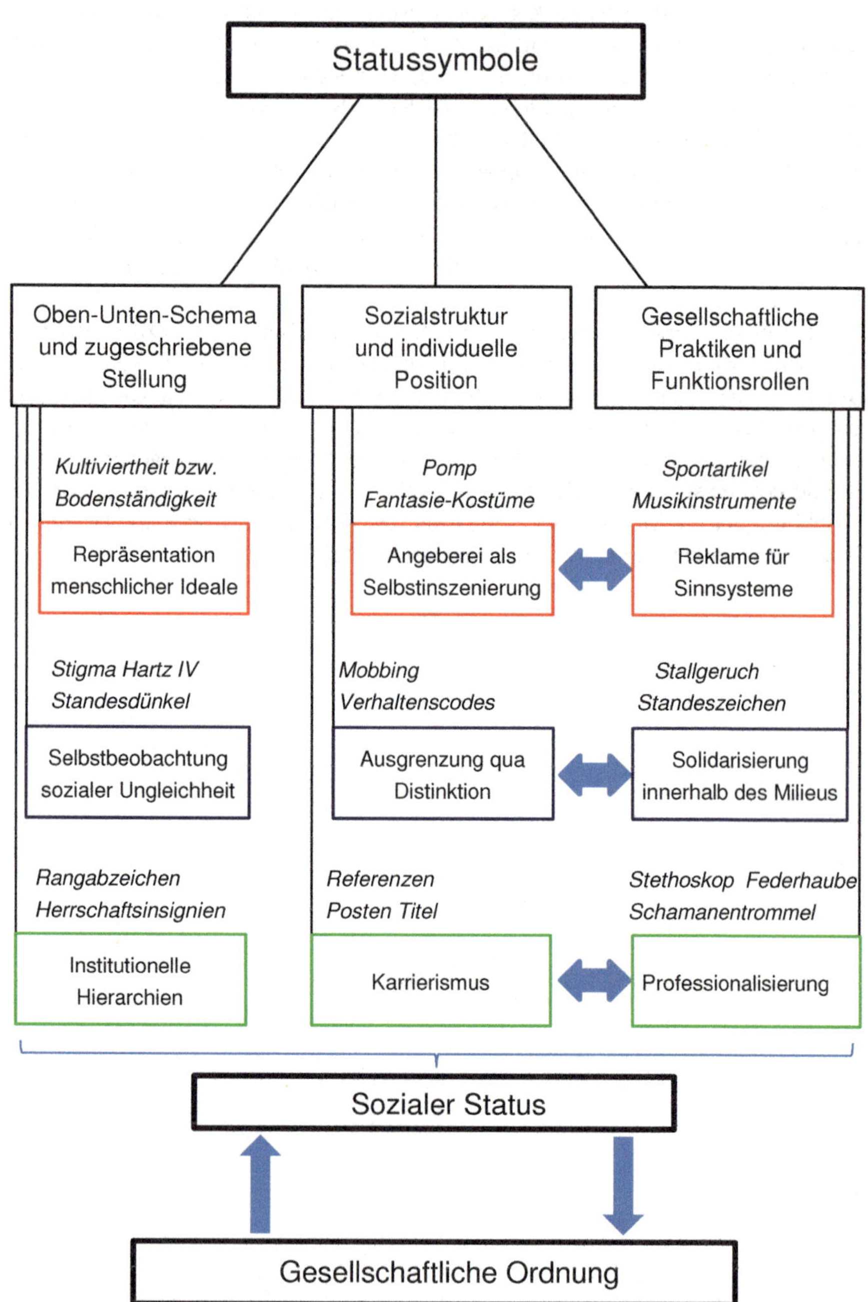

5 *Vorzeigbarkeit, Verruchtheit, Tagträume.* Sexsymbole

Was bedeuten – vom Standpunkt der Semiotik aus gesehen – Silikonbrüste? Worin besteht der Reiz von Intimität? Wie kommt es, dass einer attraktiven Person manchmal die Blicke folgen, ohne dass eine weitere Kontaktaufnahme in Aussicht stände; weshalb pfeifen beispielsweise Bauarbeiter Passantinnen hinterher, schweifen den Vorübergehenden einen Moment die Gedanken nach, so wie es etwa Charles Baudelaires berühmtes Gedicht »A une passante« beschreibt[1]?

Dass es hier nicht bloß um ästhetische oder gar humanistische Interessen geht, sondern vielmehr um erotisch eingefärbte Sinnzusammenhänge, ist wohl kaum zu viel behauptet. Sexuelle Anziehung aber scheint ihre Wirkung vielfach losgelöst von *biologischen* Funktionen und *sozialen* Interaktionsbeziehungen zu entfalten. Bereits auf gewöhnlichen Werbeanzeigen erregen laszive Posen die Aufmerksamkeit, indem unabhängig vom beworbenen Produkt durch erotische Reize für einen Moment Assoziationen geweckt werden. Phänomene wie Pornos, Prostitution oder One-Night-Stands, sowie die Existenz von Fetischen, Verhütungsmitteln oder Homosexualität zeigen überdies, dass auch reale Sexualpraktiken teilweise unabhängig von Liebe bzw. Fortpflanzung einer symbolischen Eigenlogik folgen. Dabei können nicht nur Personen im sprichwörtlichen Sinne zu Sexsymbolen werden, auch bestimmte Körperpartien und Verhaltensweisen (Busen, Hüftschwung, Achselhaare) verwandeln sich gegebenenfalls in sexuelle Schlüsselreize. Ebenso ist es zweitens möglich, dass unterschiedlichste Objekte und Handlungen unbewusst eine Bedeutung gewinnen, die erst bei genauerer Analyse versteckte sexuelle Motive offenbart. Und nicht zuletzt dienen Sexualität oder hiermit in Verbindung zu bringende Erscheinungen wie Nacktheit oder Genitalbeschneidungen drittens selbst als Symbol, etwa in künstlerischen bzw. religiösen Zusammenhängen. Um den damit umrissenen, vielfältigen Facetten sexueller Symbolik systematisch nachzugehen, arbeiten wir im Folgenden die angesprochenen Punkte in der genannten Reihenfolge ab.

---

1 Vgl. hierzu Ulrich Oevermann: Struktureigenschaften künstlerischen Handelns exemplifiziert an Baudelaires Sonnett 'À une passante', in: Joachim Fischer/Hans Joas (Hg.): Kunst, Macht und Institution. Studien zur Philosophischen Anthropologie, Soziologischen Theorie und Kultursoziologie der Moderne, Frankfurt a. M./New York 2003, S. 459-477.

Im vorherigen Kapitel hatten wir jegliche Weise, in der eine Person soziale Merkmale signalisiert, als Statussymbol aufgefasst. Ist etwa auch die sexuelle Ausstrahlung eines Menschen Teil seines symbolisch reklamierten Status? Auf den ersten Blick mag eine solche Sichtweise geradezu absurd erscheinen, gilt Erotik doch (ähnlich wie Religion) als Privatsache. Wenn Personen zu »Sexsymbolen« werden, dann gelten sie jedoch in der Tat nicht nur als versierte Sexualpartner (= Vollzugskontext), sie fungieren gegenüber ihren vermeintlichen Statusgenossen als Rollenvorbild für Fragen der körperbezogenen Attraktivität (= Binnenkontext), und ihr Erscheinungsbild ruft selbst gegenüber Außenstehenden den sozialen Kontext eines erfüllten Sexuallebens in Erinnerung (= äußerer Kontext). In diesem Sinne lassen sich durchaus auch jegliche modischen Mittel (unter Umständen also: Goldkettchen, Stirnband, Sonnenbrille), mit deren Hilfe ganz gewöhnliche Menschen als »sexy« zu erscheinen versuchen, als Spezialfall von Statussymbolen verstehen.

Wenngleich einzelne Exemplare der Menschengattung in besonderem Maße die erotischen Ideale ihrer Zeit verkörpern mögen, so sind es natürlich vor allem die primären und sekundären Geschlechtsmerkmale, welche im Normalfall den sexuellen Status eines Menschen definieren. Wenn wir jede Form der personenbezogenen Hervorhebung von sozial relevanten Eigenschaften als Statussymbol verstehen wollen, dann bildet jedenfalls die Unterscheidung zwischen *männlich* und *weiblich* diesbezüglich eine mindestens ebenso bedeutsame Dimension wie diejenige zwischen *oben* und *unten*. Ob arm oder reich, gebildet oder vulgär – zu den wohl augenfälligsten Merkmalen einer Person gehört ihre *Geschlechtszugehörigkeit*. Egal, ob es um die Beschreibung eines gesuchten Verbrechers, einer Romanfigur oder seiner selbst in einer Kontaktanzeige geht, immer wird zu erwarten sein, dass zuallererst die Frage des Geschlechts geklärt wird.

Die soziale Relevanz des Geschlechts leitet sich allerdings keineswegs unmittelbar aus seiner genetischen Eindeutigkeit[2] oder der biologischen Logik einer zweigeschlechtlichen Fortpflanzung ab. Dass Männer zeugen und Frauen gebären können, ist in den allermeisten Situationen weitestgehend irrelevant und dürfte sich daher eigentlich kaum auf die Alltagspraxis auswirken, zumal die tatsächliche Fruchtbarkeit in der Regel ja geheim bleibt.

»Mann« oder »Frau« zu sein ist insofern in der Tat eine Frage von sozialem Status. Es handelt sich um eine – auf der biologisch bedingten sexuellen Diffe-

---

[2] Der Vollständigkeit halber sei darauf hingewiesen, dass es seltene Ausnahmefälle gibt, die anstelle von XX oder XY einen Chromosomensatz der Form XXY haben. Überdies sind die Fälle von »Intersex«, bei denen bspw. die Anatomie bezüglich des Chromosomensatzes uncharakteristische Merkmale aufweist, weitaus häufiger, als gemeinhin angenommen wird.

renz aufbauende – *soziale Konstruktion*.[3] Diese Differenz wird üblicherweise durch ästhetische Äußerlichkeiten wie Kleidung, Haltung und Aufmachung (Make-up), durch sprachliche Gepflogenheiten wie Anrede oder Berufsbezeichnung eher noch künstlich verstärkt als kaschiert. Mit anderen Worten: Sie gewinnt im Zuge ihrer Kultivierung mehr und mehr symbolische Züge. Es entstehen Schönheitsideale und Klischees, Rollenerwartungen und Verhaltensschematismen. Über die reale Natur des Körpers wird ein dicker suggestiver Mantel gelegt, dessen soziale Qualität die darunter liegende biologische nahezu vollständig verdeckt. Aus »Sex« wird damit – diese Feststellung gehört heute zu den Gemeinplätzen der Mainstream-Soziologie – »Gender«. Das heißt vor allem: Das Gehabe ist wesentlich, weniger die Anatomie. So wird beispielsweise in einer bezeichnenden Szene aus Mark Twains Roman »Die Abenteuer des Huckleberry Finn« der als Mädchen verkleidete Huck enttarnt, indem ihm ein Bleiklumpen in den Schoß geworfen wird. Als er, statt die Beine zu spreizen und den Gegenstand im Rock aufzufangen, diese reflexartig schließt, erweist sich sein habituelles Verhalten als das eines Hosenträgers. Es zeigt sich also nichts anderes, als dass Huck normalerweise *als Mann* agiert.

Doch auch hier stellt sich wiederum die Frage: Wie verhält sich die *symbolische Konstruktion* eines kulturell dominanten Männer- bzw. Frauenbildes zu deren realen *gesellschaftlichen Funktionen*? Anders gefragt: Was haben Hut, Anzug und Krawatte auf der einen, Rock, Dauerwelle und Stöckelschuhe auf der anderen Seite mit Karrierechancen, Sozialkompetenz oder unvergüteter Erziehungs- und Hausarbeit zu tun? Handelt es sich hier allein um ein ideologisch verschleiertes Machtverhältnis? Haben wir es mit einer kultivierten Form von sozialer Diskriminierung, von gesellschaftlicher Exklusion oder gar von Versklavung zu tun? Hat die äußerliche Hervorstellung einer solchen sozialen Ungleichheit sonst irgendeinen Zweck?

In einer auf fachliche Spezialisierung setzenden Organisationsgesellschaft sollte eine so grobe Unterscheidung wie die zwischen dem »schwachen« und dem »starken« Geschlecht jedenfalls kaum mehr von praktischem Nutzen sein. Das Niveau der Arbeitsteilung ist in modernen Gesellschaften bei weitem zu hoch, als dass diese sich auf den schlichten Unterschied von Frauen- und Männeraufgaben reduzieren ließe. Stattdessen gibt es schließlich Berufe, Stellen und Verträge. Es wäre also strukturell gesehen offenbar gar nicht notwendig, ständig zwischen Männern und Frauen zu unterscheiden. Wofür also steht die Unterscheidung von Mann und Frau und worin besteht ihre Einheit?

---

3 Vgl. Erving Goffman: Das Arrangement der Geschlechter, in: Hubert Knoblauch (Hg.): Interaktion und Geschlecht, Frankfurt a. M. 2001, S. 105-158; sowie kritisch und besonders spitzfindig Judith Butler: Das Unbehagen der Geschlechter, Frankfurt a. M. 2003.

Die kleinste soziale Einheit, welche die Differenz von Mann und Frau in einer höheren Ganzheit aufhebt, ist naturgemäß die Familie. Sie ist für den Nachwuchs die primäre Sozialisationsinstanz und bildet insofern den institutionellen Rahmen der menschlichen Fortpflanzung. Die Polarität zwischen den Eltern ist dabei für die Konstitution eines Beziehungsdreiecks aus Mutter, Vater und Kind unabdingbar, und dieses bildet, wie bereits oben erläutert, für das Kind fortan das elementare Modell seiner sozialen Umwelt.[4] Mit anderen Worten: Ein Kind benötigt zwei zueinander in Beziehung stehende Bezugspersonen, um sein Sozialverhalten zu entwickeln. Es braucht also eine Mutter- und eine Vaterfigur, die es auch im sozialen Umgang miteinander erleben kann. Die Einheit der Familie setzt insofern interne Differenzen voraus, und erst auf der Grundlage ihrer internen Differenzierung kann sie auch gesellschaftlich als solidarische Einheit bestehen.

In Adelsgesellschaften wie auch noch in der bürgerlichen Gesellschaft des 19. Jahrhunderts war es entsprechend die gesamte Familie – Frauen wie Männer –, die wie Thomas Manns Buddenbrooks der Dynamik von Aufstieg oder Verfall unterlag. Die Differenz zwischen Männern und Frauen diente der Familie zugleich als Mechanismus *sozialer* Evolution, da aufgrund des Inzesttabus Verbindungen zu anderen Geschlechtern geknüpft werden mussten, um die Dynastie über Generationen hinweg zu reproduzieren. Der Stand der gesamten Sippschaft hing von der gelingenden Verbandelung der einzelnen Linien ab. Die resultierenden Liaisons konnten über Krieg und Frieden entscheiden und hatten damit nicht nur Einfluss auf das Wohl aller Angehörigen, sondern wirkten sich überhaupt auf das Leben aller Angestellten, Untergebenen oder anderweitig involvierten Personenkreise aus. Der einzelne Mann und die einzelne Frau, welche durch die Ehe miteinander verkoppelt wurden, standen dabei folglich jeweils für die Ihrigen im Allgemeinen. Sie erlangten die Kraft zu einer solchen symbolischen Fusion zweier »Häuser« jedoch erst durch die kulturelle Kombination von lebenslänglicher Monogamie und Heterosexualität. Eine ähnlich klar definierte Form der festen Kopplung ganzer Familienverbände wäre im Medium zeitweiliger oder gleichgeschlechtiger Verhältnisse wohl kaum möglich gewesen. Wenngleich hier auf emotionaler Ebene oft eine tiefere Zuneigung und in zwischenmenschlicher Hinsicht damit eine weitaus intimere Beziehung bestehen mag als bei familienpolitisch motivierten Arrangements, so kann allein aufgrund der Vermischung von strategischen und freundschaftlichen Beziehungsaspekten und der Unabwägbarkeit der Partnerschaft für Außenstehende eine ähnlich repräsentative Verbindlichkeit schlichtweg nicht erreicht werden. Wenn der König von Frankreich etwas mit einem jungen Kavallerieoffizier »gehabt« hätte, dann wäre eher darüber hinweg gesehen worden, als eine aufwändige Zeremonie zu veran-

---

4 Vgl. S. 28.

stalten, welche die Vermählung zu einem familiengeschichtlichen Ereignis zu machen suchte. Die Fassade der glücklichen Ehe hatte gerade auch in der bürgerlichen Gesellschaft eine wichtige gesellschaftliche Symbolfunktion: Auf gewissen Empfängen erscheint eine Dame einfach nicht Seite an Seite mit ihrer Busenfreundin und ein Gentleman nicht mit einem guten Kumpel. Die Homo-Ehe ist so gesehen vermutlich ein Nebenprodukt des modernen Individualisierungsprozesse, welcher die individuellen Intimbeziehungen zunehmend von repräsentativen Pflichten gegenüber der Familie entlastet und der Liebe zumindest offiziell freien Lauf lässt. Ob wir es gut heißen oder skeptisch bleiben: Mit der Aufweichung der Unterscheidung von Mann und Frau verliert auch die Einheit der Familie ihre Konturen. Als Repräsentanten ihrer Familie und als Mann bzw. Frau waren die Gatten in der klassischen Ehe somit in doppeltem Sinne Vertreter ihres Geschlechts.

An der Herkunftsfamilie bemisst sich für viele bis heute der gesellschaftliche Stand eines Menschen, nach ihr richtet sich oft insgeheim die Wahl des Ehepartners. Diese folgt freilich selten unmittelbar einem rationalen Kalkül – reine Zweckehen gelten als nicht zeitgemäß und Zwangsheiraten sind hierzulande sogar strafbar. Die Verkuppelung erfolgt statt dessen autonom und, wie für die moderne Gesellschaft typisch, in Form eines komplexen Selbstorganisationsprozesses, bestehend aus Werbeverhalten, Flirtritualen, unkontrollierbaren Affärendynamiken und ergebnisoffenen Liebesgeschichten, sowie gegebenenfalls: gemeinsamen Schicksalen. Ob zwei Partner biologisch wie sozial kompatibel sind, zeigt sich erst nach und nach, wenngleich natürlich schon der erste Eindruck zählt, da er darüber entscheidet, wem Aufmerksamkeit geschenkt wird und wem nicht. Das Liebesspiel gerät zu einem vielschichtigen symbolischen Interaktionismus, bei dem selbst die Verteilung der Rollen nicht vollends feststehen muss. Doch lässt sich wirklich alle sexuelle Symbolik auf Probleme des Familienmanagements zurückführen?

Neben einer solchen doch ausgesprochen sachlichen Funktion sind desgleichen die kulturellen Folgen der symbolischen Aufladung von Sozialbeziehungen zu berücksichtigen, wie sie ein zwischen den Geschlechtern erzeugtes bipolares Spannungsfeld bewirkt. Die Bedeutung der Unterscheidung zwischen Frau und Mann wäre demnach auch in ihrer sinnstiftenden Wirkung zu suchen. Was aber verdeutlicht eine symbolisch vollzogene Trennung zweier Fragmente, die räumliche Gestalt annimmt, wenn Jungen und Mädchen etwa in unterschiedlichen Trakten *eines* Gebäudes untergebracht werden, wenn sie sich auf dem Schulhof zu getrennten Kreisen gruppieren, wenn in Kaufhäusern Herren- und Damenabteilungen eingerichtet sind usw.? In welcher Weise könnte dies für die soziale Welt bedeutsam sein?

Die konkrete biologische Differenz zwischen Männlichem und Weiblichem kann auf gesellschaftlicher Ebene in der Tat als Sinnbild fungieren. Sie steht etwa für die abstrakten Gegensätze von Hartem und Weichem, von Verstand und Gefühl, von Kopf und Herz oder von Autorität und Fürsorge. Solche Unterscheidungen werden traditionell häufig mit »männlichen« bzw. »weiblichen« Qualitäten assoziiert. Der Unterschied zwischen Vater und Mutter deckt sich teilweise mit so fundamentalen Unterscheidungen wie öffentlich/privat, Natur/Kultur oder sogar Geist/Materie, denn tatsächlich gibt es ja einen etymologischen Zusammenhang zwischen den Worten Materie (lat. materia) und Mutter (lat. mater), wohingegen für »Geistliche« mitunter die Anrede »Pater« (von lat. Pater = Vater) gebräuchlich ist. Entsprechungen dieser Art bleiben allerdings in der Regel unvollständig. Das Begriffspaar männlich/weiblich lässt sich bspw. auch mit dem kosmischen Gegensatz von Yin und Yang identifizieren. Dieser aber kommt den betreffenden Lehren zufolge in jedem Mann und jeder Frau selbst noch einmal vor. Reale Männer und Frauen (im biologischen) Sinne müssen sich so gesehen nicht zwangsläufig durch eine Dominanz männlicher bzw. weiblicher Eigenschaften auszeichnen, da die Bündelung entsprechender Eigenschaften zu den Begriffen Mann und Frau lediglich idealtypischen Charakter hat.

Dass die öffentliche Wahrnehmung gleichwohl auch jenseits der Partnersuche stark auf das binäre Schema Mann/Frau fixiert ist, lässt sich kaum leugnen. Der kulturelle Blick tut sich schwer damit, einfach nur einen Menschen zu sehen. Ein Baby kann nicht einfach ein Baby sein, sondern wirft sofort die Frage: Was ist es denn? auf. Selbst die abstrakteste Darstellung eines Menschen in Form eines Piktogramms wird gewöhnlich als Mann identifiziert, man denke an den europäischen Standard-Ampelmann, ein gewöhnliches Durchgangsverbotsschild oder das Verkehrszeichen für Fußgängerüberweg. Sein weibliches Gegenstück findet sich traditionell lediglich auf dem Schild für Fußgängerwege, also in einem Zusammenhang, bei dem es um die Rücksichtnahme gegenüber schutzlosen und gefährdeten Personen geht, oder – zur expliziten Hervorhebung des Unterschieds – auf der Tür zur Damentoilette.

Die Differenz der Geschlechter wird permanent vor Augen geführt, selbst in Kontexten, in denen gar keine konkreten Personen beteiligt sind. Die meisten Sprachen bleiben von ihr durchdrungen bis in die Grammatik hinein. Man denke nur an das Genus und die sich im Lateinischen oder im Russischen hieraus ableitenden Deklinationen oder an die für das Deutsche so typischen Komplikationen beim Gebrauch der Artikel »der«, »die« »das«. Solche eigentlich überflüssig erscheinenden Differenzierungen beinhalten zum Teil ganz feinsinnige Unterschiede, welche bereits in den tieferen Bedeutungsschichten der Sprache eine gewisse Asymmetrie zwischen den Geschlechtern zu verankern scheint. Für die zentralen Kategorien *gesellschaftlicher Ordnung* stehen wohl im gesamten westlichen Kulturkreis vorzugsweise »männliche« Formen. Begriffe wie Herrgott, Herrschaft und Herrlichkeit sind jedenfalls eindeutig Ausdruck einer patriarchalischen Semantik, die mit Sprachreformen und stilistischen Neuerungen kaum zu überwinden ist. Dem »weiblichen« Pol werden hingegen offenbar eher die weicheren Komponenten der *Kultur* zugeordnet, welche insbesondere mit Angelegenheiten der Ästhetik, der Liebe und der Fruchtbarkeit in Zusammenhang stehen. Dies lässt sich unter anderem auch an den symbolischen Funktionen der griechischen und römischen Göttinnen und Götter ablesen: Der Kriegsgott ist männlich, die Göttin der Liebe und der Schönheit dagegen weiblich. Dass deren gemeinsames Kind, der Gott der erotischen Begierde (also Eros bzw. Amor), männlichen Geschlechts ist, kann zudem bereits als ein Anzeichen dafür gedeutet werden, dass die europäische Kulturgeschichte in Fragen der Erotik dem männlichen Part die führende Rolle eines erobernden Akteurs zuschreibt, während dem weiblichen Part tendenziell die passive Rolle zufällt, das Objekt des Begehrens zu mimen.

Die gesellschaftliche Abwertung und damit verbundene kulturelle Aufwertung des weiblichen Geschlechts, die mit einer ästhetischen Überhöhung und gleichzeitigen sexistischen Verklärung des Frauenbildes einhergeht, ist noch nicht einmal eine Besonderheit der abendländischen Kultur. Sie zeigt sich in abgewandelter Form auch bspw. im traditionellen China oder im Islam. Der Lotosfuß beraubt durch die damit einhergehende Verkrüppelung die Frau ihrer Mobilität – und dies im Gegensatz zum Stöckelschuh sogar dauerhaft. Die Burka entzieht sie dem öffentlichen Blick – im Unterschied zum Bikini ist hier gleich der ganze Körper betroffen – und erzeugt so jene künstliche Knappheit, welche von jeher die Grundlage des Begehrens bildet. In jedem Falle werden die Frauen durch solche kulturellen Interventionen tendenziell aus dem normalen gesellschaftlichen Leben herausgenommen und zu außeralltäglichen Wesen stilisiert – ob dies nun als vornehm und kultiviert oder als erniedrigend und inhuman angesehen wird.

Die historisch bedingte Bedeutung der Geschlechter lässt sich allerdings auch durch Frauenquoten, Sozialgesetzgebung und Gender Studies nur schwer korrigieren. Selbst in der Bemühung um eine offizielle »Gleichstellung« wird die Ungleichheit eher noch herausgehoben als nivelliert, solange anstelle der Verwendung geschlechtsneutraler Bezeichnungen (»mensch« statt »man«, »Studierende« statt »Studenten«) lediglich von Asymmetrie auf Symmetrie umgestellt wird, wenn es etwa heißt: »meine Damen und Herren«, wenn von »Kolleginnen und Kollegen«, von »FunktionärInnen« oder von der Frau Bundeskanzlerin die Rede ist, selbst seit damit nicht mehr nur die ehrenwerte Gattin gemeint ist.[5] Mit äußerster Hartnäckigkeit wird hierdurch ja – dies werden die Leserinnen kaum

[5] Vgl. Regine Gildemeister/Angelika Wetterer: Wie Geschlechter gemacht werden. Die soziale Konstruktion der Zwei-Geschlechtlichkeit und ihre Reifizierung in der Frauenforschung, in: Gudrun-Axeli Knapp (Hg.): TraditionenBrüche: Entwicklungen feministischer Theorie. Freiburg 1992, S. 201-254.

anders sehen als die Leser – explizit betont, dass hier im Allgemeinen ein fundamentaler kleiner Unterschied besteht. So oder so gibt es also einen Unterschied, der einen Unterschied macht (obgleich er dies auf einer bestimmten Ebene gerade nicht machen soll).

Frauen werden als Repräsentanten des weiblichen Geschlechts in der Tat bis heute in mancher Hinsicht regelrecht als Sexsymbole behandelt und von Männern vielfach pauschal auf die Funktion von potenziellen Sexualpartnern reduziert. Ganz abgesehen von den hieraus erwachsenden sozialen Benachteiligungen handelt es sich bei diesbezüglichen Verhaltensweisen um eine sehr grobschlächtige Rollenauslegung, welche der Aufgabe, das menschliche Bedürfnis nach zwischenmenschlicher Nähe symbolisch angemessen zu kultivieren, kaum gerecht wird. Zu einer intimen Beziehung gehören im Normalfall ja zwei Partner, welche ihre jeweiligen Rollen letztlich unter sich aushandeln (wobei natürlich zwangsläufig Anleihe bei kulturell etablierten Mustern genommen wird). Erotische Spannungen entstehen schließlich mitunter auch zwischen Menschen gleichen Geschlechts. Die symbolische Vermittlung von Intimität muss daher in jedem Falle als eine komplexe Angelegenheit betrachtet werden, die sich keinesfalls allein in der Differenz der Geschlechter erschöpfen kann.

Platons Gleichnis von den Kugelmenschen besagt bekanntlich, jeder Mensch sei ein »Symbolon« seiner anderen Hälfte, mit der er dem Mythos zufolge ehemals ein Ganzes bildete.[6] Liebe und Begehren erklärten sich daher aus einem Drang zur Wiedervereinigung. Nachdem die Kugelmenschen aus göttlicher Strafe in männliche und weibliche Hälften gespalten wurden, strebe jeder sein Leben lang nach Nähe zu seinem Pendant.

Indem Platon dieses Gegenstück als Symbol bezeichnet, trifft er im Übrigen exakt den ursprünglichen Sinn des Begriffs. Dieser meinte den Verweis eines Dings auf ein komplementäres anderes Ding, welcher sich zugleich als *materielle* Entsprechung eines *sozialen* Verhältnisses verstehen ließ. So dienten etwa passgenaue Scherben in der Antike als Zeichen der Freundschaft, die der Familie die Verbundenheit zweier Personen auch über deren Tod hinaus zu bezeugen vermochten. Auf diese Weise konnte der Inhaber der Scherbe im Hause ihres Gegenstücks Zuflucht zu finden gewiss sein, ungeachtet der körperlichen Präsenz seines unter Umständen greisen Sozius (was unter den damaligen Reisebedingungen sicher ein beträchtliches Privileg war). Das Verbundenheitssymbol war so gesehen die Komfort-Kundenkarte der Antike. Ihr Vorzeigen öffnete dem Inhaber Tür und Tor, sowie wohl überdies die Herzen. In gleicher Weise symbolisiert nun die durch den Mythos vom Kugelmenschen behauptete *körperliche*

---

[6] Vgl. Platon: Symposion, in: ders.: Phaidon. Das Gastmahl. Kratylos, Darmstadt 1974, S. 265-283.

Passung ein *geistiges* Verhältnis sozialer Art, bei dem es sich in diesem Falle um die Erotik handelt. Der menschliche Körper wird also zum Symbol der Liebe.

Da nun Platons Geschichte zufolge die Kugelmenschen ursprünglich *drei* (!) Geschlechter besaßen – männlich, weiblich, androgyn –, fühlt nur ein Teil der Menschen sich zum jeweils anderen Geschlecht hingezogen, nämliche jener, der auf die androgynen Mannweiber zurückgeht (und folglich in eine männliche und eine weibliche Hälfte gespalten wurde). Die anderen empfinden Liebe nur gegenüber Vertretern des eigenen Geschlechts (da sie als Vollweiber oder Vollmänner ja in zwei gleichermaßen weibliche bzw. männliche Hälften zerfielen), was sie übrigens Platon zufolge im Falle der Männer insgeheim zu Knabenliebhabern und zugleich zu verlässlichen und verantwortungsvollen Vertretern des Staates macht, wohingegen die heterosexuellen Halbmenschen (die aus den ehemals androgynen Kugelmenschen hervorgegangen sind) zu ausschweifenden Liebschaften und Ehebruch neigen.

In Platons Mythos werden mithin Liebe und Ehe strikt unterschieden, das eine ist eine Sache des Begehrens, das andere ein Gebot der Sitten. Wo beide sich in die Quere kommen – bei den Heterosexuellen, die aus Platons Sicht im Übrigen in der griechischen Antike eine Minderheit zu bilden scheinen – ist dies der Stabilität der Ehe eher abträglich. Sexuelle Symbolik hat bei Platon jedenfalls nichts mit Familie zu tun; vielmehr geht es ihm um die wohltuende Wirkung zwischenmenschlicher Nähe für den unbeschwerten Fortgang der Alltagsgeschäfte. Die ursprünglich geradezu animalischen Liebestriebe sollen gleichsam im Gewächshaus der Gesellschaft kultiviert und zugunsten einer allgemeinen Erwärmung des öffentlichen Klimas im Sinne der platonischen Liebe nutzbar gemacht werden. Hierzu ist eine von biologischen Fortpflanzungsfunktionen befreite, rein symbolische Sexualität erforderlich. Die aus der erotischen Aufladung zwischen den sexuellen Polen erwachsende Energie würde dann vom Körper in die soziale Praxis umgelenkt und die Menschen so von ihrem Verlangen nach körperlicher Vereinigung befreit.

Aber sind Sympathie und erotische Anziehung tatsächlich eine Quelle der Kooperation und des solidarischen Miteinanders? Zunächst einmal spricht einiges dafür. Immerhin ist eine rein auf Blutsverwandtschaft basierende Abgrenzung von Populationen nach außen hin aufgrund des Inzestverbots unmöglich, das eines der wenigen universellen Tabus der menschlichen Kultur darstellt.[7] In einigen archaischen Gesellschaften wird daher der wechselseitige Kontakt zwischen den einzelnen Klans beispielsweise durch komplexe Regeln des Frauentauschs gesteuert.[8] Vor allen Handelsbeziehungen, strategischen Bündnissen,

---

7 Vgl. hierzu Leslie White: The Definition and Prohibition of Incest, in: ders.: Science of Culture New York 1949, S. 303-329.

8 Vgl. Claude Lévi-Strauss: Die elementaren Strukturen der Verwandtschaft, Frankfurt a. M. 1981.

allem Erfahrungsaustausch und Wissenstransfer sind es mithin sexuelle Bedürfnisse, welche die Menschen zusammenbringen. Das Urmotiv interkultureller Kommunikation ist insofern nichts anderes als Sex. Fußt jeglicher Altruismus jenseits der Familie womöglich auf kulturell kanalisiertem körperlichem Begehren? Oder ist zumindest eine Zivilisierung der menschlichen Triebnatur Voraussetzung für die Entwicklung gesellschaftlicher Ordnung?

Auch die menschliche *Psyche* beinhaltet immerhin eine Vielzahl symbolischer Komponenten, die – folgt man den Grundannahmen der Psychoanalyse – auf libidinöse Bedürfnisse verweisen. Die individuelle Sinngebung scheint maßgeblich auf dem Sexualtrieb zu basieren, wobei die Sublimierung der unmittelbaren triebhaften Impulse – ihre Transformation in kulturelle Bedürfnisse also – die Wurzel der menschlichen Kultur bildet. Im Zuge der kulturellen Evolution wird die Triebnatur symbolisch überformt und der ausgeprägte Spieltrieb des Menschen zur individuellen Aneignung vielfältiger ritueller Verhaltensweisen genutzt. Dabei kommt es zu einer Umlenkung der erotischen Begierden auf Ersatzobjekte, die dadurch Fetischcharakter annehmen können.[9] Große Teile der sozialen Sinnkonstruktionen, welche das Leben in der modernen Gesellschaft ausmachen, sind daher auf den erotischen Komplex »aufgepfropft«.[10] Die biologische Fortpflanzung wird damit zu einem Fluchtpunkt des kulturellen Geschehens, der real nur noch im Grenzfall einer tatsächlichen Paarung erreicht wird.

Im Alltag jedoch versteckt sich die ursprüngliche Bedeutung in vermeintlich ganz asexuellen Erscheinungsformen, etwa im Torschuss, im Automobil oder im Hobbykeller[11], in Sport und Spiel, Karriere und Technik, Musik und Konsum.[12] Es kommt zu einer Bedeutungsverschiebung der kulturellen Symboliken, die ihren Ausgangssinn kaum noch erkennen lassen. Dieser sexuelle Sinngehalt wird zum Teil sogar aktiv unterdrückt und verdrängt. Doch die Verdrängung und Tabuisierung der Sexualität durch das Über-Ich, die Moral oder die Kirche führt nur zu einer umso gründlicheren Sexualisierung der Lebenswelt, denn jeder Gefühlsregung haftet fortan der Verdacht der Sünde an, während auf der anderen Seite die Sensibilität für feinste erotische Anspielungen auf das Äußerste ge-

9 Vgl. das berühmte Kapitel über den Fetischcharakter der Ware bei Karl Marx: Das Kapital, Berlin 1980, S. 85-98.

10 Vgl. Talcott Parsons: Gesellschaften. Evolutionäre und komparative Perspektiven, Frankfurt a. M. 1976, S. 56.

11 Vgl. die Deutung des Hobbys von Onkel Toby aus Laurence Sternes Romans Tristram Shandy in Dietrich Schwanitz: Männer. Eine Species wird besichtigt, Frankfurt. a. M. 2001, S. 102 ff.

12 Vgl. Herbert Marcuse: Triebstruktur und Gesellschaft. Ein philosophischer Beitrag zu Sigmund Freud, Frankfurt a. M 1965.

schärft wird, sei es in gelöstem Gelächter, in einem Gedicht über Blumen (man denke an Goethes Heidenröslein) oder beim Entblößen eines Knöchels.[13]

Der Psychoanalyse zufolge ist es letztlich die durch die Geburt eingeleitete Trennung von der (Gebär-)Mutter, welche die Quelle der Sehnsucht nach Vereinigung bildet (sodass diese damit dem Gegenstück aus Platons Mythos von den Kugelmenschen entspricht). Diese Sehnsucht wird zunächst noch an der Mutterbrust gestillt, sieht sich jedoch sogleich der Konkurrenz zum Vater ausgesetzt, der aus Sicht der Psychoanalyse durch den Phallus symbolisiert wird. Die weitere Umbesetzung der Stellen des symbolischen Systems obliegt dem Eigensinn der kulturellen Evolution, sowie der traumhaften Logik des Unbewussten. Da Symbolik jedoch nicht per se sexueller Natur zu sein scheint, ergibt sich die Notwendigkeit einer theoretischen Betrachtung zur Signifikanz des Symbolischen. Verweisen *alle* Symbole – wie es die Psychoanalyse suggeriert – letztlich doch auf einen um die Bezugspunkte Geburt, Mutter, Vater und Sexualität eingrenzbaren Problemkreis? Oder kann der soziale Sinn sich im Zuge des Zivilisationsprozesses weitestgehend emanzipieren und eine hiervon unberührte Symbolsprache entwickeln?

Theorie-Memo 5: Symbol und Signifikanz

Sofern das Symbolische dem Ich dabei hilft, den Verlust der Mutter zu verkraften und die Vertreibung aus dem embryonalen Paradies zu kompensieren, bezeichnet jedes Symbol letztlich die Einheit der Welt und markiert zugleich deren Spaltung. Aus dem unwiederbringlich verlorenen Urzustand geht ein Gegenüber von Subjekt und Außenwelt hervor und wird so für sich selbst zur Realität. Kulturelle Konstruktionen wie Religion und Moral können diese Schöpfung nur noch sinngemäß nachvollziehen und die Welt auf symbolische Weise einen.[14] Das Ideal der Einheit erwächst aus der faktischen Zersplitterung der Realität. Die real erfahrene pränatale Ureinheit der Welt wird daher im Mythos als mystische, kosmische, göttliche Ganzheit nur noch einmal rekapituliert, ohne dass die religiöse Transzendenz den Status der Immanenz je wieder erreichen könnte. Die Spaltung ist stattdessen strukturelle Voraussetzung für jedes (religiöse oder säkulare) Symbol, denn sie bewirkt die erforderliche Trennung zwischen Signifikant und Signifikat. Auf ihr basiert die Setzung des Ich als Absetzung vom Nicht-Ich.[15] Sie ermöglicht – abstrakter gesprochen – die systemkonstitutive Unter-

---

13 Vgl. Michel Foucault: Sexualität und Wahrheit, Bd. 1, Frankfurt a. M. 1987.

14 Zu Religion und Moral als auf die Einheit von Individuum und Gesellschaft bezogenen Sinnformen vgl. Michael Beetz: Gesellschaftstheorie zwischen Autologie und Ontologie. Reflexionen über Ort und Gegenstand der Soziologie, Bielefeld 2010, S. 139-190.

15 So die berühmte Figur aus der Wissenschaftslehre des Johann Gottlieb Fichte.

scheidung zwischen System und Umwelt.[16] Kurz: Ein Symbol setzt voraus, dass sich innerhalb der Welt ein symbolisches Medium von dieser abspaltet, um sich auf sie beziehen zu können.

Umgekehrt zeigt der *Gebrauch von Symbolen* daher vor allen Dingen die Existenz einer symbolisch operierenden Instanz an – eines Bewusstseins, einer Kultur, einer Kunstgattung, eines politischen Regimes oder einer wissenschaftlichen Disziplin –, die ein eigenständiges Symbolsystem entwickelt hat und mit einer spezifischen Symbolsprache operiert. Man muss die genaue Bedeutung dieser Symbole nicht vollends verstehen, um zu wissen, dass sich hier ganz offensichtlich ein System aus der Welt ausgrenzt. Gerade die Unverständlichkeit esoterischer Symboliken unterstreicht ja die Abgrenzung einer in sich geschlossenen Sinnsphäre.

Erst im Anschluss an die Unterscheidung zwischen System und Umwelt können systemintern weitere Unterscheidungen eingeführt werden, anhand derer dann über die Grenze des Systems hinweg auf die Umwelt verwiesen wird. Erst wenn Sprache und Welt unterscheidbar sind, kann anhand sprachinterner Differenzierungen auf die Außenwelt Bezug genommen werden. Erst die Abgrenzung von Bühne und Auditorium, die Trennung von Werk und Wand durch einen Rahmen, die Differenzierung zwischen Wissenschaft und empirischer Wirklichkeit ermöglicht es, im Theaterstück, im Gemälde bzw. im theoretischen Modell die Welt einzufangen, sie es anhand interner Unterscheidungen ästhetischer oder begrifflicher Art, in Form von Figuren und Linien, Bildern und Sätzen. Es sind dies insofern primär Unterscheidungen im Symbolischen, also im Raum des Sinns selbst (wenngleich ihre wahrgenommene Bedeutung natürlich nicht zuletzt auf den so hergestellten »Fremdreferenzen«[17] beruht).

Die »Sichtbarkeit«[18] der Formen aber geht ihrer Bedeutung in jedem Falle konstitutionslogisch voraus. Symbole sind also signifikant zuvorderst im Sinne von *augenfällig*, bilden in der Folge jedoch zeitstabile Identitäten und korrespondieren dabei mit den verschiedensten Ebenen der (so konstruierten) Realität. Je mehr Anspielungen und Zitate, Bezüge und Sinnschichten eine symbolische Struktur aufweist, desto signifikanter wird sie. Die Multiplikation der Verweisungszusammenhänge bei größtmöglichem Minimalismus in der äußeren Form steigert stets die Erkennbarkeit.

Diese Einsicht erzwingt eine Umkehrung der üblichen Vorstellung vom symbolischen Spiegelungsvorgang. Nicht das Symbol ist Abbildung der Wirklichkeit, vielmehr kristallisiert sich die Wirklichkeit um die symbolischen Strukturen

---

16 Vgl. Niklas Luhmann: Soziale Systeme, Frankfurt a. M., S. 242 ff.

17 Die Unterscheidung von Fremdreferenz und Selbstreferenz findet sich vor allem in der Systemtheorie Niklas Luhmanns.

18 Im Sinne von Lambert Wiesing: Die Sichtbarkeit des Bildes. Geschichte und Perspektiven der formalen Ästhetik, Frankfurt a. M. 2008.

herum aus und reichert diese dadurch wiederum zusätzlich mit Sinn an. Im Nachhinein steht dann freilich das Symbol jeweils für *etwas*, und erst hierdurch gewinnt es seine je konkrete Bedeutung im Kontext einer spezifischen Situation. Symbole lassen sich in Verbindung bringen mit dem Weltgeschehen und ergeben erst so überhaupt Sinn. Sie sind allein zu verstehen anhand ihrer erkennbaren Korrespondenz mit äußeren Gegebenheiten. Sinnhaft anschlussfähig werden Symbole daher letztlich durch ihre Signifikanz im Hinblick auf praktische Probleme, Umstände und Erwartungen. Kurzum: An erster Stelle steht die Spaltung, dann kommen die Sichtbarkeit und schließlich der Sinn. Die Signifikanz des Symbols ist somit grundsätzlich eine dreifache:

- *Signifikanz des Ursprungs* als Verweis auf die Spaltung
- *Signifikanz der Augenfälligkeit* als Bestandteil eines symbolischen Unterscheidungssystems
- *Signifikanz der Korrespondenz* als Bedeutung im Konkreten, aus der sich die spezifische Funktion der benutzten Symbolik ergibt.

Von der Geburt als ursprünglichster Form der Spaltung lassen sich mithin die Kaskaden der Konstitution symbolischer Signifikanz systematisch nachzeichnen. Aus der Trennung von Fötus und Mutterleib wird ein Gegenüber von Ich und Welt. Die Welt wiederum zerfällt in Geist und Materie, in Symbolisches und Reales. Was ihr in der Vergangenheit entschwunden ist, projiziert sie als Imaginäres in die Zukunft und gewinnt so einen operativ stets sich erneuernden Sinn, der die Welt anhand interner Unterscheidungen gleichwohl nur noch mehr und mehr trennt. Die Einheit der sich dabei konstituierenden sozialen Systeme ist nur die Kehrseite ihrer beständigen Ausdifferenzierung. Sogar das Ich wird mit sich selbst uneins, sobald es sich im Spiegel zu erkennen vermag[19], und dies umso mehr, wenn es sich später im Spiegel der Öffentlichkeit gegenübertritt. Das Andere der Person gerinnt zum Über-Ich, welches im Moment seiner Anerkennung bereits den Keim der Entfremdung enthält. Der symbolische Ersatz reißt so eine immer größer werdende Kluft. Der lacansche Phallus als ein auf diese Kluft sich richtender Zeiger bleibt mithin ein leerer Signifikant, ein universeller Signifikant ohne Signifikat, schlicht unbegreiflich.[20]

An der Oberfläche aber können sich Referenzen und Sinn, Begriffenes und Gemeintes ansiedeln. Nicht das Symbol bezieht sich hier primär auf die soziale Praxis, vielmehr wird in der Praxis auf Augenfälliges Bezug genommen, um

---

19 Vgl. hierzu Lacans Überlegungen zum Spiegelstadium. Jacques Lacan: Das Spiegelstadium als Bildner der Ichfunktion, wie sie uns in der psychoanalytischen Erfahrung erscheint, in: ders.: Schriften, Bd. I, Weinheim/Berlin 1986, S. 61-70.

20 Vgl. Jacques Lacan: Das Symbolische , das Imaginäre und das Reale, in: ders.: Namen-des-Vaters, Wien/Berlin 2013, S. 11-61; sowie Peter Widmer: Subversion des Begehrens. Eine Einführung in Jacques Lacans Werk, Wien 1997.

Orientierung zu gewinnen. Von größter Signifikanz aber sind nun mal *Symbole* jeglicher Art. Das Augenfällige gerinnt zu einer Realität für sich, bildet gedankliche Angelpunkte und erzeugt so Vertrautheiten und Routinen. Es materialisiert sich gewissermaßen a posteriori und gerät unversehens zur Lebenswelt. Das psychoanalytische Bezugsproblem wird so nach und nach in psychischen Sinn transformiert. Im Verhältnis von oralen, analen und sozio-sexuellen Komponenten formiert sich ein Knoten aus Angstregimes, Positionspolitik und Zuneigungen. Ankerstellen der internen Sinnproduktion werden soziale Strukturen, die ihrerseits symbolisch konstituiert sind. Die Signifikanz der sozialen Symbolik bleibt daher zwangsläufig relativ, wenngleich sie mitunter recht stabil im jeweiligen Sinnsystem verankert ist.

***

Die universelle Trinität symbolischer Signifikanz (Ursprung – Augenfälligkeit – Korrespondenz) ist vielleicht am besten an den Dimensionen sexueller Symbolik selbst zu veranschaulichen. Erstens lassen sich – wie gerade Pubertierende sich gerne gegenseitig vor Augen führen – überall in der Kultur versteckte Nebenbedeutungen sexueller Natur aufspüren. Da der um Geburt und Zeugung herum erwachsende libidinöse Komplex als Fluchtpunkt der menschlichen Triebstruktur gelten kann, weist jegliche Symbolik grundsätzlich eine diesbezügliche *Ursprungssignifikanz* auf. Vom Kindchen-Schema in der Werbung bis zum beiläufigen Entblößen der Achselhöhle, vom Rock'n'Roll-Rhythmus bis zum Eroberungskrieg[21] – die fraglichen Schlüsselreize brauchen dazu gar nicht als Symbol ausgezeichnet sein. Mit anderen Worten: Alles hat einen mütterlichen Hintersinn. Immer findet sich eine verdeckte sexuelle Note. Jedes soziale Geschehen lässt sich psychoanalytisch lesen und hat schon deshalb immer *auch* einen symbolischen Charakter.[22] Sein quasierotischer Gehalt bleibt indes latent, ja er darf den Beteiligten in der Regel gar nicht bewusst sein. Auf diese Weise kann das Begehren unbemerkt transformiert und auf symbolische Ersatzobjekte wie Autos, Kunstwerke oder Hobbys umgelenkt werden.

---

21 Vgl. zur strukturellen und metaphorischen Parallele zwischen der militärischen und der erotischen Eroberung Otto Rank: Um Städte werben, in: Internationale Zeitschrift für ärztliche Psychoanalyse 3, 1914, S. 50-58, sowie die Anmerkungen zum Wiederabdruck von David G. Winter: Circulating Metaphors of Sexuality, Aggression, and Power: Otto Rank's Analysis of «Conquering Cities and 'Conquering' Women", Political Psychology 31/1, 2010, S. 1-5.

22 Analog dazu verweist allerdings heute auch jedes noch so harmlose Konsumangebot auf die Ausdifferenzierung eines kapitalistischen *Wirtschaftssystems*, jedes noch so unvernünftige Verhalten zeigt die Existenz eines autonom operierenden *Bewusstseinssystems*. Auch aus psychologischer und aus kapitalismuskritischer (besser eigentlich: wirtschaftssoziologischer) Sicht hat also alles Geschehen einen diesbezüglichen symbolischen Gehalt.

Neben kulturellen Phänomenen und Verhaltensweisen, deren sexueller Gehalt auf größtenteils unbewusst bleibenden Symboliken beruht, lassen sich zweitens auch offenkundige Tendenzen der *expliziten Sexualisierung* erkennen. Die sexuelle Begierde wird hier gezielt benutzt, um die Aufmerksamkeit auf ein aktuelles Geschehen oder einen bestimmten Gegenstand zu lenken. In Werbung, Mode und Unterhaltungskultur, auf Leinwänden, Titelblättern und Internetseiten wird gerade in den letzten Dekaden offensiv mit sexuellen Anspielungen und Assoziationen gearbeitet. Die Ursachen hierfür sind nicht zuletzt auch ästhetischer Natur: Das Sexsymbol erweist sich zumeist als Hingucker. Aufgrund der Auffälligkeit und der Attraktivität erotischer Motive weist insbesondere die sexuelle Symbolik per se eine außerordentlich hohe *Signifikanz der Augenfälligkeit* auf. Sex sells, heißt es entsprechend.

Die oft stark kommerziell orientierte Nutzung des Verlangens nach erotisch aufgeladenen Konsumangeboten durch die Massenmedien, die Musikindustrie, Nachtklubs und Sexshops mag ein unbeabsichtigter Nebeneffekt der sexuellen Befreiungsbewegung der 68er sein, im Zuge derer die Sittlichkeitsstandards aufgelockert und zahlreiche der vorher bestehenden Tabus gebrochen wurden. In jedem Falle potenziert sich durch die kulturindustrielle Erschließung der erotischen Sinnsphäre noch einmal die augenfällige Präsenz sexueller Symboliken im sozialen Alltag. Hierfür ist es im Übrigen beinahe unerheblich, ob es um sexuelle oder asexuelle Leistungen geht, ob also Prostitution oder Modeschöpfungen beworben, ob essbare Unterwäsche oder Schokoriegel feilgeboten, ob reale Accessoires oder bloße Images vermarktet werden.

Mit der Vermarktung ändert sich indes – wie bei jedem Produkt – auch die Bedeutung des Gutes »Sex«. Durch die Übersetzung der Sexualität in Warenform verkümmert das Ideal der freien Liebe zu einer rein symbolischen Erotik. Aus der Liebesrebellion wird ein Wachstumsmarkt. Damit verlagert sich nicht nur der Schwerpunkt von der faktischen Fortpflanzung zum fiktiven Szenario, vom Sexualakt zur erotischen Performanz, vom kreativen Werbeverhalten zum passiven Konsum, von der Leidenschaft zum Erlebnis, von der Passion zur Sensation. Die betörende Spontaneität fantasiereicher Liebeskommunikation wird zudem ersetzt durch schematische Blicke, genormte Assoziationen und standardisierte Tagträume.

Die massenmediale Sexwelle brachte so gleichsam das Feuer der sexuellen Revolution weitgehend zum Erlöschen. Die Authentizität von Liebe und Erotik schwand dahin. Mit der kapitalistischen Vereinnahmung der sexuellen Symbolik schmolz der spontane Zauber des Moments in den schmutzigsten Schubladen der Kulturindustrie zu billigen Klischees zusammen. Personifizierte Sexsymbole aus Film und Showbusiness setzten neue Standards – von Posen, Mimik und Tonfall bis hin zu Berufswünschen, Körperimage und Intimfrisur. Die gesellschaftliche Konstruktion der erotischen Wirklichkeit wird daher heute maßgeblich durch

Supermodels und Striptease-Tänzer, Prominentenliebschaften und Prostituierte, Pop- und Pornostars geprägt.

Doch nicht nur die kommerzielle Verwertung, sondern bspw. auch der juristische Status von »Unzucht«, »Homo-Ehe«, Pornografie etc., der rituell-religiöse Umgang mit Geschlechtsmerkmalen oder Problemen der Fortpflanzung, die moralische Haltung der Kirche gegenüber Fragen der Sexualität, sowie nicht zuletzt auch die ästhetische Stilisierung von Nacktheit, Liebe und Schönheitsidealen in der Kunst bestimmen von jeher den kulturellen Stellenwert der Erotik maßgeblich mit. Für die jüngere Kulturgeschichte wäre zu ergänzen, dass zudem die in der Wissenschaft vorherrschenden Ansichten – von medizinischen Erkenntnissen (sei es bezüglich AIDS, Verhütungsmethoden oder Orgasmen) über die Sexualpsychologie bis hin zur sozialwissenschaftlichen Geschlechterforschung – einen wesentlichen Einfluss auf die allgemeine Wahrnehmung haben, und dass nicht zuletzt auch die Politisierung von gesellschaftlichen wie privaten Geschlechterverhältnissen und die moralische Sensibilisierung für Sexismus, sexuellen Missbrauch und die Benachteiligung von Frauen sich erheblich auswirken dürften.

Eine massive symbolische Überformung des Sexualtriebs ist also nicht nur Voraussetzung jeglicher kulturellen Entwicklung, im Zuge kulturellen Wandels ändert sich auch umgekehrt die gesellschaftliche Bedeutung von Sexualität. Es lohnt sich daher, den im Alltag unserer Gegenwartsgesellschaft auffindbaren sexuellen Symboliken drittens auch im Hinblick auf die Frage nach ihren Funktionen im jeweiligen sozialen Kontext nachzugehen. Dazu gilt es die damit jeweils verbundene *Signifikanz der Korrespondenz* noch einmal eingehender betrachten: Was verbindet man in den unterschiedlichen Zusammenhängen jeweils mit Sex, wofür stehen Sexsymbole, und wie wirken sie sich gesellschaftlich aus?

Die Relativität des Erotischen ist offensichtlich: Was in welcher Situation erotisch wirkt, ist kulturell streng reglementiert und die betreffenden Standards ändern sich alle Jahrzehnte. Die Pin-Up-Bilder amerikanischer Soldaten im Zweiten Weltkrieg haben mit den sprachlichen Bildern des mittelalterlichen Minnesangs so wenig zu tun wie Barbiepuppen mit urzeitlichen Venusstatuetten. Erotik ist von jeher eine kulturelle Konstruktion, und sie bleibt insofern stets in umfassender gesellschaftliche Zusammenhänge eingebettet, zu denen eben militärische bzw. höfische (Werte-)Ordnungen ebenso gehören wie die Kosmetikindustrie oder die Steinzeitökonomie.

Hinzu kommt die ganz individuelle Besetzung von Reizobjekten, Ticks und Vorlieben. Was die einen erregt, ekelt die anderen nur umso mehr an. Doch nicht nur welche Objekte sexuell besetzt sind, kann variieren, sondern auch der konkret mit erotischen Elementen verbundene Sinn. Die banalsten Dinge wie Taschentücher, Strümpfe oder Ledergürtel können geheime Imaginationen entfesseln, an ganz alltäglichen Situationen entspannen sich in unterschiedlichster Manier erotisch gefärbte Tagträume.

Realer Prüfstein vieler erotischer Fantasien sind zwar letztlich ihre materiellen Konsequenzen: Der Kontext Sexualität wird oft ausdrücklich durch körperbezogene Signale markiert, die nach wie vor auf Geschlechtsakt und Fortpflanzung verweisen mögen. Die Stoßrichtung des Fortpflanzungstriebes wird jedoch abgemildert durch Aufschub und Verhütung, Ersatzobjekte und homoerotische Varianten. Sex bedeutet – neben Ehe, Körperkontakt und Vermehrung – heute vor allem auch Intimität, privilegierten Zugang zum fremden Körper, Ekstase.

Konkrete symbolische Aktionen (Ausflüge, Fesseln, Schreie) können diese Ziele zu realisieren helfen. Erotik lebt häufig jedoch eher von der bloßen Anspielung, der vagen Aussicht und der uneingelösten Verheißung: eine vertrauliche Bemerkung, ein Nesteln in den Haaren, ein aufreizender Blick. Das kultivierte Spiel um Begierde und Begehrenswürdigkeit kommt weitestgehend ohne realen Sex aus. Von der Mann/Frau-Relation und dem aus der Geschlechtszugehörigkeit erwachsenden Status verschiebt sich die Signifikanz sexueller Symbole daher im Zuge des Zivilisationsprozesses in Richtung einer rein symbolischen Interaktion und (geschlechtsneutraler?) erotischer Attraktivität.

Doch was sind die gesellschaftlichen Konsequenzen einer solchen Entwicklung? Wird die durch die zivilisatorische Triebunterdrückung umgeleitete Energie wirklich in soziale »Kohäsion« umgewandelt, wie es der oben erwähnte platonische Mythos von den Kugelmenschen nahelegt? Ist es tatsächlich das Verlangen nach Liebe, welches die Menschen zueinander treibt und die Individuen unter dem Schirm der Gesellschaft zusammenführt?[23]

Sicherlich sind Sympathie, Offenherzigkeit und eine gewisse Zuneigung einer positiven Zusammenarbeit eher zuträglich. Wer sich nicht ausstehen kann, der kommt nicht gut miteinander aus. Zur Erwärmung des Klimas der zwischenmenschlichen Beziehungen wäre allerdings auch bloße Freundschaft ausreichend, die nicht jene Exklusivität voraussetzt, welche bspw. Bedingung einer monogamen Liebesbeziehung ist. Zur sozialen Kooperation reicht womöglich eine wechselseitige Anerkennung aus, wohingegen aus spontanen Liebschaften schnell Zwistigkeiten erwachsen können. Nach dem Kollabieren der Lust sind die Beziehungen meist nicht abrupt beendet, sondern leben zunächst als Konflikt fort, sodass Komplikationen vorprogrammiert sind, sofern die beteiligten sich nicht einfach es aus dem Weg gehen (können).

[23] Die Liebe sollte Auguste Comte, dem Begründer der Soziologie, zufolge ja eine von drei Grundkomponenten eines positiven Geistes sein, welche der Devise »Liebe als Prinzip. Ordnung als Grundlage, Fortschritt als Ziel« zu folgen hätte. Vgl. Auguste Comte: Katechismus der positiven Religion, Leipzig 1891 [zuerst 1852].

Wie im Falle des solidarischen Zusammenhalts innerhalb einer Gemeinschaft gegenüber rivalisierenden Gruppen, Feinden oder Fremden werden überdies auch durch die Liebe innen/außen-Grenzen geschaffen. Die Intimsphäre wird gewöhnlich sorgsam gegenüber der Außenwelt abgeschottet. Im Zuge der wechselseitigen Zuwendung vernachlässigen Liebende bekanntlich leicht ihre soziale Umwelt. Insofern haben dauerhafte Intimbeziehungen stets etwas Asoziales an sich. Im Gegensatz zur Moral bezieht sich die Liebe ja nicht auf das Verhältnis von Individuum und Gesellschaft, sondern auf ein Verhältnis zwischen Zweien. (Die sogenannte Sexualmoral wiederum ist im Übrigen keine Sache der gegenseitigen Achtung, sondern schlicht eine Frage der Sittlichkeit.) Hieraus ergibt sich nun die Frage nach dem Verhältnis der bilateralen Liebe zur Menschenliebe im Allgemeinen: Lassen sich etwa die von Jesus gepredigte Nächstenliebe, die Liebe Gottes, sowie die Kindern und Tieren entgegengebrachte Liebe tatsächlich nach dem Modell der intimen Liebesbeziehung begreifen?

Im Hinblick auf die mit jeder Art von Liebe verbundene Perspektivenübernahme[24] ist dies tatsächlich der Fall. Versteht man unter Liebe eine Sinnform, die auf der Ausrichtung des eigenen Erlebens am Erleben des Gegenübers fußt[25], so basiert das Gelingen der Liebe letztlich auf der Fähigkeit – – und zugleich dem Effekt –, die Welt durch die Augen des anderen zu betrachten, gleichgültig ob es sich um eine wirkliche Intimbeziehung, um wahre Freundschaft oder lediglich um spontane Herzlichkeit im Umgang mit Fremden handelt. Einfühlungsvermögen und Rücksichtnahme bilden in jedem Falle eine wichtige Voraussetzung für Persönlichkeitsentwicklung und die Herstellung emotionaler Bindungen. Sie sind deshalb ein unverzichtbarer Bestandteil unserer Sozialkompetenz. Ohne Empathie blieben wir wie Autisten in unserer eigenen Welt gefangen. Um Mitmenschen lieben zu können, bedürfen diese allerdings auch einer gewissen Liebenswürdigkeit. Eine erotische Aura und sexuelle Symboliken können in diesem Sinne das alltägliche Spiel um Sehen-und-gesehen-werden anheizen und so zur Steigerung der einander entgegengebrachten Aufmerksamkeit beitragen. Die soziale Funktion von kultivierten Sexualsignalen mag daher durchaus in der ausgeübten Anziehung zu suchen sein.

Um ein ganz simples Beispiel dafür anzuführen, wie aus einem geradezu vulgären Sexsymbol eine biedere Botschaft sozialer Gravitation werden kann: Die Omnipräsenz des Herzmotivs in Form von Lebkuchenherzen, »I love NY«-T-Shirts oder »Ein Herz für Kinder«- Aufklebern macht deutlich, dass dieses Symbol der Liebe heute im weitesten Sinne für die unterschiedlichsten Arten der Verbundenheit steht. Ursprünglich wohl von der Kontur des Feigenblatts abgeleitet, weist das Herzmotiv offensichtlich weniger eine äußerliche Ähnlichkeit

24 Vgl. George Herbert Mead: Geist, Identität und Gesellschaft, Frankfurt a. M. 1978.

25 Vgl. Niklas Luhmann: Liebe. Eine Übung, Frankfurt a. M. 2008.

mit dem gleichnamigen Organ als vielmehr mit dem aus Froschperspektive betrachteten Gesäß auf. Gleichwohl gilt es im Allgemeinen offenbar ganz und gar nicht als obszönes Signal, sondern symbolisiert vielmehr ein breites Spektrum von Herzensangelegenheiten, die von Jugendlieben und kleinbürgerlicher Harmonie bis hin zu idealistischer Gesinnung und frommer Barmherzigkeit reichen können. Das rote Herz evoziert in jedem Falle ein Klima der zwischenmenschlichen Nähe. Herzchen erwecken Gefühle, lassen die Welt enger und wärmer wirken und können einen Ort zu einem kleinen Nest machen.

Andererseits setzen die Trends der öffentlichen Meinung und der Mode, die wechselseitige Beobachtung der Beobachter auf den Märkten, an der Börse und in der Wissenschaft, kurz gesagt: setzen wesentliche reflexive Mechanismen der Gesellschaft auf Seiten der Beteiligten nicht unbedingt eine liebevolle Einstellung oder gar erotische Interessen voraus.[26] Außerdem fußt gesellschaftliche Ordnung nicht allein auf Solidarität, Menschenliebe und Zuneigung, sondern mindestens ebenso auf strategischen Notbündnissen, rationalen Interessen und Arbeitsteilung, auf Bürokratie, Macht und Gesetz. Mitgefühl ist hier oftmals sogar fehl am Platze, da es den Prinzipien der Fairness, der Gerechtigkeit und der formalen Rationalität eher entgegensteht. Liebeleien und erotische Affären begünstigen Regelverletzungen, Parteinahme und Übervorteilung, zumal man aus Liebe zu den einen leicht in Feindschaft mit den anderen geraten kann. Aus der Liebe können so schnell Hass, Eifersucht und Gewalt erwachsen.

Soziale Integration beruht faktisch ohnehin auf der Ausgrenzung von Fremden, auf der Abgrenzung gegenüber anderen, auf gemeinsamen Feindbildern, Konkurrenzkämpfen und institutionell eingehegten Konflikten.[27] Wo aber die gesellschaftliche Lage durch Spannungen und Spaltungen, durch Hass und Gewalt geprägt wird, dort hat selbst die Erotik eine verschärfende Wirkung. Im Zuge kriegerischer Auseinandersetzungen kommt es eher zu vulgären Beleidigungen und demütigenden Vergewaltigungen (welche eine zusätzliche Eskalation der Streitigkeiten nach sich ziehen), als dass die verführerische Kraft der Fleischeslust – wie in der Komödie Lysistrata des Aristophanes durch den konzertierten Liebesentzug der Frauen beider Kriegspartien – eine versöhnliche Wirkung entfaltet und friedensstiftend wirkt.

Doch auch in friedlichen Zeiten kann die Erotik aufgrund des erniedrigenden Charakters von Sexismus das gesellschaftliche Machtgefälle versteilen und andererseits infolge der milieuspezifischen Selektivität der Partnerwahl zur Verstärkung sozialer Ungleichheiten beitragen. Gleich und gleich gesellt sich gern, wie man sagt. Das rigide Heiratsverhalten einzelner Bevölkerungsgruppen ist schließlich eine der wichtigsten Ursachen für die generationenübergreifende

---

26 Vgl. Michael Beetz: Die Rationalität der Öffentlichkeit, Konstanz 2005.

27 Vgl. Georg Simmel: Der Streit, in: ders.: Soziologie, Frankfurt a. M. 1992, S. 284-382.

Reproduktion sozialer Klassen. Intimität vermag Menschen also eng zusammenzuführen und dabei zugleich ganze Gruppen voneinander zu separieren.

Sex hebt die Beteiligten aus dem normalen gesellschaftlichen Alltag heraus und ist zugleich wohl selbst die ursprünglichste aller kulturellen Praktiken. Bereits der mit Sexualität verbundene Sinn kann daher sowohl ausgrenzender wie integrierender Natur sein, und beides geht tatsächlich Hand in Hand. Während frivole Freizügigkeiten ebenso extravagant wie ordinär wirken können, kann nämlich auch eine gepflegte Attraktivität die Menschen gleichermaßen verbinden wie voneinander entfremden. Was subjektiv als Flucht aus dem gesellschaftlichen Alltag erscheint, stellt objektiv betrachtet womöglich gerade eine Form des kulturellen Mainstreams dar. Was nach außen hin anziehend wirkt, kann hingegen seine Ausstrahlung gerade einer unüberbrückbaren inneren Distanz verdanken. Oder, um bereits etwas deutlicher zu werden: Einerseits wird das Streben nach ungezügeltem Verkehr vor allem in Milieus, die sich von der Gesellschaftsordnung von jeher durch abweichendes Verhalten demonstrativ zu entziehen suchen, zum banalsten Symbol des Aufbegehrens gegen die Macht der sozialen Disziplinierung – ein Symbol, welches doch unwillkürlich den Mob mehrheitlich in die Fänge einer plumpen Massenkultur führt (a). Andererseits gerät die Verfügbarkeit über die Ressourcen zur vermeintlich perfekten Erotik in den Kreisen derer, die sich selbst als gesellschaftlich privilegiert verstehen, zu einem eindrucksvollen Symbol von sozialer Exklusivität – ein Symbol, das nichtsdestotrotz den simpelsten Stereotypen des Erfolgs verhaftet bleibt und darüber das eigentliche Leben vorenthält (b).

a) Das sexuelle Begehren kann, ähnlich wie Lachen und Weinen, als leibeszentrierte Form des Ausbruchs aus dem Korsett der gesellschaftlichen Ordnung dienen.[28] Im Sex gibt man idealerweise seine Selbstbeherrschung auf und befreit sich damit zugleich von allerlei sozialen Zwängen. Indem man sich gehen lässt, zeigt man sich also in gewisser Weise unbeugsam. So lässt sich *Verruchtheit* als eine symbolische Haltung des Widerstands gegenüber der Verlogenheit sozialer Rollenmasken und moralischer Fassaden verstehen. Wilder Sex steht hier für unbändige Lebenskraft. Das Verruchte bezieht seinen Charme dabei aus den suggerierten Möglichkeiten einer authentischen Bedürfnisbefriedigung, die aus dem Bruch mit normativen Erwartungen und überkommenen Sittlichkeitsstandards erwachsen. Eine betonte Freizügigkeit in sexuellen Belangen symbolisiert somit die freie Verfügbarkeit der Mittel für ein selbstbestimmtes, natürliches Leben. Vor allem die Rock'n'Roll-Generation der 50er und 60er Jahre sowie daran anschließend die Hippiebewegung machten sich die wogende Energie

[28] Vgl. Helmuth Plessner: Lachen und Weinen, in: ders.: Gesammelte Schriften VII, Frankfurt a. M. 2003, S. 201-387.

sexueller Symboliken in einem solchen Sinne kulturell zunutze. Der Bezug auf Sexualität dient in diesem Zusammenhang als Alternative zur (gehobenen) Kultur.

Doch der Drang nach Autonomie droht – insbesondere bei den sogenannten Unterschichten – letztlich in bloßer biologischer Reproduktion zu münden. Man sondert sich vom gesellschaftlichen Geschehen ab und entzieht sich dem Diktat der Sitten, um schließlich stattdessen dem Druck der Natur nachzugeben. Wer der Kultur entflieht, landet sozusagen in der Abteilung Zoologie, die natürlich wiederum einen unverzichtbaren Beitrag zur Reproduktion der gesellschaftlichen Arbeitskraft leistet, denn die Gesellschaft benötigt stets Nachwuchs an Arbeitern, Soldaten und vielleicht mehr noch: an willfährigen Konsumenten ohne höheren kulturellen Anspruch. Die massenhafte Verbreitung erotischer Symboliken hätte dementsprechend die Funktion, die ungebildete Masse zur Paarung zu animieren und sie gleichzeitig davon abzuhalten, sich zu bilden und in der Folge autonome Bedürfnisse und Ansichten zu entwickeln. Die Familiengründung dient so gesehen der Konstitution von Konsumeinheiten, der Disziplinierung (vor allem: des Mannes) und der Produktion von Nachwuchs zugleich.

b) Allerdings kann inszenierte Sexualität auch gesellschaftlich instrumentalisiert und in »kulturelles Kapital« (Jargon von P. Bourdieu) umgewandelt werden. Denn wo Schönheit zum Erfolg verhilft, dort wird aus erotischer Ausstrahlung gewissermaßen sexuelles Kapital geschlagen. Indem man in das eigene Erscheinungsbild investiert, verbessert man in gewisser Weise seinen gesellschaftlichen Stand. So lässt sich *Vorzeigbarkeit* als sterilisierte Erotik deuten, die insbesondere von den selbsternannten Eliten zum Statussymbol umfunktioniert wird. Wer attraktiv ist – oder besser: wem es gelingt, sich attraktiv zurechtzumachen –, zieht die Aufmerksamkeit auf sich und erntet Wertschätzung. Die perfekte Erotik wird in diesem Zusammenhang zu einem knappen Gut stilisiert, das allein betuchten, prominenten, vom Schicksal begünstigten Personen vorbehalten bleibt, die sich insbesondere mit auserlesenen Partnern, Liebhabern, Mätressen usw. umgeben können.

Doch das Pfand der Vorzeigbarkeit ist der Verzicht auf die Hingabe, denn sich hinzugeben heißt den Bonus des Begehrens an das Leben zu verschenken. In zweifelhaftem Ruf zu stehen bedeutet, nicht mehr vorzeigbar zu sein, es sei denn als Skandalnudel oder Popstar. Um sich die hinter dem zur Schau gestellten interesselosen Wohlgefallen des Publikums zurückgedrängte erotische Anziehung nutzbar zu machen, ist es erforderlich, begehrenswert zu erscheinen und Begierde zu erwecken, ohne dieser selbst nachzugeben. Nur so fassen Eros und Aphrodite Fuß auf der Karriereleiter oder gewinnen jedenfalls Zugang zu den »höheren« gesellschaftlichen Kreisen. Man verleugnet also die Triebnatur und landet kraft der benutzten Symbole im Korsett der gesellschaftlichen Ordnung. Mittels Körperübungen, Kosmetik, Schönheitsoperationen wird oft alles daran gesetzt, die geltenden Ideale wirkungsvoll zu repräsentieren. Schönheit kennt keinen Schmerz, heißt es bekanntlich. Allen Ansprüchen eines perfekt simulierten Glücks zu genügen, kann einen hohen Preis fordern und vor allem Zeit kosten. Die Kultivierung der Attraktivität gerät insofern zu einem wirkmächtigen Mechanismus der sozialen Disziplinierung.

So oder so vollziehen sich vermittels sexueller Symboliken immer auch allgemeinere Prozesse der gesellschaftlichen Strukturierung. Sex wird damit zum Medium der sozialen Selbstinszenierung. In einer Erlebnisgesellschaft, die im Konsum und im Freizeitverhalten stets nach dem besonderen Kick sucht, kann insbesondere der Orgasmus als ultimative Chiffre für hedonistischen Genuss dienen. Schon allein deshalb, weil es so viel (eher wohlwollende) Aufmerksamkeit erregt, sexy zu sein, sodass dies zugleich Erfolg verheißt, fungiert »Sex« heutzutage offenbar als ein Glückssymbol.

Ob man das erotische Abenteuer, das intime Begehren und das sexuelle Verlangen nun in realen oder fiktiven Praktiken, mittels expliziter oder latenter sexueller Symbole zu befriedigen sucht – es ist wohl kaum eine Übertreibung zu behaupten, Tagträume, Selbststilisierung und Sozialverhalten des modernen Menschen würden maßgeblich von sexuellen Motiven bestimmt, unabhängig davon, wie man diese Behauptung nun zu begründen versucht: sei es soziobiologisch, psychoanalytisch oder kultursoziologisch. Vom Blick auf die andere Straßenseite bis zum Ausgehen am Wochenende werden vielfältige menschliche Verhaltensweisen insgeheim durch das sexuelle Begehren gesteuert.

Erotik ist insofern ein wichtiger Bestandteil der (westlichen) Gegenwartskultur. Sie wird präsentiert, propagiert, inszeniert und benutzt. Sie dient der Provokation, der Angeberei, der Verführung. Sie zeigt sich vulgär oder feinsinnig. Und nicht zuletzt: man kann darüber kommunizieren.

Schaubild 4: Schematische Zusammenfassung des Gedankenganges

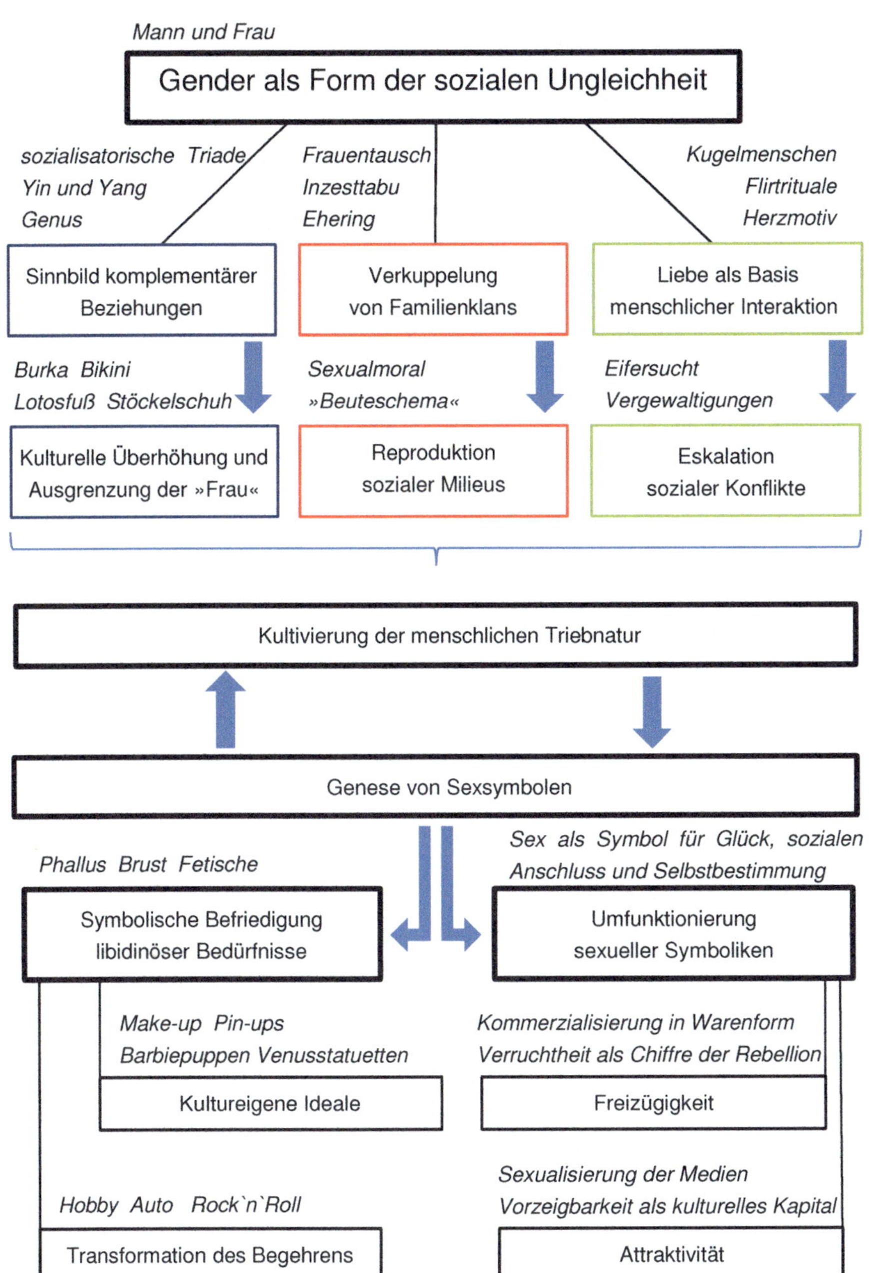

6 *Totems, Logos, Zeremonien.* Gemeinschaftssymbole

Was treibt Fußballfans Woche für Woche zu Tausenden in die Stadien? Wie wird beinahe eine ganze Generation zu einer sozialen Bewegung? Was bringt unbescholtene Bürger dazu, sich in einen lynchenden Mob zu verwandeln? Wie immer die individuellen Beweggründe aussehen mögen: die Fangesänge der (ehemals sogenannten) Schlachtenbummler, die »love and peace«-Slogans der Hippies oder die Schlachtrufe mordender Barbaren lassen sich in jedem Falle allesamt als Medien der Vergemeinschaftung verstehen. Worum auch immer es jeweils im Einzelnen gehen sollte: Durchweg sind es neben Sprechchören und Gebrüll auch sonst ähnliche Mittel, die den betreffenden Gruppierungen ermöglichen, sich zu einer sozialen Einheit zu formieren und so als geschlossene Kraft zu agieren.

(Wir werden später sehen, dass diese symbolischen Mittel – ganz abstrakt betrachtet – im Wesentlichen drei Formen beinhalten: Embleme, Rituale und Mythen. Dass sich die eingesetzten symbolischen Formen gleichen, ist im Übrigen umso erstaunlicher, als das Ziehen von Vergleichen zwischen »moralisch«[1] unvereinbaren Milieus wie bspw. Nazis, 68ern und Katholiken von den Betroffenen gewöhnlich als beleidigend empfunden wird. Wenn sich hier also in formaler Hinsicht gleichwohl Gemeinsamkeiten auffinden lassen, so macht dies die Sache nicht nur in besonderem Maße interessant, sondern überhaupt erst soziologisch aufschlussreich.)

Zu den Kräften, die den Menschen innerlich rühren und dadurch äußerlich zu bewegen vermögen, gehört neben dem Liebesdrang[2] auch der Gruppenzwang. Was wir auch tun, es zieht uns stets etwas zurück zur Horde und reißt uns mit im Strom der kollektiven Bewegung. Nachdem wir uns im vorherigen Kapitel mit den symbolischen Aspekten von Sexualität, Geschlecht und Libido befasst haben, wendet sich dieses Kapitel nun explizit jenen symbolischen Formen zu, die im Zusammenhang mit Gemeinschaftlichkeit, Gruppenzugehörigkeit und kollek-

---

1 Was genau aus soziologischer Perspektive unter »moralisch« zu verstehen ist, dies ließe sich selbstverständlich genauer erörtern. Vgl. Michael Beetz: Was können Soziologen von Moral verstehen? Gesellschaftliche Praxisfelder und ihre moralischen Kompetenzerfordernisse, in: Berliner Journal für Soziologie 19/2, 2009, S. 248-267.

2 Roswitha Schumann: Liebesdrang als Konstitutionsprinzip von Lebenswelt. Ein soziologischer Beitrag zur Konstituierung von Wirklichkeit, Frankfurt a. M. u.a. 1993.

tiver Identität stehen: vom Fanschal eines Sportvereins über den Tanz um den Maibaum bis zum Hakenkreuz. Es bietet sich an, den Kontrast zwischen diesen beiden Symboltypen zum Ausgangspunkt der Betrachtung zu nehmen.

Genau wie die Libido tarnt auch der Herdentrieb sich gern mit einem Deckmantel der Vernunft, dessen Muster meist nichtsdestotrotz das Ansinnen seines Trägers verrät. So gibt ein Mensch sich beim Flirten anders als beim Solidarisieren im Freundeskreis: Ungeachtet des Themas verhält man sich beim Rendezvous einfach nicht wie am Stammtisch. Unabhängig von den vorgebrachten Argumenten zeigt oft schon allein der Tonfall an, ob Sprecher einer (insgeheim angehimmelten) Einzelperson zu gefallen oder einem (vorbehaltlos verherrlichten) Kollektiv zu imponieren suchen, auch wenn sie dies mitunter nicht einmal sich selbst eingestehen würden. Ja womöglich kommt es letztendlich sowohl in Liebesangelegenheiten als auch im Meutenverhalten überhaupt nur auf beiläufige Details dieser Art an: Wie intime Beziehungen (in guten wie in schlechten Zeiten) von der symbolischen Ausdeutung der kleinsten Nuancen leben, so werden wohl auch Gemeinschaften erst in den feinsten Facetten ihrer Symbolik zu einer eigensinnigen Wirklichkeit.

Der Mensch konstruiert sich gewöhnlich eine Realität, in der vermeintlich rationale Gründe, höhere Ziele und starke Werte sein Handeln steuern.[3] In Wahrheit getrieben von der Sehnsucht nach Liebe und dem Verlangen nach Zugehörigkeit zu Seinesgleichen, wähnt er sich in einer Wirklichkeit, in der sein freier Wille der Sache nach entscheidet. Doch die eilends errichteten Fassaden der Rationalität, aus denen heraus das Licht des menschlichen Geistes scheint, lassen für den dafür empfindsamen Beobachter deutlich die Anzeichen des Begehrens sowie die der sozialen Bande erkennen. Mal insgeheim oder gar unbewusst, mal öffentlich bekundend oder in trotziger Rebellion gegen soziale Zwänge bezeugen sie das umfassende, unsichtbare Kräftefeld, in dem der Mensch von der Geburt an bis zum Tode sich bewegt.

Geworfen in diese kalte, weite Welt bedarf es vor allem eines tiefen Trostes, angesichts der Nichtigkeit der eigenen Existenz aber ebenso eines höheren Sinns.[4] Beide Bedürfnisse finden auf ihre Weise Befriedigung allein im Reich des Symbolischen. Denn nur Symbole bieten einerseits einen Ersatz für das verlorene pränatale Paradies, und nur sie vermögen dem Leben andererseits einen neuen Rahmen zu setzen. Hier zeigt sich nun ein wesentlicher Unterschied: Während die Symbole der Libido letztlich den Verlust der Mutter *kompensieren*,

---

[3] Dass dies nicht gänzlich Illusion ist, lässt sich durch die Kohärenz entsprechender Handlungstheorien belegen, in denen »rationale Entscheidungen« (Rational Choice), »Kreativität« (H. Joas) oder »starke Werte« (C. Taylor) als Grundlage allen Handelns identifiziert werden.

[4] Dies haben wohl am klarsten die Philosophen Nietzsche und Heidegger erkannt und auch am deutlichsten benannt. Vgl. etwa Friedrich Nietzsche: Götzendämmerung oder Wie man mit dem Hammer philosophiert, Frankfurt a. M. 1984; Martin Heidegger: Sein und Zeit, Tübingen 2006.

konstituieren Gemeinschaftssymbole überhaupt erst das, wofür sie stehen: eine größere soziale Einheit, in der aufgehoben der Einzelne sich erfährt. Anders gesagt: Die ersten dienen der Sublimierung des Begehrens, die zweiten der Manifestation sozialer Tatsachen.

Daher tragen die einen wesentlich privaten, die anderen hingegen öffentlichen Charakter: Liebe sucht man je für sich, ein Wir-Gefühl aber erzeugt man nur gemeinsam. Natürlich können erotische Reize offen zur Schau gestellt werden und soziale Bünde mit geheimen Erkennungszeichen arbeiten. Gleichwohl signalisiert Geborgenheit letztlich jedes Individuum sich selbst (wenn auch mittels eines geeigneten Gegenübers oder einer in sonstiger Weise entgegenkommenden Umwelt), das Bündnis aber symbolisiert immer die gesamte Gruppe als Ganze. Gemeinschaftssymbole sind (innerhalb ihres Einzugsbereichs) deshalb prinzipiell Gemeingut, und unter den kollektiven Gütern sind sie grundsätzlich die ersten und die höchsten, schaffen sie doch erst das Sozialwesen als solches und realisieren damit eben das, wonach ihre Mitglieder kollektiv streben: Gemeinschaft. Wenn die sexuellen Symbole die basalsten aller Symbole sind, dann sind die Gemeinschaftssymbole folglich die sozialsten.

Doch nicht alles Soziale ist zugleich gemeinschaftlicher Natur, und was sich als Gemeinschaft ausgibt, muss deshalb noch nicht wirklich Gemeinschaft sein. Soziale Tatsachen[5] wie bspw. der Rechtsstaat, der Markt oder Kriege *können* zwar auf die eine oder andere Weise mit gemeinschaftlichen Aspekten verwoben sein, sind aber ganz klar selbst keine Bestandteile von Gemeinschaften. Noch genauer lässt sich dies an weitaus banaleren Beispielen verdeutlichen: Eine Touristengruppe, eine Wohngemeinschaft oder die Deutsche Forschungsgemeinschaft mögen in jeweils unterschiedlicher Hinsicht bestimmte Momente einer Gemeinschaft aufweisen, sind jedoch zunächst einmal eher ein wandelnder Haufen, ein Zweckbündnis bzw. eine bürokratische Organisation.

Gemeinschaften und Pseudogemeinschaften lassen sich allerdings zumeist kaum voneinander unterscheiden, und dies ist kein rein analytisches Problem der soziologischen Theorie, es hat vielmehr immense praktische Auswirkungen. Wer eine strategisch motivierte Koalition für eine Gemeinschaft hält, mag leicht für fremde Interessen benutzt werden. Wer umgekehrt das Kollektiv für seine persönlichen Zwecke instrumentalisiert, könnte seinen Verrat übel büßen müssen. Die Letzteren berauben sich durch Egoismus ihrer sozialen Identität und vergeben die Chance auf Zugehörigkeit zu einer selbstgenügsamen Praxis. Die Ersteren opfern sich im Namen der Nation für die fetten Profite der Großindustriellen und den narzisstischen Größenwahn der Demagogen, oder sie holen unter dem zynischen Gejohle der ganzen Bande für tyrannische Alphatierchen die Kasta-

5 Im Sinne von Emile Durkheim: Die Regeln der soziologischen Methode, Frankfurt a. M. 1980 [zuerst 1895].

nien aus dem Feuer. Verwechslungen und Missverständnisse können leicht fatale Folgen haben, gerade weil oft die Gemeinschaft durch ehrliches Bekenntnis und beherzte Tat erst gestiftet wird, ja weil allein in der Krise die betroffene Gruppe sich als wahre Gemeinschaft erweist, wohingegen Heuchelei und Treulosigkeit allerorts an der Tagesordnung sind und der gemeinschaftliche Anstrich und höfliche Gestus der Solidarität (freilich als leeres Angebot) selbst unter den erbittertsten Konkurrenten zum guten Ton gehört.

Gemeinschaftssymbolik kann also sowohl im positiven Sinne echte Gemeinschaftlichkeit befördern, sie beinhaltet aber ebenso etliche negative Aspekte, insofern sie unter anderem Machtverhältnisse oder partikuläre Interessen kaschiert und der Verführung zu aggressivem Verhalten oder sonstigen unbedachten Untaten dienen kann. Beides – Verbündung wie Verblendung – mag überdies auf undurchsichtige Weise miteinander einhergehen. Bevor wir den Versuch unternehmen wollen, die vielfältigen Spielarten symbolischer Vergemeinschaftung zu betrachten, bietet es sich deshalb an, deren Grundprinzipien zuvor exemplarisch an einem einfachen Paradefall herauszuarbeiten: dem Totem[6].

Das Totem gehört zweifellos zu den ursprünglichsten Varianten einer Kollektivität stiftenden Symbolik. Es handelt sich dabei um ein Tier oder ein sonstiges Objekt (der Mond, die Sonne, eine Pflanze), das von einer bestimmten Verwandtschaftsgruppe in rituellen Praktiken verehrt wird. Einem diesen Menschen geläufigen Mythos zufolge stammen die Urahnen der Gruppe entweder selbst vom Totemtier ab, wurden von ihm adoptiert – wie etwa noch in der Sage von der Gründung Roms die Zwillinge Romulus und Remus durch eine Wölfin – oder sind auf andere Weise eng mit ihm verbunden. Ursprungsmythen dieser Art finden sich in vielfältigen Versionen, wie auch die Regeln bezüglich des Umgangs mit Exemplaren der betroffenen Gattung – gewöhnlich als Tabus bezeichnet – unterschiedlichster Art sein können. Varianten des Totemismus finden sich immerhin sowohl in Afrika und Asien als auch bei den amerikanischen und australischen Ureinwohnern. (Noch heute ist es im Übrigen in vielen Kindergärten üblich, den einzelnen Gruppen Namen von Tieren zu geben, um durch die Kraft der Bilder die Identifikation der Kleinen mit dem Kollektiv zu bestärken und so Sozialkompetenz und Regelbewusstsein zu fördern.)

Gemeinsam ist all diesen Totemkulturen jedoch, dass allein das Totemsymbol – und keinesfalls konkrete Exemplare oder die gesamte örtliche Population einer Art – Gegenstand des Kultus ist. Es geht hier nicht jeweils um echte Bären, Bi-

---

[6] Die hier vertretene Deutung des Totemismus stützt sich auf die klassischen Analysen Emile Durkheims, wenn auch die zeitgenössische Ethnologe und die Religionssoziologie unserer Zeit diesen nicht mehr allzu viel abzugewinnen vermögen. Vgl. Emile Durkheim: Die elementaren Formen des religiösen Lebens, Frankfurt a. M. 1981.

ber oder Häschen, sondern bspw. um DIE GROSSE BÄRIN[7] als eine Chiffre für den gemeinsamen Ursprung, die Identität und die Einheit der Gruppe. Mit anderen Worten: Man tanzt um den Totempfahl, nicht um den Bären! Im Prinzip ist das abgebildete Objekt sogar austauschbar, steht es doch letztlich für den Klan und keineswegs für das wirkliche Tier. Natürlich wird man in Amerika kaum ein Känguru als Totem vorfinden, dieses gibt also indirekt immer auch einen Hinweis auf das lokale Vorkommen der jeweiligen Art. Jedoch wird wohl jeder, der etwa eine mit dem Totemsymbol bestickte Lederkluft oder ein entsprechend verziertes Werkzeug findet, dies als Spur des zugehörigen Stammes deuten, und sofort nach deren Vertretern Ausschau halten, statt sich nach jenen der dargestellten Tierart umzusehen. Das Bildnis des Tieres bezeugt also eher die Präsenz des Klans als diejenige des Tieres. Kurzum: Das Totem verkörpert mit seiner wiedererkennbaren Form ein sinnlich ansonsten kaum wahrnehmbares Wesen: die Gesellschaft.[8]

Insofern ist die Frage, ob die Mitglieder eines bestimmten Indianerstammes *wirklich* glauben, von einem Bären abzustammen, von symbologischem Unverständnis diktiert. Ebensowenig würde man ja den – bekanntlich »Geißböcke« geheißenen – Fußballern des 1. FC Köln und seinen Fans unterstellen, sich für Abkömmlinge des Bocks Hennes zu halten. Der Mythos versteht sich schließlich nicht als biologische Theorie, er besagt vielmehr etwas über die Zugehörigkeit zum Klan und bekräftigt die verwandtschaftliche Verbindung seiner Mitglieder. Indem der Herkunftsmythos die Abstammung aller Mitglieder auf das Totem zurückführt, wird dieses regelrecht zur symbolischen Übermutter des gesamten Klans.[9] Am Totemismus lässt sich insofern zugleich die Transformation der libidinösen Symbolik in soziale Symbolik nachvollziehen: Das Totem ist gemeinsames Muttersymbol und Gesellschaftssymbol in einem.

Ein achtbares Symbol der Gemeinschaft kann das Totem indes nur in dem Maße sein, in dem es im Kontext des kollektiven Lebens immer wieder mit dem entsprechenden Sinn angereichert wird. Es soll ja Respekt einflößen und Ehr-

---

7 Vgl. hierzu Lieselotte Welskopf-Henrichs historischen Romanzyklus »Die Söhne der großen Bärin«.

8 Dies ist, so sei vorsichtshalber noch einmal erwähnt, die zentrale These Emile Durkheims, welche in oben genanntem Werk entwickelt wird.

9 Freud meint hier indes eine etwas verwickeltere Konstellation zu erkennen: Er sieht den Ursprung des Totemismus in der problematischen Beziehung zum Vater. In Analogie zur später entwickelten These von der Ermordung des Moses durch die Juden, welche die Tat durch die geistige Konstruktion der jüdischen Religion erfolgreich verdrängten, vertritt Freud bereits in dem 1913 erschienenen Buch »Totem und Tabu« die Auffassung, der Totemismus ginge auf die Urszene des gemeinschaftlichen Mordes der Brüderschar am Vater zurück. Vgl. Sigmund Freud: Totem und Tabu. Einige Übereinstimmungen im Seelenleben der Wilden und der Neurotiker, Frankfurt a. M. 1995. In jedem Falle aber erwächst die Religion demnach aus einem kollektiven Ahnenkult.

furcht erwecken. Hierzu muss seine signifikante sinnliche Form mit Inhalt gefüllt, d. h. mit Assoziationen und Emotionen besetzt werden. Der Anblick des Totems sollte die Bindung des Einzelnen an das Kollektiv in Erinnerung rufen und Vorstellungen anregen, welche die Verbindung der Individuen zu einer sozialen Einheit betreffen.

Zum Inbegriff ihres kollektiven Lebenszusammenhangs wird es jedoch für alle wohl am eindrücklichsten dort, wo sich dieses kollektive Leben zu einem Sinnbild seiner selbst verdichtet: im gemeinsamen *Ritual*. Zu den periodisch stattfindenden Festen kommen nämlich alle Mitglieder des Klans, die ansonsten teils verstreut ihren profanen Alltagstätigkeiten nachgehen, zusammen, um sich bis zur Ekstase ihrer sozialen Ordnung, ihrer kollektiven Identität und ihrer Loyalität zu vergewissern.[10] Bei den entsprechenden rituellen Aktivitäten ist das Totem naturgemäß auf besondere Weise präsent, steht es gerade hier doch gewöhnlich im Mittelpunkt der Inszenierung. Die rituelle Praxis realisiert somit künstlich ein kollektiv erfahrbares gesellschaftliches Ideal, das im Totembild gleichsam gebunden und konserviert wird. Die Präsenz der Form im sakralen Kontext (von Stammestreffen, Prozessionen, Aufmärschen) ermöglicht folglich erst deren symbolische Funktion im profanen Bereich.

Dies trifft selbstverständlich ebenso für die Kennzeichen von Religionsgemeinschaften und sonstigen Gruppierungen zu, die nicht dem Totemismus zuzurechnen sind, es gilt für Embleme und Logos jeglicher Art. Auch um welches visuelle Motiv es sich handelt, ist hierfür letztlich vollkommen einerlei. Ob Adler oder Wolfskopf, christliches Kreuz oder Hakenkreuz: Im Zuge pompöser Zeremonien – mittels Fackeln, Weihrauch, Feuerwerk[11] – wird das Symbol wie ein Schwamm mit der Aura des Erhabenen imprägniert und diese Aura in dessen prägnanter Gestalt versiegelt. Um sie herum ranken sich dann vorzugsweise die vielfältigen Legenden, welcher dem kollektiven Gedächtnis einer Gemeinschaft historische Größe verleihen. An diesem Prinzip hat sich im Laufe der Geschichte nicht viel geändert, es lässt sich zur Mobilisierung der Massen für Kriege, Kreuzzüge und Konsum ebenso einsetzen wie für die Vermarktung von Souvenirs (die nicht umsonst »Andenken« genannt werden). Am Beispiel des Totemkults lässt sich daher studieren, wie Gemeinschaftssymbole durch ihre Präsenz während kollektiver Schlüsselereignisse[12] derart mit Bedeutung aufgeladen werden, dass sie die Gemeinschaft schließlich auch im Alltag zu repräsentieren ver-

---

10 So jedenfalls die Beschreibung Durkheims, vgl. Durkheim, a. a. O., S. 295 ff., 571 f.

11 Zu ergänzen wäre: Kerzen, Trockeneis, Molotow-Cocktails, Olympisches Feuer, Zigarren etc. Die Kontrolle des Feuers scheint zu den archaischsten Mitteln mit immenser Symbolkraft zu gehören.

12 Für die jüngere Geschichte wäre hier etwa an das Woodstock-Festival als identitätsstiftendes Ereignis einer ganzen Generation zu denken.

mögen.[13] Hier zeigt sich auch, dass ein solches Symbol nicht bloß aus dem sichtbaren Objekt selbst besteht, sondern rituelle Inszenierungen und die Einbettung in einen mythischen Zusammenhang beinhaltet.

Wo sich kollektive Identitäten um rituelle und mythische Symboliken herum ausbilden, dort gewinnen diese daher zwangsläufig *religiöse* Züge, ob es sich dabei nun um eine jugendliche Subkultur (Punk, Gothic, Techno), um eine soziale Szene (Boheme, Homosexuelle, Neonazis), um einen kollektiven Kult (Fußballfans, Opernfreunde, Karneval) oder um eine Weltanschauung (Freimaurer, Marxismus, Marktliberalismus) handelt. Im Falle des Totems ist diese sakrale Qualität von Gemeinschaftssymbolen freilich alles andere als erstaunlich, denn der Totemismus ist ja tatsächlich eine Religion. Ja, er lässt sich aus religionssoziologischer Sicht sogar als die elementare Form von Religion schlechthin begreifen, da er allein deren wesentliche Bestandteile beinhaltet – neben der Religions*gemeinde* als solcher (welche hier in Personalunion die gesamte Bevölkerung umfasst), sind das eben: Mythos und Ritual.

Die Religion ist hier noch die allesbestimmende kulturelle Sphäre. Während die Mythen mit ihrer vielschichtigen Symbolik die eine gemeinsame Weltdeutung ermöglichenden Kategorien bereitstellen, sorgen die Rituale für eine symbolisch idealisierte kollektive Praxis, welche die Integration der Individuen in einen übergreifenden gesellschaftlichen Zusammenhang am eigenen Leibe erfahrbar macht. Der Mythos stiftet geistige Einheit, das Ritual macht die soziale Verbindung sichtbar. Insofern könnte man sogar sagen, dass sich totemistisch geprägte Gesellschaften erst in ihrer religiösen Symbolik überhaupt verwirklichen, und sie tun dies zudem ohne jede Einschränkung als Gemeinschaft.

Die archaische Sozialordnung von Totemkulturen weist noch keine Differenz zwischen Gemeinschaft und Gesellschaft[14] auf; das Totem – und dadurch zeichnet es sich unter allen Gemeinschaftssymbolen aus – symbolisiert also zugleich den gesamten Gesellschaftszusammenhang. Die überschaubare Größe der Bevölkerung bringt es mit sich, dass alle Mitglieder des Verbandes noch leibhaftig miteinander interagieren, ohne dass es darüber hinaus gehende, staatliche oder ökonomische Strukturen gäbe. Soziale Einheiten erwachsen ja ursprünglich direkt aus dem praktischen Zusammenschluss einer Population von Menschen. Das gelingende Zusammenleben einer Horde, eines Klans oder Stamms erfordert und bedingt neben einer Abstimmung individueller Verhaltensweisen vor allem auch eine emotionale Bindung an das Kollektiv sowie die Ausbildung einer kol-

---

13 Diese konservierende Wirkung von Symbolen im Hinblick auf kollektive Ereignisse akzentuiert etwa Christoph Schneider: Symbol und Authentizität. Zur Kommunikation von Gefühlen in der Lebenswelt, in: Rudolf Schlögl/Bernhard Giesen/Jürgen Osterhammel (Hg.): Die Wirklichkeit der Symbole, Konstanz 2004, S. 101-134.

14 Im Sinne von Ferdinand Tönnies: Gemeinschaft und Gesellschaft. Grundbegriffe der reinen Soziologie, Darmstadt 2005 [zuerst 1887].

lektiven Identität. Die Etablierung der hierzu notwendigen Normen, die Ausprägung einer starken Loyalität gegenüber der Gruppe und tiefer Solidarität unter den Mitgliedern, sowie auch die Entwicklung und Überlieferung eines gemeinsames Weltbildes – all diese elementaren Bestandteile des gesellschaftlichen Lebens bedürfen symbolischer Komponenten. Hierzu gehören vor allem rituelle Bekräftigungen des Zusammenhalts – von Initiations- und Passageritualen über periodische Festivitäten bis zur Sühne abweichenden Verhaltens – wie auch die Ausbildung einer komplexen Symbolsprache, bestehend aus gängigen Metaphern, Bildern, Bemalungen, Liedern und Mythen. Das kulturelle Erbe kleidet sich hierbei typisch in ein sakrales Gewand. Religion, Gemeinschaft und Gesellschaft sind vom Standpunkt des Totemismus aus insofern noch eins.

Dies ändert sich freilich im Laufe der kulturellen Entwicklung. Nicht jede Gemeinschaft ist nun zwangsläufig noch eine Religionsgemeinschaft (wenngleich sie in bestimmten Hinsichten einen quasireligiösen Charakter bewahren mag). Einer bestimmten Gemeinschaft anzugehören ist auch nicht mehr unmittelbar mit *gesellschaftlicher* Inklusion gleichzusetzen, da diese vor allem über Beruf, Konsum, Staat und Massenmedien geregelt wird. Gemeinschaften können vielmehr im Privaten und gleichsam nebenher gepflegt werden, und sie können sich als Nische oder als soziale Bewegung verstehen, und somit als Gegenentwurf zur vorherrschenden gesellschaftlichen Ordnung auftreten. Viele Gemeinschaften erscheinen überdies zerbrechlich, temporär oder fiktiv und bedürfen daher einer ständigen symbolischen Bekräftigung, die ihrerseits immer in Gefahr läuft, als leeres Ritual, als Heuchelei und Propaganda verstanden zu werden. Sie sind so gesehen eher schwammige Inseln im Meer des gesellschaftlichen Lebens als dessen essentieller Inhalt.

Andererseits scheinen die verschiedensten Institutionen und gesellschaftlichen Teilbereiche darauf angewiesen zu sein, ihre ansonsten eher rationalen Operationen mit einem »Wir-Sinn«[15] zu unterfüttern. Bei aller nüchternen Professionalität, trotz Karrierismus und egoistischer Nutzenmaximierung muss den relevanten Akteuren in Wirtschaft und Politik, in Wissenschaft und Kunst offenbar zumindest ein gewisser Idealismus (fast könnte man sagen: Kommunismus) unterstellt werden können: nämlich einer, der eine Rücksichtnahme auf die Markengemeinschaft, das Gemeinwohl, die Forschergemeinde bzw. das Publikum beinhaltet. Zur Teilnehmerperspektive gehört in der Regel die (symbolische) Identifikation mit dem jeweiligen System, welches hierdurch gemeinschaftliche Züge erhält.

---

15 Vgl. für eine sozialwissenschaftliche Begründung dieses Begriffs anhand des Bezugs auf empirische Daten aus verschiedenen Feldern bürgerschaftlichen Engagements Michael Corsten/Michael Kauppert: Wir-Sinn und fokussierte Motive, in: Zeitschrift für Soziologie 36/5, 2007, S. 346-363.

Ist symbolische Vergemeinschaftung also womöglich ein Bestandteil jeglicher Form von Sozialität? Wie sonst kann die moderne Gesellschaft überhaupt noch symbolisch erfasst werden? Welchen Stellenwert haben in ihr Gemeinschaftssymbole, und in welcher Hinsicht wandelt sich in ihr die Bedeutung der Gemeinschaftszugehörigkeit für die einzelnen Menschen? Kann man sich nur mit einer Gemeinschaft, nicht aber mit einer Gesellschaft identifizieren? Um mehr Licht auf diese Frage zu werfen, ist an dieser Stelle eine explizite theoretische Reflexion darüber erforderlich, wie sich kollektivitätsstiftende Symboliken an die Reihe der bislang behandelten Dimensionen des Symbolischen anfügen.

Theorie-Memo 6: Symbol und Sozialität

Körperliche Symptome wie Schwitzen, Zittern oder Harndrang, *leibliche Gefühle* wie Magenkrämpfe, Übelkeit oder Beklemmung, *psychische Fantasiekonstruktionen* wie Visionen, Träume oder Halluzinationen lassen sich als *interne Symbole* auffassen, in denen sich die allgemeine Situation manifestiert, in der ein Mensch sich befindet. Sie sind mehr als bloße innerliche Vorgänge: an ihnen lässt sich ablesen, wie es (im wörtlichen Sinne) um einen Menschen steht. Vor allem extreme Situationen wie Prüfungsstress, Mobbing, Todesgefahr werden nicht allein bewusst mit den Mitteln des Verstandes realisiert, sondern auch auf Ebenen unterhalb der Bewusstseinsschwelle verarbeitet. Im Unbewussten erscheinen sie in Form von komplexen symbolischen Beziehungen zwischen organischen Zuständen, leiblichen Empfindungen und gedanklichen Vorstellungen. Solche inneren Symbole sind für Außenstehende nur im Ausnahmefall zu verstehen (über besondere emphatische Fähigkeiten verfügen diesbezüglich Therapeuten, Raubtiere und Mütter), zumal sie von den Betroffenen selbst oft ignoriert, verdrängt oder fehlgedeutet werden. Gleichwohl ist es sicher nicht abwegig, in der Fähigkeit zur symbolischen Projektion äußerlicher Gegebenheiten in (unscheinbare) innere Konstellationen einen (unbewussten) »sechsten Sinn« zu vermuten, welcher der individuellen Wahrnehmung sozialer Strukturen dient.[16]

Kulturelle Symbole leben dagegen von ihrer *kollektiv geteilten Bedeutung*, ihrer öffentlichen Sichtbarkeit und ihrer intersubjektiven Markanz. Ob sie eine sozialisatorische Funktion haben, soziale Räume strukturieren oder den Status eines Individuums im Kontext eines Feldes sozialer Positionen anzeigen (vgl. die Kapitel 2, 3 bzw. 4) – sie sind Bestandteil des Spektrums der Kommunikation. In

[16] Leider ist die biologische Forschung in diesem Bereich zumeist fixiert auf Probleme der Fortbewegung, der Identifikation von Feinden und Nahrungsquellen etc. Sie konzentriert sich daher auf die Wahrnehmung physikalischer Strukturen und ignoriert – wie auch weite Teile der Philosophie, ja selbst der Soziologie – die Existenz sozialer Tatsachen und deren Bedeutung für die menschliche Evolution.

symbolischen Strukturen dieser Art drückt sich die Ordnung der Welt aus und wird zugleich Ordnung erzeugt. Selbst wenn die soziale Welt im symbolischen Medium tatsächlich zunächst nur abgebildet wird – etwa in der Literatur, auf Zeitungsfotos oder in Form symbolträchtiger Medienereignisse –, so werden doch kulturelle Stereotypen und kollektive Wahrnehmungsweisen etabliert und somit in kognitiver Hinsicht Ordnung geschaffen: Die kulturellen Symbole gestalten die soziale Wirklichkeit also nicht nur äußerlich, sie verdichten sich zudem zu einem Weltbild (vgl. Kapitel 7).

Hiervon zu unterscheiden sind drittens Symbole, welche eine *soziale Entität selbst* symbolisieren. Indem diese hierdurch als etwas Gemeinschaftliches erfahrbar wird, gewinnt sie einen objektiven Charakter und manifestiert sich als soziale Tatsache. Die Symbolisierung gewährleistet lokale Präsenz und macht sichtbar, wie die jeweilige soziale Einheit individuelle Verhaltensweisen zu kollektivem Handeln und je persönliche Gedanken zu einem kollektiven Bewusstsein bündelt. In diesem Zusammenhang erscheint die (symbolisch idealisierte) Entität typisch als (virtuelle) *Gemeinschaft*.

Das Symbolische ist hier einmal mehr nicht nur Symptom, sondern zugleich Ursache. Im Unterschied zu den symbolischen Strukturen von Spiel, Sport und Erziehungseinrichtungen (vgl. Kapitel 2), anhand derer sich unsere innere Grundhaltung *gegenüber* der Welt formiert, lassen Gemeinschaftssymbole alle Mitglieder zu einem *Bestandteil* der sozialen Welt werden: Im Moment eines gelingenden Rituals gehen die Individuen in der Gruppe auf. Im Kontrast zu den symbolischen Markierungen des Raumes (vgl. Kapitel 3), anhand derer gesellschaftliche Ordnung in körperliche Verhaltensweisen, Architektur und topologische Infrastrukturen lediglich *übersetzt*, *umgesetzt* und durch diese *etabliert* wird, bewirken und bekunden Gemeinschaftssymbole die *Identifikation* des Einzelnen mit einer sozialen Allgemeinheit. Im Gegensatz zu Statussymbolen, die der individuellen *Positionierung* im Verhältnis zu den anderen dienen, wirken sie *integrierend*.

Nicht jede soziale Entität ist freilich an sich eine Gemeinschaft, und sie wird auch nicht schon dadurch zu einer wirklichen Gemeinschaft, dass sie sich in gewissen Kontexten als Kollektiv ausgibt. Hinsichtlich sozialer Gebilde, die ihre Existenz symbolisch vor Augen führen, wäre zuerst an solche zu denken, welche alle Beteiligten kraft bestimmter Regularien zu einer kollektiven Praxis vereinen, mit anderen Worten: an *Institutionen* jeglicher Art, insbesondere jedoch an *Organisationen*. Die unter dem Dach einer Institution betriebenen Praktiken werden in deren Selbstdarstellung zumeist symbolisch idealisiert und als gemeinschaftliches Handeln dargestellt, auch wenn es sich real eher um ein Machtverhältnis oder ein System der Zweckrationalität handelt. Die Mitglieder einer Firma etwa sind in der Regel vor allem materiell voneinander abhängig, sie arbeiten jedoch effektiver, wenn sie sich als Team – also als Arbeits*gemeinschaft* – verstehen.

Soziale Gebilde können aber ebenfalls *geistiger* Natur sein, wenn sie ein System ideeller Muster beinhalten, dass die Beteiligten – wenn man so sagen darf – auf spirituelle Weise miteinander verbindet. Wo es wie in der Kunst oder der Religion auf das kollektive Erleben von Phänomenen und Emotionen durch ein Publikum ankommt, wo wie in der Wissenschaft der Bezug auf kollektiv geteilte Wissensbestände im Mittelpunkt steht oder wo wie in der Politik kollektiv verankerte Werte unterstellt werden, dort wird die zugehörige kulturelle Sphäre symbolisch gern als globale geistige Gemeinschaft präsentiert (oft entgegen aller Alltagserfahrung). Es handelt sich hier insofern um *Kommunikation* im wahrsten, ursprünglichen Sinne des Wortes, da die Herstellung von Gemeinsamkeit (von lat. communis: gemeinsam) explizit betont und symbolisch heraufbeschworen wird. Die verwendete Gemeinschaftsrhetorik bezeugt die Bindungskraft einer spezifischen Kultursphäre: einer Subkultur, einer Konfession, einer Disziplin. Man spricht dann von der »weltweiten Wagner-Gemeinde«, der »Katholikengemeinde«, der Zivilgesellschaft oder der »scientific community«. Die durch das Sinnsystem konstituierte Öffentlichkeit reklamiert hier ein Wir für sich, durch welches das Publikum zu einem universellen Beobachter verschmilzt, dem kollektive Bewusstseinsinhalte – ein gemeinsamer Glaube, eine öffentliche Meinung, ein Forschungsstand, ein ästhetisches Geschmacksurteil usw. – zugeschrieben werden können.

Individuelle Lebenswelten treffen aber auch aufeinander, ohne dass übergreifende Ziele und formale Mitgliedschaft, gemeinsame Ideen oder Diskurse sie verbinden. Wo sich individuelle Lebenslinien kreuzen – in einer Wohnung, einem Mietshaus, einem Dorf – kann es gerade deshalb leicht zu Konflikten kommen. Der betreffende *soziale Ort* wird daher oft als gemeinsames Soziotop – als Wohn*gemeinschaft*, Haus*gemeinschaft*, Dorf*gemeinschaft* – verstanden und symbolisch ausgewiesen.

Die Symbolisierung einer sozialen Entität als Gemeinschaft kann sich also beziehen auf:

- eine *Institution,* insofern diese die Koordination individueller Verhaltensweisen zu einer kollektiven Praxis beinhaltet,
- einen *Kulturbereich*, insofern dieser eine öffentliche Sphäre des kollektiven Erlebens und der wechselseitigen Beobachtung darstellt,
- einen *sozialen Ort,* insofern dieser mit dem regelmäßigen Zusammentreffen verschiedener Personen verbunden ist, die ein interpersonales soziales Gefüge bilden.

Mitunter kann eine soziale Einheit auch mehreren dieser Kriterien genügen. Eine soziale Beziehung intimerer Art – üblicherweise auch als Lebens*gemeinschaft* bezeichnet – umfasst alle drei Komponenten. Sie ist sowohl gemeinsame Praxis, wechselseitiges Erleben anhand des Codes der Liebe (Luhmann) und geteilter Lebensraum. Diese Möglichkeit einer Überschneidung von institutionellen, kulturellen und räumlichen Faktoren überrascht kaum, war dies doch ein wesentliches Merkmal der ursprünglichen Gemeinschaften archaischer Gesellschaften. Selbst die moderne Weltgesellschaft lässt sich – dies ist schlicht eine empirische Beobachtung zweiter Ordnung – sowohl als kollektiver Akteur, als Weltöffentlichkeit und als globaler Raum begreifen.

***

Auch im 21. Jahrhundert wird die Gesellschaft manchmal noch als Kollektiv aufgefasst, wenn nämlich von *der Menschheit* die Rede ist.[17] Vor allem im Kontext moralischer Urteile wird die Menge aller Menschen dann zu einem Subjekt, in dessen Namen ein Poet, Priester, Politiker oder eine sonore Werbestimme zu sprechen vorgibt. Ob die Menschen tatsächlich weltweit das für eine menschliche Weltgemeinschaft erforderliche Wir-Gefühl entwickeln, ist allerdings zu bezweifeln. Philosophen beschwören zwar gerne die Idee vom Weltbürger, der sich aufgrund seiner kosmopolitischen Identität als Mitglied einer globalen Gemeinschaft versteht. Angesichts der ideologischen, ethnischen oder juristischen Konflikte, welche die soziale Welt flächendeckend zerreißen, existiert jedoch faktisch allenfalls eine *Schicksals*gemeinschaft im Hinblick auf ökologische Katastrophen, globale Finanzkrisen und die Barbarei der modernen Kulturindustrie.

Vielleicht ist dies der Grund dafür, dass die Gesellschaft heute vorzugsweise als *geografische* Einheit statt als gigantische Menschenmasse symbolisiert wird. Die olympischen Ringe repräsentieren bspw. die fünf Erdteile, nicht etwa unterschiedliche Rassen. Die Flagge der UNO zeigt die von einem Ährenkranz gerahmten Umrisse der Kontinente, und auch Nachrichtensendungen wie »Tagesschau« und »heute« zeigen als erstes Hintergrundbild die Weltkarte. Die Erdkugel scheint sich als grafisches Symbol für die Einheit der sozialen Welt weitaus besser zu eignen als etwa ein Foto der Menschenströme einer modernen Metropole. Das Wort »global« schickt sich gar an, selbst innerhalb der Soziologie den Begriff der »Gesellschaft« zu verdrängen, aus »Vergesellschaftung« (Max Weber) wird »Globalisierung«. Die Welt stellt sich uns heute mehr als ein *Ort* dar denn als eine einvernehmliche Ordnung, sie ist gewissermaßen der globale Lebensraum, an dem die widerstreitenden gesellschaftlichen Kräfte unweigerlich aufeinandertreffen.

Gleichwohl kann uns die soziale Umwelt lokal nach wie vor als einheitliche Gesellschaftsordnung gegenübertreten, und das gesellschaftliche Ganze wird im

---

[17] Sogar in der Soziologie! Vgl. etwa John Dewey: Die Öffentlichkeit und ihre Probleme, Bodenheim 1996; Bruno Latour: Das Parlament der Dinge. Für eine politische Ökologie, Frankfurt a. M. 2001.

Geiste dann oft mit einzelnen *Personen* assoziiert. Wie der König das Reich oder der tote Philosoph die lebendige Idee (und umgekehrt), so werden abstrakte Identitäten seit jeher von konkreten Persönlichkeiten vertreten, die diesen einen Namen, eine Stimme und ein Gesicht geben. Bereits das Totem lässt sich ja, wie wir oben gesehen haben, als symbolische *Urmutter* verstehen. Auch die für das theozentrische Weltbild abendländischer Religionen (von der griechischen Antike und dem Judentum über das Christentum bis hin zum Islam) zentrale Idee »Gottes« kann aus soziologischer Sicht (Durkheim) als *symbolische Personifizierung* der Gesellschaft gedeutet werden. Als Vaterfigur übte »Gott« nunmehr zudem eine Herrscherrolle aus, aus der nährenden Mutter wurde damit ein amtierendes Oberhaupt (»der HERR«).

Das Bild des in der Person des absoluten Herrschers verkörperten Ordnung (nach dem Motto »L'État, c'est moi!«) hat mit der Bürokratisierung der Herrschaft und der Demokratisierung der Macht im Laufe der Geschichte allerdings an Überzeugungskraft eingebüßt und ist in Kontexten wie Familie, Bildungssystem und Massenmedien kaum noch tragbar. Profane Repräsentanten der Gesellschaft wie der Vater, der Lehrer oder der Präsident agieren heute allenfalls als charakteristische *Rollenträger* innerhalb eines umfassenderen institutionellen Rahmens – Arbeitswelt, Schule, Staat –, dessen Wurzeln wiederum letztlich die gesamte Gesellschaftsordnung durchziehen. Sie stehen also stellvertretend für die jeweiligen *Institutionen*, welche ihrerseits die Gesellschaft repräsentieren.

Die moderne Wirtschaftswelt – für die im überkommenen westlichen Familienmodell vor allem der Vater steht – kennzeichnet sich indes im Ganzen eher durch eine liberale als durch eine kommunitäre Einstellung. Auch die Schule oder der Staat sind mitnichten Gemeinschaften, sondern (ähnlich wie Unternehmen) vielmehr formale Gehäuse, welche ihre Bewohner strikten Regeln unterwerfen, in Zellen einweisen und ihnen Stellen zuweisen – statt sie zu einer kollektiven Einheit zu verschmelzen. Durch *feierliche Zeremonien* – von der Einschulung bis zur Abiturfeier, von der Neujahrsansprache bis zum Großen Zapfenstreich – weisen sich solche Institutionen zwar symbolisch als Bestandteil einer umfassenden gesellschaftlichen Ordnung aus, wobei sie sich etwa systematisch auf die Ideen der Bildung bzw. der Nation berufen. Durch stark ritualisierte *Prozeduren der Legitimation* – etwa Prüfungen und Evaluationen bzw. Parlamentsdebatten und Wahlen – stimulieren Bildungssystem und politisches System überdies moralische Integration, indem sie Abschlüssen und Lehrkörpern bzw. Regierungsbeschlüssen und Amtsinhabern symbolisch Geltung verleihen. (Inwiefern dies tatsächlich gelingt, lässt sich wohl gar nicht unabhängig vom Symbolischen entscheiden. Was sich beobachten lässt, sind vor allem symbolische Indizien, zu denen auch die Wahlbeteiligung bzw. die Unterrichtsdisziplin – oder als negative Anzeichen: politische Protestaktionen bzw. schülerische Sabotageakte gehören.)

Sollte dies ein Beweis dafür sein, dass sich bürokratische Systeme, Massenorganisationen und Verwaltungsapparate nach wie vor als Gemeinschaften zu tarnen suchen, wenn es darum geht, über die formale Inklusion ihrer Mitglieder hinaus auch deren Identifikation zu erwirken? Auch wenn hierdurch suggeriert werden mag, Schule und Staat würden von einem entsprechenden Wir-Sinn getragen, so geht es doch vordringlich um die Etablierung der betreffenden *Rollenideale*. Wenngleich kleinere Kommunen und Bildungsstätten unter Umständen in der Tat einen gemeinschaftlichen Charakter gewinnen können – der Politik und Bildung übergreifende bürokratische Apparat besitzt einen solchen in keinem Falle. Mit anderen Worten: Als Gefüge von Institutionen ist die moderne Gesellschaft also ebenso wenig eine Gemeinschaft wie als Örtlichkeit.

Allenfalls als moralisches *Ideal* kann die Vorstellung von einer Weltgemeinschaft daher Einfluss auf das Weltgeschehen nehmen, wenn diese nämlich bspw. das Weltbild von einzelnen Akteuren oder sozialen Bewegungen bestimmt. Aber inwiefern ist eine solche Gemeinschaftsidee in der kulturellen Sphäre der Weltöffentlichkeit selbst verankert? Inwiefern ist sie Bestandteil jenes symbolischen Haushalts, welcher die Grundlage einer gemeinsamen Weltdeutung bildet? Lässt sich in einer von der Ideologie des Marktes und der Konkurrenz geprägten Gesellschaft, welche lauthals die Werte der Freiheit und des Individualismus propagiert und jeglichen Kollektivismus moralisch zu verteufeln neigt, die Struktur des gesellschaftlichen Ganzen überhaupt noch in anschaulicher Weise symbolisch fassen?

Aus symbologischer Sicht ist hier anstelle philosophischer Spekulation ein Blick auf etwaige symbolische Formen angebracht. Fragt man nach möglichen Objekten, welche die Einbindung jedes einzelnen Individuums in eine umfassende gesellschaftliche Ordnung symbolisch zum Ausdruck bringen könnten, so fällt der Blick nicht zuletzt auf jene persönlichen Utensilien, welche die Menschen stets bei sich führen und die nur beim Baden, bei Körperkontrollen oder auch bei der Einweisung in totale Institutionen – wie Gefängnis, Krankenhaus oder Armee – abgelegt werden. Sieht man einmal von der Bekleidung ab, so handelt es sich in archaischen Kulturen hierbei um Heiligtümer wie Medizinbeutel und Amulette, die sich in der Tat als Symbole der kulturellen Bindung begreifen lassen. In der modernen Gesellschaft finden sich anstelle solcher kultischen Artefakte – neben Schmuck und Kosmetik, welche vor allem Frauen mit sich tragen und die sich als Sexsymbole im Sinne des vorherigen Kapitels auffassen lassen – vor allem kleinere technische Instrumente: Uhr, Schlüsselbund, Mobiltelefon, Terminkalender, Notebook und Ähnliches. Inwieweit können Geräte dieser Art, die ja nicht unbedingt spirituelle Qualitäten aufweisen, neben ihrer praktischen Funktion als Gesellschaftssymbole fungieren?

Die »verwaltete Welt« der Moderne ist eher eine Maschine als ein Organismus. Ihr anzuhängen drückt man symbolisch daher tatsächlich am besten mittels jener Geräte aus, die den neuesten technischen Fortschritt verkörpern. Im 19. Jahrhundert mag dies noch das mechanische Chronometer gewesen sein, dessen Uhrwerk als Miniaturmodell der Weltordnung gelten konnte, während die angezeigte Uhrzeit die kollektive Synchronisierung der individuellen Zeithorizonte zum Ausdruck brachte.[18] Nicht umsonst prangten die Uhren zunächst an Kirchtürmen, von wo der Glockenschlag seit jeher die Gemeindemitglieder zu gegebenem Anlass zusammengerufen hatte. Später wurden die Uhren individualisiert, zu den großen öffentlichen Uhren kamen die kleinen privaten hinzu: Wanduhren und Wecker als Mahnmale des geordneten Tagesablaufs, sowie Taschen- und Armbanduhren, die das Individuum buchstäblich an die Zeit ketteten bzw. banden. Das Aufkommen der Digitaluhr verdeutlicht sodann den einsetzenden Wandel vom industriellen Räderwerk-Mechanismus zur Computerelektronik. Die Ablösung des Zeigers durch die Zahl veranschaulicht den Übergang vom analogen zum digitalen Zeitalter. Die abstrakte Zeit steht dabei als Sinnbild für die Rationalisierung der Handlungsorientierung in modernen Gesellschaften – der Einzelne fügt sich mittels eines Blicks auf die Uhr in die gesellschaftliche Ordnung ein, ohne unmittelbar auf seine Mitmenschen achten und auf deren kollektive Bereitschaft warten zu müssen. Man hält sich stattdessen an Termine, Programme, Stundenpläne und Tagesordnungen.

Aber auch jene Operation, welche die Menschen seit jeher in geistiger Hinsicht miteinander verbindet – die Kommunikation –, wurde rationalisiert, indem die Erreichbarkeit der Adressaten durch Verbreitungsmedien wie Schrift, Buchdruck, Telefon und Rundfunk immens gesteigert wurde.[19] Der mündlich überlieferte Mythos als ehemals primäre Form gesellschaftlicher Selbstvergewisserung ist dabei längst neueren Formaten der massenmedialen Informationsübertragung gewichen. Die Entwicklung mündete schließlich in der Etablierung vernetzungsfähiger, multimedialer Kommunikationstechnologien. Hatte das Buch noch seinen Stammplatz im Regal und der Fernseher lediglich die Wohnzimmer erobern können, so ist es dem Mobiltelefon inzwischen gelungen, Besitz vom ganzen Menschen zu ergreifen und seine Wirtskörper derart zu konditionieren, dass viele das Gerät sogar mit ins Bett nehmen und unter ihr Kopfkissen legen (zum Beispiel die Partnerin des Autors), während die Uhr noch mit dem Nachtschränkchen vorliebnehmen musste.

Das Funktelefon und seine multifunktionsfähigen Abkömmlinge sind zum Symbol der sozialen Integration geworden, sie stehen für die situationsunabhängige Aktivierbarkeit von Kontakten und Informationen. Die gesellschaftliche Einbindung erfolgt heute primär über das Netz und nicht mehr über die Gemein-

---

18 Vgl. für eine umfassende kulturgeschichtliche Analyse Gerhard Dohrn-van Rossum: Die Geschichte der Stunde. Uhren und moderne Zeitordnungen, München 1992.

19 Vgl. Niklas Luhmann. Die Gesellschaft der Gesellschaft, Frankfurt a. M. 1997, S. 205-315.

schaft. Um Anschluss zu gewinnen, hat man sich also eher zu vernetzen als zu formieren. Die modernen Kommunikationsautomaten verdrahten das Individuum gleichsam mit der Gesellschaft, ohne dass die Kommunikation dafür des religiösen Umweges der Kommunion – d. h. der Vergemeinschaftung qua Kopräsenz – bedürfte. Die Verbindung zum Jenseits wird nicht länger durch die Theologie, sondern durch die Informatik vermittelt. Statt Gott anzurufen, drückt man emsig auf seinem Gerät herum. Transzendiert die Menschheit so womöglich allerorts die lokale Gegenwart, um ja nicht als nackte Seele vor Ort voll und ganz gegenwärtig zu sein? Was die gesellschaftliche Existenz betrifft, ist man jedenfalls kaum mehr *beisammen*, man ist stattdessen *online*. Gesellschaftliche Teilhabe bemisst sich entsprechend an der individuellen Beherzigung dessen, was »in« ist, sowie in der Meidung dessen, was »out« ist. Die Differenz von Achtung und Ächtung berührt daher heute weniger Fragen der kollektiven Moral, sie wird zunehmend zu einer Frage der Mode.

Die Dynamik der modernen Gesellschaft gestattet es längst nicht mehr, diese durch ein so statisches, vergangenheitsbezogenes Symbol, wie es das Totem war, hinreichend zu repräsentieren. Hierin unterscheiden sich auch andere religiöse oder politische Symbole – Kreuz, Wappen, Nationalflagge[20] – nicht grundlegend vom Totem. Der *Kommunikator*[21] jedoch – wenn man diesen Begriff einmal als Sammelbezeichnung für Kommunikationsgeräte jeglicher Art verwendet, denn im Grunde beginnt die moderne Kommunikationstechnologie mit der Erfindung des Buchdrucks, und bereits Zeitung und Fernseher symbolisieren die nunmehr *massenmedial* geprägte Öffentlichkeit, während Telefon und Post für die kommunikative *Verbindung* zwischen Abwesenden stehen, und beide Stränge laufen im modernen Kommunikationsgerät ja zusammen – der Kommunikator also verkörpert zugleich *technischen Fortschritt*, *organisierten Informationsfluss* und die (im Unterschied zu traditionellen Gesellschaften) auf ständige Neuerungen, Innovationen, Neuigkeiten, Reformen und Entdeckungen ausgerichtete *kollektive Sinnproduktion* in fast allen Bereichen der Gesellschaft.

Hatte das Totem Abstammung in Angehörigkeit übersetzt und damit das Symbol der *Mutter* in ein Symbol des *Kollektivs* verwandelt, so kanalisiert der Kommunikator die allgemeine Aufmerksamkeit anhand des Codes in/out und transformiert somit unversehens das *Gesellschaftssymbol* in ein *Statussymbol*. Er transportiert nun nicht mehr nur gemeinsame Traditionen, bestärkt den gemeinschaftlichen Zusammenhalt und beschwört ein kollektives Ideal, vielmehr zeigt

---

20 Eine seltene Ausnahme bildet in diesem Zusammenhang die brasilianische Flagge, die aufgrund ihres Bezugs auf die Soziologie Auguste Comtes die Welt symbolisch unter das Banner »Ordnung und Fortschritt« stellt und damit Statik und Dynamik miteinander verbindet.

21 Diesen aus der Science-Fiction-Serie Star Trek entlehnten Begriff (original: Communicator) zu verwenden ist insofern folgerichtig, als sich die ersten Mobiltelefone an der hier zuerst zum Ausdruck gebrachten Vision drahtloser Fernkommunikation orientierten.

der Kommunikator an, dass sein Träger die Zeichen der Zeit erkannt hat, im Zentrum des gesellschaftlichen Lebens steht und neue Standards setzt. Statt – wie früher – eine kollektive Identität und gemeinsame Werte über den Bezug auf die Vergangenheit zu vermitteln, gilt es gegenwärtig auf dem neuesten Stand zu sein, um ein allgemeinverständliches (wenn man so sagen darf: vulgäres) Weltbild bereitzustellen und (vorübergehend) überzeugende gesellschaftliche Ideale zu transportieren. Wer angesichts der allgemeinen Unübersichtlichkeit alles im Blick zu haben scheint, der vermag neue Maßstäbe zu setzen, denn auf ihn richten sich die Blicke, wenn es darum geht, Orientierungspunkte, Vorbilder und die neuesten Trends auszumachen. Über die modernste Technik, die besten Informationen und Verbindungen, die höhere Bildung zu verfügen bedeutet heute, zum Establishment, zur Elite oder gar zur Avantgarde gerechnet zu werden. Daher – und dies gilt genau genommen bereits für Adelsgesellschaften – repräsentieren in der modernen Gesellschaft im Übrigen manche Menschen die Gesellschaft mehr als andere, so dass man bspw. von einer »gesellschaftlichen Persönlichkeit«, einem »Menschen von Welt«, der »bürgerlichen Gesellschaft« oder der »High Society« spricht. Eine solche, praktisch unerreichbare (weil in die nahe Zukunft verlagerte) Kommunikator-Gesellschaft ist jedoch nun definitiv keine Gemeinschaft mehr.

Gleichwohl existieren zum einen auch in der modernen Gesellschaft faktisch noch Kollektivitäten unterschiedlichster Art und ist sogar zum anderen Gemeinschaft für die meisten Menschen offenbar nach wie vor unverzichtbar. Kollektive können in der modernen Gesellschaft ganz unterschiedliche Formen annehmen: So gibt es Freundeskreise und Peergroups, Clubs und Burschenschaften, Vereine und Parteien, Berufsstände und Interessenverbände, politische Gruppierungen und soziale Bewegungen, (religiöse) Gemeinden und (städtische) Kommunen, Nationen und Ethnien, und alle bedienen sich auf ihre Weise *symbolischer Mittel*, um Identität, Solidarität und Zugehörigkeit zu bekräftigen.

Während *Gesinnungsgemeinschaften* sich stärker über inhaltliche Belange definieren und daher großen Wert auf die symbolische Ausweisung einer adäquaten Einstellung legen, bestimmt die Mitgliedschaft in einem *Verein* sich vor allem anhand formaler Kriterien und schlägt sich somit symbolisch in Mitgliedsausweisen, Veranstaltungen und Funktionen nieder. Während *Traditionsbünde* ihre Geschichte betonen und folglich Urkunden, Trophäen und Jubiläen in den Vordergrund stellen, zehren *Bewegungen* eher von Utopien und bauen daher verstärkt auf symbolträchtige Aktionen in der Öffentlichkeit. Auch sonstige Institutionen aller Art – Bands wie Banden, Unternehmen und Universitäten – setzen auf öffentliche Präsenz: Vom Logo über Merchandising bis hin zum Corporate Design inszenieren sie sich anhand eines ganzen Systems aus Symbolen als soziales Kollektiv. Allerorts weisen sich Verbindungen und Allianzen, Konsumgruppen und Kohorten, Fangemeinden und Szenen symbolisch als Gemeinschaften aus.

Die im Zuge der kulturellen Entwicklung einsetzende »Kreuzung sozialer Kreise«[22] führt also mitnichten zu deren Auflösung. Versteht man – wie dies in der universitären Lehrbuchsoziologie üblich ist – unter Individualisierung die Tatsache, dass unter modernen Lebensbedingungen jedes Individuum auf seine eigene Weise multiple Gruppenidentitäten und eine Vielzahl von sozialen Rollen miteinander zu vereinbaren hat, dann geht eine zunehmende Individualisierung nicht automatisch auf Kosten eines Bedeutungsverlustes der Gemeinschaft. Das Gefühl der Zugehörigkeit zu einer bestimmten Gruppe, die Identifikation mit kollektiven Idealen und die gemeinsame Erfahrung von Gemeinschaftlichkeit scheinen gar derart wichtig zu sein, dass oft die zweifelhaftesten Kumpane, die fragwürdigsten Werte und die bizarrsten Anlässe genügen, um dem Bedürfnis danach vorbehaltlos nachzugeben.

Vielfach sind weder die Mitglieder, noch die Ideale und Praktiken vorab gegeben, sondern werden eigens inszeniert, um Gemeinschaftlichkeit künstlich zu schaffen. Man rottet sich mit irgendwem zusammen, um nur in irgendeiner Hinsicht gemeinsame Sache zu machen, den Rausch der Massenekstase zu erfahren und an was auch immer glauben zu können. Die Menschen gehören ja nicht mehr von Haus aus einer Gemeinschaft an, sie müssen sich diese vielmehr selbst schaffen. Da man nicht mehr in eine natürliche Gemeinschaft hinein geboren wird, muss eine solche erst gesucht oder qua Vergemeinschaftung aktiv erzeugt werden. An die Stelle des *Klans* tritt in der Moderne so gesehen die *Selbsthilfegruppe*.

Den unterschiedlichen Bedürfnissen entsprechend gibt es hier die verschiedensten Varianten. Die einen möchten »Teil einer Jugendbewegung sein« (Tocotronic), die anderen schlicht dabei sein, wo etwas los ist. Wem es auf moralische Ideale und eine offensive Positionierung gegenüber dem gesellschaftlichen Establishment ankommt, der wird sich eher einer sozialen Bewegung verbunden fühlen. Wem es dagegen mehr auf die kollektive Praxis ankommt, den mag es zu rituellen Spektakeln hinziehen, wie sie im Kontext von Fußballspielen, Rockfestivals oder Rockertreffen stattfinden. Wieder andere werden das gemeinsame Beisammensein mit vertrauten Personen suchen und daher die angestammte Gemeinschaft am Stammtisch, beim Kegelabend oder zur Skatrunde zu schätzen wissen.

---

22 Die Formulierung spielt auf den vielzitierten Essay eines Philosophen an, der aufgrund seiner feinsinnigen, zugleich aber logisch-analytisch nur mäßig anspruchsvollen Ausführungen vor allem im akademischen Lehrbetrieb der Soziologie gerne als Referenz herangezogen wird. Vgl. Georg Simmel: Die Kreuzung sozialer Kreise, in: Soziologie. Untersuchungen über die Formen der Vergesellschaftung, Frankfurt a. M. 1992, S. 456-511.

Bei aller Vielfalt gilt durchweg: Verbrüdern kann man sich am besten, indem man sich abhebt. Da sowohl die Authentizität der vertretenen Ideale und Attitüden, als auch die Vertrauenswürdigkeit der Zechbrüder und Genossen, sowie die wirkliche Hingabe des Einzelnen an die gemeinsame Sache oftmals fragwürdig zu werden drohen, kann die Gemeinschaft gerade dort, wo Loyalität und Integration einer situativen Bewährungsprobe unterworfen werden, mittels unsittlichem Benehmen, auffälligem Auftreten, unmöglichen Outfits, Grölgesängen und anderen Provokationen durch die Abgrenzung zum Rest der Welt symbolisch herausgehoben werden. Auf Außenstehende machen Gemeinschaften daher oft einen unangenehmen, wenn nicht sogar gefährlichen Eindruck.

Doch es geht zweifellos auch kultivierter, indem eine Gemeinschaft sich zum Beispiel in Form von ungewöhnlicher Freundlichkeit, Sittenstrenge, Enthaltsamkeit von der Masse abzuheben sucht – man denke nur an gewisse Sekten oder kleinbürgerlich geprägte Siedlungen. Und selbst dies kann Fremden und Skeptikern wiederum suspekt, befremdlich, ja unerträglich erscheinen. In jedem Falle gilt: Das Lächeln der Mormonen und die Pöbeleien der Straßenpunks sind so gesehen funktionale Äquivalente.

Die diversen symbolischen Formen, welche in der einen oder anderen Weise im Zusammenhang mit Gemeinschaftlichkeit stehen, lassen sich in Analogie zum Totem im Hinblick auf die Korrespondenz zwischen Bildsymbolen, Mythen und Ritualen betrachten. Dabei fällt auf, dass diese drei – im Totem noch vereinten – Symboldimensionen sich unschwer den oben unterschiedenen Typen sozialer Gebilde zuordnen lassen: *Institutionen* arbeiten vorzugsweise mit bildlichen Symbolen, *Kulturbereiche* mit Mythen und *soziale Orte* mit Ritualen. Betrachten wir unter diesem Gesichtspunkt vergemeinschaftende Rituale (a), Bilder (b) und Mythen (c) im Einzelnen etwas genauer.

a) Bereits bei archaischen Totemkulturen sind zyklisch stattfindende Kulte, zu denen die ansonsten oft weit verstreuten Mitglieder des Klans zusammenströmen, ein wesentlicher Bestandteil des sozialen Lebens. Die Zusammenkunft als solche trägt dabei selbst schon symbolischen Charakter, wie ja überhaupt der Weg zu einer Pilgerstätte typisch bereits ein bedeutsamer Teil des Zeremoniells ist. In diesem Sinne können sicher auch ganz profane Gänge wie der tägliche Schulweg, der wöchentliche Gang in die Disko oder ins Stadion, sofern sie zur kollektiven Routine werden, einen quasirituellen Charakter annehmen. Der Vorgang des zusammen-Kommens führt die Beteiligten nicht nur in räumlicher Hinsicht zueinander, er vereint sie auch im Geiste und bestärkt so die Identifikation mit dem gemeinsamen Ziel.

Wenngleich ereignishafte Unternehmungen wie Wanderungen, Exkursionen oder Betriebsausflüge symbolisch den Weg zum Ziel werden lassen können, setzen kollektive Rituale in der Regel die Anwesenheit an einem bestimmten, festen Ort voraus. Sie finden schließlich an konkreten Treffpunkten, in Lokalen, auf Plätzen statt; ja oft macht erst die ritualisierte Zusammenkunft den Charakter eines sozialen Ortes (als Besprechungsraum, Wohnzimmer, Aula, Festplatz, Kongresshalle) überhaupt aus. Der Ort wird dann selbst zu einem Symbol der betreffenden sozialen Kreise.

Umgekehrt stimuliert die Existenz sozialer Orte aber auch eigens die Veranstaltung ritueller Zeremonien. Hiermit ist nicht nur gemeint, dass etwaige Räumlichkeiten von den bestehenden Gemeinschaften gerne genutzt werden. Das alltägliche Aufeinandertreffen von Menschen *verlangt* regelrecht – im Namen des sozialen Friedens – nach periodischen Ritualen der Vergemeinschaftung. Durch die Einbeziehung aller Anwesenden werden diese hierbei symbolisch integriert, so etwa durch eine *Voll*versammlung, einen Gesprächs*kreis* oder eine *Runde* Wodka (deren materielle Auswirkungen hingegen meist nicht allzu konstruktiv sind).

Vergemeinschaftungsrituale vereinen jedoch nicht nur alle Beteiligten, sie spiegeln auch das Selbstverständnis eines Systems als sozialer Ordnung. Als Kehrseite der Integration aller als Gleiche unter Gleichen kommen ihnen auch interne Differenzen zum Vorschein. Im Ritual bildet sich (oft auch hinter dem Rücken der Teilnehmer) in raffinierter Weise die Realität ab. Die Gruppierung und Rollenverteilung im Rahmen des Rituals – die Sitzordnung, die Folge der Trinksprüche, die beanspruchte Redezeit usw. – lässt sich wie eine systemische Aufstellung lesen: Sie symbolisiert die realen sozialen Beziehungen zwischen den Beteiligten und macht so ihre unterschiedlichen Positionen innerhalb des umfassenden Systems sichtbar. Welche komplexe symbolische Bedeutung die räumliche Struktur eines rituellen Ortes haben kann, ist namentlich von Ethnologen verschiedentlich vorgeführt worden.[23] Ebenso geben aber auch zeitgenössische Gruppenrituale aller Art jeweils ein deutliches Bild der Verhältnisse, sind doch nur solche zeremoniellen Vorgehensweisen intuitiv plausibel, die im Einklang mit idealisierten Versionen der Gemeinschaft stehen.[24]

b) Dessen ungeachtet muss man sagen: Als bildliches Symbol gesehen ist die moderne Form des Totems zweifellos das *Logo*. Hierbei handelt es sich – nur um dies noch einmal vor Augen zu führen – gewöhnlich um eine zweidimensionale Figur, die für eine Institution und ihre Mitglieder steht und auf diversen Objekten oder aber an Orten mit hohem Identifikationswert prangt. Logos ordnen singuläre Begebenheiten, Instrumente und Personen in den Kontext einer Institution ein

---

23 So beschreibt Victor Turner exemplarisch die Einzelheiten eines Fruchtbarkeitsrituals der Ndembu, bei der nicht nur die Anordnung von speziellen Laubhütten, Gruben und Feuern von Bedeutung sind, sondern auch die Platzierung der Protagonisten und Zuschauer, der Männer und Frauen usw. Vgl. Victor Turner: Das Ritual. Struktur und Antistruktur, Frankfurt a. M. 2005.

24 Daher eignen sich im Übrigen Gruppenfotos so ausgezeichnet als (qualitative) Materialgrundlage zur hermeneutischen Analyse systeminterner Beziehungsstrukturen. Ob diese nun bei Festivitäten als »Schnappschuss« aufgenommen wurden oder »gestellt« sind – in jedem Falle liegt hier in gewisser Weise ein ritueller Kontext vor.

und schärfen so das Bewusstsein für die wirkmächtige Existenz der jeweiligen sozialen Einheit.

Vor allem größere Organisationen können ihre Anhängerschaft heute kaum noch im Rahmen eines einzelnen Ereignisses zu einer umfassenden Aktion zusammenführen. Wenngleich es neben Volksfesten und anderen Großveranstaltungen durch die modernen Massenmedien vielfältige Möglichkeiten gibt, gigantische Menschenmassen miteinander interagieren zu lassen, so scheint es doch für Großkonzerne, ja selbst für Universitäten eher unrealistisch, die Identifikation ihres Personals mit der Institution allein über vergemeinschaftende Rituale zu gewährleisten. Auch Außenstehende, Kunden, Besucher usw. bekommen solche Einrichtungen stets nur partiell zu Gesicht. Allein in ihren Logos werden diese zumindest symbolisch als Kollektivakteur sichtbar. Jedenfalls erlauben Logos es einer Institution, auch unter Bedingungen der mehrheitlichen Abwesenheit als Ganze präsent zu bleiben. Wie von einem Stammesmal gezeichnet weisen ihre Repräsentanten und ihr Inventar sich durch sie als Bestandteil einer umfassenderen sozialen Ordnung aus.

Wenngleich Logos normalerweise keinerlei magische Wirkung zugesprochen wird, sind sie dennoch erstaunlich verbreitet. Auf Bannern und Schildern markiert das Logo Veranstaltungen und Residenzen als Bestandteil der betreffenden Institution. Auf T-Shirts, Kugelschreibern oder Maus-Unterlagen dient es der Identifikation von Mitgliedern und Sympathisanten. Als Briefkopf, Aufkleber oder Hintergrundbild verwendet, wird das Logo zugleich zu einem Statussymbol. Nach innen hin verkörpert es indessen die kollektive Identität der Institution, die sich in dieser Hinsicht als Gemeinschaft versteht und als kollektiver Akteur agiert.

Eine ganz ähnliche Funktion haben im Übrigen auch *Maskottchen*, bei denen es sich überdies wie im Falle des Totems zumeist um Tiere handelt. Durch sie wird das soziale Gebilde, für das sie stehen, personifiziert. Maskottchen können im Unterschied zum Logo eine dreidimensionale Gestalt annehmen und daher im realen Raum präsent sein, sodass sie sich aktiv in etwaige rituelle Zeremonien einbinden lassen. Allerdings scheint es bei herkömmlichen Logos leichter möglich zu sein, im grafischen Design zugleich ein korporatives Leitbild zu stilisieren. Während ein Totemtier ja immer nur in abstrakter Weise als Bild der Gemeinschaft dienen konnte, drückt das Logo meist auch in seiner konkreten Form das Selbstverständnis der zugehörigen Institution aus. Hatte das Totem vorrangig für den gemeinsamen Ursprung der Mitglieder eines Klans gestanden, so hebt ein Logo somit viel stärker die Gegenwartsaspekte einer kollektiven Identität heraus.

c) Viele Institutionen definieren sich jedoch auch heute noch über ihre Vergangenheit. In Vitrinen und an den Wänden wird diese symbolisch festgehalten, vor Ort präsentiert und mythisch verklärt. Die Geschichte ist im »kollektiven Gedächtnis«[25] präsent, sie wird mehr oder weniger aktiv bewahrt und gepflegt. Hierzu werden Narrative verschiedenster Art bemüht. Man gibt Gründungsmythen wieder, erzählt Anekdoten aus ältester Zeit und erinnert an gemeinsame Erlebnisse. Wenn es um die Verortung innerhalb der Gesellschaft geht, werden zudem abstrakte Ideale (Bildung, Fortschritt, Verantwortung) beschworen und universelle Formeln wie »Gerechtigkeit«, »Wahrheit« oder »Gott« benutzt, die in einem allgemeineren Sinne kulturell verankert sind. Das institutionelle Gedächtnis ist insofern immer eingebettet in ein umfassenderes »kulturelles Gedächtnis«[26], das in der Moderne vor allem durch die Massenmedien getragen wird.

Die von diesen übermittelten Informationen zehren durchweg vom Selbstverständnis kultureller Sphären wie Politik, Wissenschaft und Recht als gemeinschaftlichen Praktiken, durch die politische Lösungen für kollektive Probleme gefunden, wissenschaftliche Erkenntnisse von allgemeinem Nutzen gewonnen, im Namen des Volkes juristische Urteile gefällt werden usw. In ethischen Diskursen und rationalen Debatten, in fairem Wettkampf und nach bestem Wissen und Gewissen sollen angeblich Übereinkünfte erzielt werden können, die aufgrund ihres legitimen Zustandekommens von allen Beteiligten zu akzeptieren sind.[27] Die modernen Mythen des wissenschaftlichen Fortschritts, des leistungsbasierten Wohlstands oder der demokratischen Willensbildung leben dabei von einem kommunikativ immer wieder aufgefrischten Geschichtsverständnis. Dieses beinhaltet symbolträchtige Ereignisse (die Entdeckung Amerikas, die Französische Revolution, die Wiedervereinigung) sowie zu Ikonen verklärte Personen der Vergangenheit (Lincoln, Bismarck und Luxemburg; Newton, Darwin und Einstein), welche zu einem gemeinsamen Horizont des Halbwissens zusammengezogen werden. ... Doch der symbolischen Konstitution des modernen Weltbildes soll im Folgenden ein eigenes Kapitel gewidmet werden.

---

[25] Maurice Halbwachs: Das Gedächtnis und seine sozialen Bedingungen, Frankfurt a. M. 1985

[26] Jan Assmann: Das kulturelle Gedächtnis. Schrift. Erinnerung und politische Identität in frühen Hochkulturen, München 1999.

[27] Der Philosoph Jürgen Habermas hat sich darum verdient gemacht, diese Imagination in ein akademisches Gewand aus zahlreichen Büchern zu kleiden und ihr damit eine philosophische Begründung zu geben.

Schaubild 5: Schematische Zusammenfassung des Gedankenganges

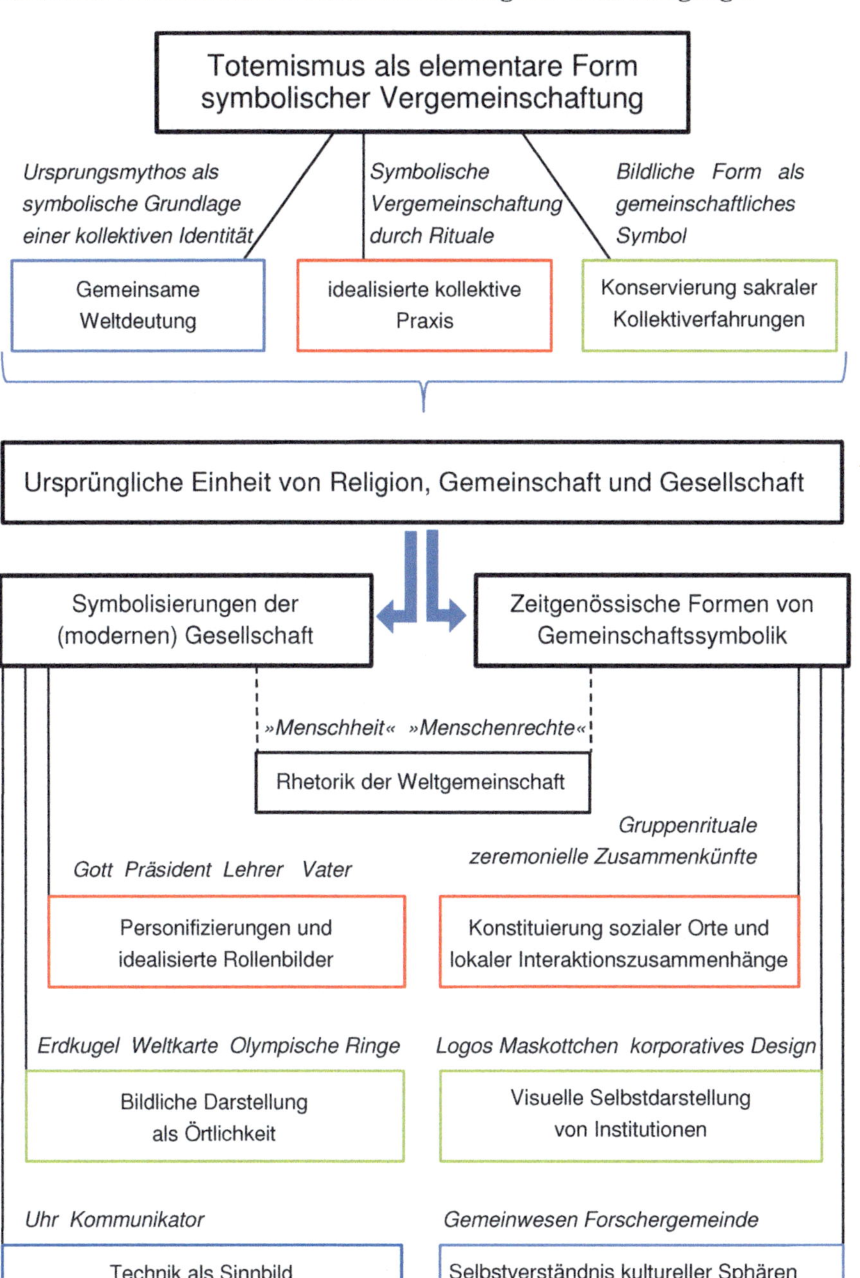

7 *Mythen, Metaphern, Medienereignisse.* Weltbilder

Was sagen uns griechische Götter, das Nibelungenlied oder die Dramen von Shakespeare? Inwiefern lehren religiöse Überlieferungen und Kunstwerke etwas über das Leben? Wie sonst bringt man in Erfahrung, was die Menschen weltweit bewegt; und welche Bedeutung haben hierbei Werbung, Unterhaltung und die medialen Inszenierungen von Politik, von Wissenschaft, von sozialen Einrichtungen jeglichen Typs? Kurz: Wie ist unser Wissen über die soziale Wirklichkeit beschaffen? Wie können wir überhaupt zu wissen glauben, was hienieden vorgeht?

Von klein auf wird die Welt beschönigt. Man präsentiert uns vereinfachte Versionen des Geschehens, und wir wähnen uns aufgehoben und geborgen in einer halbwegs heilen Welt (in der wir prompt unsere Ansprüche anzumelden beginnen). Für Kinder kommen Lebensmittel noch vom Bauernhof, wo die Sommersonne auf saftige Blumenwiesen scheint. So erklärt man es ihnen, so zeigen es die Bilder, so lehrt es das Spielzeug. Ja, man könnte fast meinen, es verberge sich hinter sämtlichen Erziehungsbemühungen eine konzertierte Imagekampagne für die menschliche Zivilisation.

Auch in der Werbung (dies gilt für jegliche zum Verzehr bestimmten Produkte) wird die Industrialisierung der Landwirtschaft tunlichst ausgeblendet. Im Zuge von Vermarktung und Bedarfslenkung[1] wird die Gesellschaft stattdessen durch glanzvolle Abbilder ihrer selbst angereichert. In den abgebildeten Szenen werden zeitgemäße Lebensstile vorgeführt und dem Betrachter damit Möglichkeiten der Gestaltung eines gelungenen Lebens unter den »unmittelbar vorgefundenen, gegebenen und überlieferten Umständen«[2] aufgezeigt. Die hierbei verwendeten Bühnenbilder bedienen indes billigste Klischees, alle Motive werden in vorteilhaftes Licht gerückt, jegliche Makel retuschiert. Das Märchenreich der

---

1 Der Philosoph Günter Anders geht sogar so weit, die massenmediale Herstellung ökonomischer Bedürfnisse durch Reklame als zweite industrielle Revolution zu bezeichnen. Günter Anders: Die Antiquiertheit des Menschen, München 1956.

2 Diese berühmte, eigentlich kollektivistisch, weil politisch gemeinte Formulierung von Marx (vgl. Karl Marx: Der achtzehnte Brumaire des Louis Bonaparte. MEW, Bd. 8, Berlin 1969, S. 115) bekommt im ökonomischen Zusammenhang in der Tat eine individualistische Note, da der Konsument sich sinnlogisch ja primär seine je eigene Welt gestaltet.

Reklame sticht deshalb allerorts grell aus den schmutzigen Geschäftspassagen der Städte, den staubigen Kulissen der Dörfer heraus.

Wenn der ländliche Raum sich überraschend doch einmal von seiner idyllischen Seite zeigt, dann bietet sich ein »Schauspiel«, man heißt es »traumhaft«, »göttlich«, »wie im Bilderbuch«, und es werden sogleich Fotos gemacht und von Nostalgie triefende Ölgemälde verfertigt, welche sich wie warme Semmeln an die Touristen verkaufen. (Der Urlauber möchte schließlich ein Bildnis mitnehmen, keine Einsichten.) Im Gegensatz zu Prospekten und Reiseführern wirkt die Wirklichkeit meist öde und ärmlich, sofern es nicht gelingt, sie dem klischeeträchtigen Bild von ihr anzugleichen, das in den Köpfen des Publikums herumspukt, weil es in der wildgewachsenen Datenbank des kollektiven Halbwissens frei verfügbar ist. Ähnliches gilt auch für Popstars und Künstler, für die Vorgänge in wissenschaftlichen Laboren[3] wie für Politik und Wirtschaft: Die Realität hinkt dem Ideal hinterher, oder sie tut doch zumindest so. Mit symbolisch überzeichnetem Antlitz wird sie vielfach zur Karikatur ihrer selbst.

Die Vorstellung, welche sich die Menschen von der Gesellschaft machen, entspricht nur begrenzt der Realität, wie sie von ausgebufften Insidern, teilnehmenden Beobachtern und kritischen Soziologen erfahren wird, die mitunter zumindest eine ungefähre Ahnung davon bekommen dürften, was wirklich los ist. Manches ist schlimmer, anderes schlicht anders als man denkt, und doch wird diese soziale Realität maßgeblich durch die naiven, verklärten, schemenhaften Vorstellungen, die wir Laien, Novizen und Idealisten von ihr haben, getragen. Diese Vorstellungen werden oft selbst dann noch aufrechterhalten, wenn die erlebte Realität ihnen offensichtlich zuwiderläuft. Man fühlt sich zu müde, zu inkompetent und unkonzentriert, um die Vorgänge angemessen zu erfassen, schiebt die Schuld den amtierenden Eliten, den Vorgängern und Vorläufern, den lokalen Verhältnissen zu, glaubt nur zu gern den Versicherungen offizieller Sprecher, es handele sich bei diesem oder jenem Skandal um einen Einzelfall.

Das soll Kunst, das soll Wissenschaft sein? – fragt man erstaunt, ohne sein Kunst-, sein Wissenschaftsverständnis selbst in Frage zu stellen. Die Enttäuschung bezieht sich dann allenfalls auf das konkrete Erlebnis, nicht jedoch auf den allgemeinen Begriff, sie mündet mitnichten in einer grundlegenden Desillusionierung. Modelle der sozialen Wirklichkeit scheinen vielfach resistent gegenüber empirischen Beobachtungen zu sein.[4] Sie sind gleichsam die Brille, nicht das Bild; sie sind der Maßstab, nicht das Messergebnis. Kurz: Theorie und Praxis erweisen sich als zwei getrennte Sphären. Die Ideale führen ein Eigenleben.

---

3 Vgl. Karin Knorr-Cetina: Die Fabrikation von Erkenntnis. Zur Anthropologie der Naturwissenschaft, Frankfurt a. M. 1984.

4 Ähnlich auch Williard v. O. Quine. Wort und Gegenstand, Stuttgart 1980.

Dies bedeutet jedoch nicht, dass es sich hierbei schlicht um verworrene Hirngespinste und verbreitete Irrtümer handelte, die gegebenenfalls einfach aufzuklären wären. Es heißt also keineswegs, dass der Geist seinem Wesen nach lediglich ein unvollkommenes, verzerrtes Porträt des Weltenkörpers biete, dass er bloße Repräsentation der Wirklichkeit und damit gewissermaßen weniger real wäre als die Materie. Im Gegenteil: Unter Berufung auf den großen Platon ließe sich sogar behaupten, dass gerade in Bereichen wie Wissenschaft, Kunst, Religion und Politik die Idee das eigentliche Sein sei, und nicht die tatsächlich wahrnehmbaren Phänomene einer mehr oder weniger korrupten Praxis. Es genügt so gesehen schon, dass die Unvollkommenheit der Realität auf eine Idee der Perfektion verweist. Mit anderen Worten: Das Unzulängliche verkürzt das Großartige auf ein symbolisches Handtaschenformat und kann so zu dessen schnellfüßigem Boten werden. Denn eines ist wohl klar: Die Wirklichkeit beruft sich ständig auf Ideen, und sie ruft diese Ideen umgekehrt selbst hervor. Wenn es also gewisse Diskrepanzen zwischen Theorie und Praxis gibt, dann muss dies nicht zwangsläufig bedeuten, dass entweder die Theorie oder die Praxis falsch sein müssen. Vielleicht ist dies die einzige Weise, auf welche (höhere) Ideen überhaupt verwirklicht werden: indem sie wirken und im Geiste fortleben.

Ganz grundsätzlich ist in jedem Falle festzustellen: Alles Handeln ist sinnhaft.[5] Es mag ohne Zweck sein, jedoch nie ohne Sinn. Stets verbinden sich bestimmte Ansichten und Annahmen über die Welt mit ihm, immer basiert es auf irgendwelchen Glaubensvorstellungen und Wertideen. Selbst der abgeklärteste Realismus beruht letztlich auf einem Ideal, das aus dem abendländischen Geiste des Rationalismus geboren wurde. Der sogenannte Realist ist so gesehen nichts anderes als ein Spezialist der symbolischen Interaktion, der die paradoxe Haltung praktiziert, die Welt aktiv zu gestalten, indem er die bestehenden Verhältnisse akzeptiert (und zwar akzeptiert er sie so, wie sie eben durch die geltenden kommunikativen Konventionen des Realismus beschrieben werden).

Umgekehrt gilt jedoch auch: Das geistige Auge liest stets die Welt, auch falls es sich nicht unmittelbar auf dessen Frontseite richtet. Ideenschau ist Lebensvollzug – ob der Geist nun die Auserwählten einzeln erleuchtet oder ob er sich kollektiv als Zeitgeist offenbart und im schönen Schein sozialer Inszenierungen öffentlich manifestiert. Fantasien, Träume und Utopien sind ein essentieller Bestandteil des kulturellen Lebens. So sehr sie manchmal auch als Formen der Flucht vor der Wirklichkeit erscheinen mögen, dienen sie doch durchweg der Verarbeitung vergangener Erfahrungen, der Einschätzung aktueller Situationen und der Projektion möglicher Zukunftsszenarien.

---

5 Der Heilige Vater der Soziologenzunft und altvorderster ihrer Honoratioren hieß das Fach bekanntlich gar »eine Wissenschaft, welche soziales Handeln deutend verstehen will.« Vgl. Max Weber: Wirtschaft und Gesellschaft, Tübingen 1980, S. 1.

Idealismus muss also nicht zwangsläufig realitätsfremd sein, wenngleich wohl die wenigsten Weltanschauungen tatsächlich idealistisch in dem Sinne sind, dass sie im Mangelhaften dessen wahre Wesenszüge zu erkennen meinen. Vielfach überwiegen Kritik und negative Einstellungen das »positive« Denken. Oftmals spricht aus der Sicht auf die Dinge jene kollektive Verbitterung, welche aus den im Laufe des Lebens erfahrenen und wechselseitig zugefügten Demütigungen erwächst, oder zeugen die bekundeten Ansichten von der überheblichen Selbstgefälligkeit etablierter Machtkartelle. So oder so ist es gleichwohl jeweils ein bestimmtes Weltbild, welches das individuelle Handeln bestimmt und dieses Weltbild dadurch umgekehrt wiederum bestärken mag.

Woher aber beziehen wir unsere Vorstellungen über die Welt? Wie gewinnen wir unsere Ideen vom Großen und Ganzen, wo doch für die eigene Erfahrung immer nur das Kleine und Partikuläre erreichbar ist? Angesichts ihrer Hartnäckigkeit und kollektiven Verbreitung kann die Antwort wohl nur lauten, dass diese Ideen der Gesellschaft selbst entnommen werden, ob sie nun – dem wird genauer nachzugehen sein – in der sozialen Praxis implizit enthalten sind oder aber den Menschen über separate Kanäle und Medien vermittelt werden. Im Folgenden gilt es vor allem zu klären, inwiefern die betreffende – im wahrsten Sinne: *Ideologie* symbolisch vermittelt wird, also anders gesagt: inwieweit die soziale Welt sich uns anhand von Symbolen zu verstehen gibt.

Im Anschluss an die Betrachtungen des letzten Kapitels bietet es sich an, mit den symbolischen *Selbstbeschreibungen* sozialer Kreise, gesellschaftlicher Einrichtungen und kultureller Sphären zu beginnen. Soziale Einheiten aller Art, so hat unsere Betrachtung der Gemeinschaftssymbole gezeigt, stellen sich uns vorzugsweise als ein »Wir« dar. In Städten und Staaten, Ständen und Szenen wird Identität erzeugt, indem symbolisch Gemeinschaftlichkeit vorgegaukelt wird.

Dies gilt – was deren öffentliche Kommunikation betrifft – sogar für ganze *Gesellschaftsbereiche*: Die Politik versteht sich als Volksherrschaft und beansprucht das Gemeinwohl zu befördern, die Wirtschaft unterstellt einen fairen Wettbewerb und beruft sich auf den hervorgebrachten allgemeinen Wohlstand, die Wissenschaft wendet sich an die Forschergemeinde und bezieht sich auf ein kollektives Wissen, das Rechtssystem urteilt »im Namen des Volkes« und appelliert an die Sittlichkeit.

Gesellschaftliche Gebilde dieses Typs sind jedoch schon insofern keine *wirklichen* Gemeinschaften, als sie nicht durch einen festen Kreis von Mitgliedern – etwa »geborenen« Politikern, Ökonomen, Wissenschaftlern bzw. Juristen – definiert sind, sondern sich ihre Einheit vielmehr aus bestimmten formalen Merkmalen ableitet.[6] Was sich *Volks*wirtschaft nennt, das kann aus kritischer Sicht durch skrupellosen Monopolkapitalismus geprägt sein; und auch eine Diktatur kann sich selbst dreist als Demokratie bezeichnen. Selbstbeschreibung und tatsächliche Verfassung (oder vorsichtiger formuliert: soziologische Fremdbeschreibung) müssen also keineswegs übereinstimmen.

Die genannten Systeme[7] beziehen ihre Identität gleichwohl jeweils aus einem bestimmten *Selbstverständnis*, aus ihrem – wenn man so will – Mythos, d. h. einer kommunikativ immer wieder bemühten Formel (die »Markwirtschaft«, die »Demokratie«, die »Forschung«, der »Rechtstaat«), mit der eine Reihe von Vorstellungen und Ideen verbunden sind, von denen die erwähnte Gemeinschaftlichkeit nur eine ist. Sie leben von einem Glauben, der durch die beteiligten Akteure zumindest halbherzig übernommen und – wenigstens im offiziellen Gebaren – gegenseitig unterstellt wird. (Allerdings gibt es auch die Rolle der Sündenböcke, denen eine systemkonforme Einstellung explizit abgesprochen wird, so etwa in der frühen Neuzeit Hexen und Ketzern, heute aber eher bestimmten Parteien wie den Grünen oder der Linkspartei. Auch Soziologen gegenüber wird gelegentlich der Vorwurf geäußert, ihr Treiben sei unwissenschaftlich, dies zumeist jedoch mit dem Effekt einer moralischen Eskalation, die dann den wissenschaftlichen Routinebetrieb sprengt.)

Dieser vorgebliche Glaube betrifft weniger die wirklichen Einstellungen und innersten Überzeugungen der Beteiligten, er entspringt vielmehr der praktischen Notwendigkeit, in sozialen Situationen eine mit den jeweiligen Rollenerwartungen konforme Perspektive einzunehmen. Der Bezug auf einen allgemein akzeptierten Mythos gehört zu jenen kulturell etablierten Umgangsformen, die sich gerade im Umgang mit kritischen Momenten immer wieder bewähren. In Notsituationen bedarf es klarer und verständlicher Signale, sind in kommunikativer Hinsicht anstelle umständlicher Überlegungen vertraute Floskeln angesagt. Der Rückgriff auf den Mythos ermöglicht es, im Krisenfall symbolisch an der bestehenden sozialen Ordnung festzuhalten und auf diese Weise selbst Halt zu gewinnen, sei es nun als Kritiker oder als Repräsentant, als Laie oder als Experte. In diesem Sinne lassen sich die mit den gesellschaftlichen Funktionssystemen verbundenen Mythen mit Niklas Luhmann als »Kontingenzformeln« begreifen, welche soziale Komplexität reduzieren, indem sie das berechtigte Misstrauen

---

[6] Zu nennen wären aus systemtheoretischer Sicht bspw. Erfolgsmedien wie Macht, Geld, Wahrheit bzw. Gesetze und den entsprechenden kommunikativen »Codes«. Auch wenn innerhalb der akademischen Welt keine Einigkeit über solche theoretischen Kategorien besteht (scheinbar gibt es noch nicht einmal großes Interesse an einer diesbezüglichen Diskussion), so wird doch wohl gemeinhin anerkannt, dass die Entwicklungen in diesen Bereichen einer gewissen Eigenlogik unterliegen, die über gemeinschaftliches Handeln hinausgeht.

[7] Im Sinne von Niklas Luhmann: Soziale Systeme, Frankfurt a. M. 1984.

gegenüber egoistischen Individuen und korrupten Institutionen durch das Vertrauen in die grundsätzliche Integrität des Systems kompensieren.[8]

Die Mythen der Moderne sind daher eher *rhetorische Formeln* als verbindliche Versionen der Wirklichkeit. Sie beinhalten keine als unumstößliche Wahrheit akzeptierte Erzählung, sondern werden schlicht immer wieder bemüht, wenn es um die Deutung der gesellschaftlichen Ordnung im Kontext realer Situationen geht.[9] Ob in Ansprachen oder Sprechchören, Programmen oder Petitionen, Hymnen oder Protestliedern, bei Festakten oder Demonstrationen, auf Bannern oder Transparenten: angesichts komplexer Probleme bedarf es in der Praxis stets einfacher und eingängiger Formeln, um überhaupt sinnvoll anschließen zu können. Was soll man als Richter, Präsident, Professor oder Bischof, als Bankvorstand, Betriebsrat, Gewerkschafts- oder Versicherungsvertreter schließlich anderes sagen als das, was eben sagbar ist? Was kann man als Kritiker, Autonome, Rebell oder Jugend, als Opposition, soziale Bewegung, fundamentalistische Sekte oder Terrorgruppe schon anderes fordern als eben: das Übliche. Den Fragwürdigkeiten der Realität wird seit jeher mit den vertrauten Antworten begegnet, die das kulturelle Gedächtnis jeweils bereithält. So gesehen ist der bekundete Glaube an das Gute im Menschen, den Forschungserfolg, den kommenden Aufschwung, den Endsieg ebensowenig verwunderlich, wie der vermeintliche Aberglaube archaischer Völker, ihr Glaube an Magie, höhere Mächte und Wunder. Der Mythos setzt dem Chaos der Welt immerhin eine symbolische Ordnung entgegen, die der geistigen Orientierung ebenso wie der kommunikativen Behandlung komplexer Zustände dient.

Moderne Mythen handeln jedoch nicht von Göttern, Ahnen und Fabelwesen. Sie beinhalten idealisierende Selbstbeschreibungen gesellschaftlicher Strukturen, die sich in Schlagwörtern und Phrasen, Metaphern und Klischees, Erwartungen und Assoziationen niederschlagen, denn in der öffentlichen Kommunikation wird ja immer zugleich gesellschaftliche Wirklichkeit geschaffen. Die Gesellschaft ist schließlich für die Menschen zuvorderst das, was durch diese Gesellschaft als gesellschaftliche Wirklichkeit konstruiert wird.[10] Dies geschieht freilich nicht nur durch die Sprache allein, sondern auch über Bilder und Design, mittels Architektur und Gebaren. Wie die archaischen Mythen neben ihrer mündlichen Überlieferung in Malerei und Liedern, in Form von Skulpturen und

---

8 Vgl. hierzu insbesondere auch Niklas Luhmann: Vertrauen. Ein Mechanismus der Reduktion sozialer Komplexität, Stuttgart 1968.

9 Wenn Philosophen vom Ende der großen Erzählungen (Lyotard) sprechen, dann verkennen sie leicht den pragmatischen Charakter solcher Narrative. Wie die archaische Mythologie eher als ein symbolisch verfasstes Weltbild denn als rationale Erklärung zu verstehen ist, so geht es auch in der Gegenwartsgesellschaft den wenigsten Menschen darum, den Dingen wirklich auf den Grund zu gehen.

10 Vgl. Peter Berger/Thomas Luckmann: Die gesellschaftliche Konstruktion der Wirklichkeit.

Heiligtümern allerorts präsent sind, so materialisieren auch die Mythen der Moderne sich in multipler Gestalt.[11] Alles folgt dem Prinzip: Sichtbarkeit verschafft Geltung.

Das besagte Selbstverständnis wird an verschiedensten Stellen eigens zum Ausdruck gebracht. Ob Justizia mit Waage und Schwert am Kölner Rathaus oder die Freiheitsstatue vor New York, das Motto »Dem deutschen Volke« am Reichstag[12] oder die Toraufschrift »Arbeit macht frei« nationalsozialistischer Konzentrationslager – an exponierten Orten stehen Statuen, Büsten und Denkmäler, prangen Inschriften, Sinnsprüche, Slogans, finden sich Schautafeln, werden Leitbilder vorgestellt, ziehen Reklamen die Blicke auf sich.[13]

Die Selbstdarstellung gesellschaftlicher Einrichtungen wird in groß angelegtem Stile betrieben, denn zu einem integralen Stück der Gesellschaft wird nur das, was auf der gesellschaftlichen Bühne erfolgreich inszeniert wird. Man gibt zu erkennen, wie man gesehen werden will, und wird damit – solange das Bild nicht getrübt wird – zu dem, was man zu sein beansprucht. Was man für die Öffentlichkeit »ist«, das besteht schließlich aus nichts anderem als den Zuschreibungen des Publikums. Für den gemimtem Mythos gilt: Es steckt nicht notwendig wirklich etwas *dahinter*, das soziale Leben spielt sich vielmehr immer *vor* den mythischen Kulissen ab. Was jedoch jeweils gespielt wird, das bedarf einer symbolischen Rahmung, das wird angezeigt durch unverkennbare Markierungen, das wird bekundet mittels Floskeln und Leitsprüchen.

Doch die Kennzeichnung sozialer Praktiken erfolgt keineswegs ausschließlich in expliziter Form, also durch klare Ansagen und markante Symboliken, die eigens als solche zu erkennen sind und ganz offensichtlich etwas zu erkennen *geben*. Auch durch scheinbar Beiläufiges werden Vorstellungen vom Großen und Ganzen in Erinnerung gerufen. Im Selbstverständlichsten zeigt sich das Selbstverständnis meist am Deutlichsten, im kleinsten Detail offenbart sich oft das zugehörige Weltbild.

---

11 Zu Diskussion darüber, ob die soziale Welt grundsätzlich als Text zu begreifen sei, vgl. Detlev Garz/Klaus Kraimer: Die Welt als Text. Theorie, Kritik und Praxis der objektiven Hermeneutik, Frankfurt a. M. 1994.

12 Die symbolische Selbstdarstellung einer Institution lässt mitunter auch eine latente Gesinnung erkennen, die durchaus zum offiziellen Leitbild .im Widerspruch stehen kann. Hierzu vgl. die Interpretation zum autoritativen Dativ des Mottos »Dem deutschen Volke«, in der sich die Logik des Obrigkeitsstaates niederschlage Sascha Liebermann: Autonomie, Gemeinschaft, Initiative. Zur Bedingtheit eines bedingungslosen Grundeinkommens. Eine soziologische Rekonstruktion, Karlsruhe 2010, S. 22 ff.

13 Die resultierende symbolische Überformung des öffentlichen Raums war ja bereits Gegenstand von Kapitel 3 gewesen. Wir können uns daher damit begnügen, das Thema hier nur noch einmal kurz zu streifen.

In der Wissenschaft etwa fungiert gerade das Schlichteste als Sinnbild, weil dieses schlechthin zum Inbegriff wissenschaftlicher Rationalität wird. Instrumente, Grafiken und Formeln transportieren über ihren (oft zweifelhaften) Informationswert hinaus immer auch ein Bild des Wissens.[14] Sie zeugen von der objektiven Messbarkeit, der Quantifizierbarkeit und der Modellierbarkeit der Welt, wie immer diese selbst in Wahrheit beschaffen sein mag. Insofern sind es im Allgemeinen weniger die gewonnenen Erkenntnisse als vielmehr das Forschungsdesign, welches die Perspektive auf den Gegenstand prägt. Der gewählte Paradefall bestimmt das Paradigma.

Der Habitus nüchterner Sachlichkeit im souveränen Umgang mit den fachlichen Standards ist es dementsprechend, was das Auftreten des Experten ausmacht. Werdende Wissenschaftler haben vor allem zu lernen, angemessen mit den etablierten Gerätschaften und Modellen zu hantieren. Nur sofern es ihnen gelingt, das wissenschaftliche Gehabe zu übernehmen und den professionellen Gestus zu imitieren, sind sie als kompetente Vertreter einer wissenschaftlichen Schule und als legitime Repräsentanten ihres Fachs zu identifizieren.[15]

Über den als offizielles Leitbild fungierenden Mythos der wissenschaftlichen Rationalität hinaus gibt es hierbei – wie wohl jedermann, der einmal bewusst darauf achtet, bestätigen wird – eine Vielzahl feinsinnigerer symbolischer Facetten, welche den wissenschaftlichen Blick und die herrschenden Ansichten bestimmen. Neben dem plakativen Einsatz geeigneter Schlagwörter (sogenannten *buzzwords*), und der gekonnten Erwähnung namhafter Referenzen (sogenanntes *Namedropping*) spielen unter anderem wohl auch der Anschein einer terminlichen Überlastung und die bekundete Sorge um die Qualität, will heißen: die professionelle Seriosität der je konkreten Forschungsvorhaben eine Rolle. Ein hinreichend geschäftiger Wissenschaftler vermag so bei jedem einzelnen seiner Auftritte den Eindruck zu vermitteln, es handele sich um einen kleineren, routinemäßigen Abstecher aus dem normalen Forschungsbetrieb, sodass permanent die Illusion aufrechterhalten wird, die eigentliche Wissenschaft würde jeweils woanders stattfinden. (Ob es eine solche »echte« Wissenschaft mitunter auch wirklich geben mag, ist in diesem Zusammenhang letztlich unerheblich.) Insofern wird im akademischen Alltag in der Tat systematisch ein Ideal beschworen, das in der Realität wohl kaum jemals eingelöst wird, umso präsenter aber als Mythos herumgeistert, weil es in Beiläufigkeiten und Leitbildern permanent bemüht wird.

---

14 Dieses Thema ist vor einigen Jahren von diversen Wissenschaftshistorikern erfolgreich aufgegriffen worden. Vgl. allen voran Olaf Breidbach: Bilder des Wissens. Zur Kulturgeschichte der wissenschaftlichen Wahrnehmung, München 2005.

15 Wir berühren damit abermals das Thema der Statussymbole (vgl. Kapitel 4).

Was für die Wissenschaft gilt, das trifft umso mehr für unsere Weltanschauung überhaupt zu. Oft sind es weniger die getroffenen Aussagen als vielmehr die verwendete Sprache, welche die Sichtweise der Zuhörer beeinflusst. Was wir über die Welt wissen, das entspringt allenfalls zu einem Bruchteil eigenen Erinnerungen und Erfahrungen, es besteht vielmehr aus Gehörtem und Geglaubtem, aus allgemein akzeptierten Annahmen und Überzeugungen, aus kollektiven Gemeinplätzen und ideologischen Verblendungen, kurz: es ist kulturell konstruiert.

Als soziale Konstruktion basiert alles Wissen mindestens ebenso auf (vermeintlichen) Fakten wie auf der Wiedergabe ungeprüfter Aussagen. Es wird überliefert und gelehrt, in Büchern und Milieus bewahrt und gedeutet, es wandelt und entwickelt sich. Unser Bild der Welt beruht überdies auf Vereinfachungen und Fassadenansichten, auf Übertreibungen und Beschönigungen, Zusammengereimtem und Wunschdenken, auf vertrauten Vorurteilen und unhinterfragten Gewissheiten.

Die Kategorien der Wahrnehmung gehen dabei weit über das hinaus, was als Selbstbeschreibung einzelner Institutionen öffentlich vermittelt werden kann. Vorstellungen und Ansichten speisen sich vielmehr nicht zuletzt aus dem jeweils verfügbaren *Reservoir an Metaphern und Vergleichsfällen*, das bis in ferne kulturgeschichtliche Hintergründe hineinreicht und zum Teil tief in religiösen Traditionen verankert ist. Geistige Einflüsse dieser Art sind daher im Normalfall kaum reflexiv einholbar, sie lassen sich nur begrenzt kontrollieren. Es handelt sich zumeist um unscheinbare symbolische Nuancen, die wir allenfalls spüren, die uns aber kaum vollends bewusst werden.

Die meisten Denkbewegungen sind nichts anderes als Streifzüge durch die je eigene geistige Heimat. Der menschliche Geist wohnt im Gewohnten. Die Gedanken sind ihm geradezu im Gehirn festgewachsen. Er verdaut behände jede Irritation, indem er alles Neue eilends in den vorhandenen Schubladen verstaut. Die Einrichtung dieser Schubladen, der die menschliche Urteilskraft ausmachenden Kategorien und Schablonen, obliegt dem Bewusstsein, in das diese sich nach und nach einschleifen und dabei selbst zu einschlägigen Schemen abgeschliffen werden.

Das individuelle Bewusstsein ist allerdings insofern immer in ein *kollektives Gedächtnis* eingebettet, als die für eine bestimmte soziale Praxis grundlegenden Deutungsmuster ja in der jeweiligen Kultur verankert sind und nicht je für sich erdacht werden. Sie werden – generationsübergreifend und intersubjektiv – immer wieder reproduziert und sind innerhalb des Kulturkreises allgegenwärtig und stets präsent. Sofern sich ein Wandel vollzieht, geschieht dies langsam und nur allmählich.[16]

Doch welche Rolle genau spielen hierbei Symbole? Welche Bedeutung kommt insbesondere solchen komplexen Symbolsystemen zu, wie sie ursprünglich vor allem in religiösen Kontexten entwickelt wurden? Schlägt sich in ihnen in besonderem Maße das Selbstverständnis eines Kulturkreises nieder? Dienen sie gar der aktiven Vermittlung geistiger Muster? Beruht am Ende jede Kommunikation, jedes Denken letztlich auf symbolischen Assoziationen, drückt der menschliche Verstand sich also grundsätzlich in Form von Symbolen aus? Um dies zu klären, sei nochmals ein kurzer theoretischer Exkurs eingeschaltet.

Theorie-Memo 7: Symbolik und Weltanschauung

Da jegliche Symbolik einen virtuellen Kontext umreißt, innerhalb dessen sie überhaupt nur Sinn ergibt, geben Symbole immer auch eine entsprechende Deutung der Verhältnisse zu verstehen. Das Symbol verweist auf einen sozialen Zusammenhang, den es durch sein Erscheinen zugleich heraufbeschwört. Wie wir gesehen haben, transportieren insbesondere die Symboliken des Raumes und des sozialen Status jeweils auch ein bestimmtes Verständnis der gesellschaftlichen Ordnung. Im Einzelfall mag man dem Initiator der symbolischen Inszenierung das angestrebte Bild nicht sogleich abnehmen. Langfristig werden hierdurch jedoch durchaus vertraute Sichtweisen etabliert. Die Erkennbarkeit symbolischer Strukturen bestätigt schlichtweg die kulturelle Gültigkeit der hiermit verbundenen Bedeutungen. Anders gesagt: Kulturspezifische Symboliken lullen das Bewusstsein durch ihre Omnipräsenz ein und flechten so die individuellen Gedankenketten behutsam in den allgemeinen Strom des sozialen Sinns ein. Wie das betrachtete Objekt im Zuge seiner Fokussierung das Auge formt, so wird durch das Anschauen der sozialen Welt aufgrund der dieser inhärenten Symbolik immer zugleich eine bestimmte Weltanschauung vermittelt.

Symboliken – und damit zusammenhängend: implizite Weltbilder – finden sich nicht nur in der sozialen Alltagspraxis, sie kommen auch in aus dem profanen Leben herausgehobenen Bereichen vor, so vor allem in der Religion und in der Kunst, in Form von sakralen Objekten und magischen Praktiken, von rituellen Zeremonien[17] und mythischen Erzählungen, von malerischen und musikalischen

---

16 Im Anschluss an Braudel spricht man in diesem Zusammenhang auch von der »longue duree«.Vgl. Fernand Braudel: Die lange Dauer, in: ders.:Schriften zur Geschichte, Bd.1: Gesellschaft und Zeitstrukturen, Stuttgart 1992, S. 49–87.

17 Die in der kulturwissenschaftlichen Forschung, insbesondere in der Mediävistik, diskutierte Unterscheidung zwischen dem *Zeremoniell* als einem Ordnung *bewahrenden* und dem *Ritual* als einem Strukturen *transformierenden* symbolischen Akt soll hier nicht aufgegriffen werden, da

Motiven, von literarischen und dramaturgischen Figuren. Wenn solche Kulturbereiche wie im Falle von Sport, Spiel und Unterhaltung auch nicht mit explizitem Anspruch als Kunst bzw. Religion auftreten, so weisen ihre Symboliken doch typisch einen quasireligiösen Charakter auf und entwickeln ihre eigene Ästhetik. Hierbei handelt es sich jeweils nicht nur um Systeme aus je internen Bedeutsamkeiten und esoterischen Anspielungen, vielmehr spiegelt sich insbesondere in den Medien der Kunst wie der Religion die jeweilige Kultur im Ganzen. Ja, diese wird für Zeitgenossen wie für Außenstehende oft überhaupt erst anhand religiöser und ästhetischer Artefakte und der mit diesen verbundenen Sinnkonstrukten überhaupt begreifbar.

Wenngleich sie einem Kontext angehört, der sich vom normalen gesellschaftlichen Leben ausdrücklich abhebt, gibt die verwendete Symbolik auch hier das Selbstverständnis eines sozialen Lebenszusammenhangs wieder. Ästhetische und spirituelle Symboliken geben sich oft sogar explizit als Beobachtungen der Welt zu verstehen, denn Kunst wie Religion unterscheiden sich ja von ökonomischen oder politischen Aktivitäten nicht zuletzt durch ihren *kontemplativen* Charakter. Im Gegensatz zu Herrschaftsverhältnissen und Realwirtschaft sind sie eher von geistiger als von materieller Bedeutung. Statt die Welt zu stützen und zu formen, zeigen sie diese vielmehr, veranschaulichen und vergegenwärtigen sie. Symbole dieser Art machen Kultur nicht nur gleich farbenprächtigen Ornamenten äußerlich sichtbar, sie stellen auch deren innere Struktur anschaulich dar und liefern in imaginierten, fiktiven, transzendenten Paralleluniversen zugleich der ansonsten schwer durchschaubaren Realität ideale Vergleichsmaßstäbe. Sie machen mithin die Gesellschaft anschaubar, veranschaulichen die gesellschaftlichen Gegebenheiten und bestimmen die vorherrschenden Ansichten.

Es handelt sich hierbei damit in einem dreifachen Sinne um *Symbole der jeweiligen Kultur*:

- Erstens fungieren die auffälligen, oft aufwändig und prunkvoll gestalteten Gebilde und Texte als *Identifikationssymbole* einer Kultur, man denke etwa an Riten, Kathedralen, Kompositionen und Dramen. Als Monumente ihrer Kultur machen sie die Existenz eines umfassenderen kulturellen Kontextes überhaupt sichtbar.
- Zweitens lassen diese Artefakte sich unter inhaltlichen Gesichtspunkten als *symbolische Abbilder* dieser Kultur verstehen, welche typische Szenen und Ereignisse, Bräuche und Konflikte festhalten und dabei zugleich kollektiv

die Momente der Reproduktion und Variation letztlich doch immer Hand in Hand gehen. Vgl. hierzu Marian Füssel: Fest – Symbol – Zeremoniell. Grundbegriffe zur Analyse höfischer Kultur in der Frühen Neuzeit. In: Kirsten Dickhaut/Jörg Steigerwald/Birgit Wagner (Hg.): Soziale und ästhetische Praxis der höfischen Fest-Kultur, Wiesbaden 2009, S. 31-53.

verarbeiten. Als Spiegel ihrer Kultur machen sie deren Verfassung deutlich.

- Und drittens manifestiert sich in spirituellen und ästhetischen Erzeugnissen wie nirgendwo sonst die grundlegende *Weltsicht* einer Kultur, speist sich deren intellektuelles Repertoire doch gewöhnlich aus genau diesen geistigen Quellen. Die jenseitige Sphäre religiöser Glaubensvorstellungen und die fiktive Welt der Literatur liefern Präzedenzfälle und Vorbilder, Gleichnisse und Begriffe.

Die essentielle Bedeutung, welcher der Symbolik in allen drei Hinsichten für die Weltanschauung zukommt, lässt sich jeweils anhand einfacher Beispielen illustrieren. So verbindet sich die geläufige Vorstellung von kulturellen Praktiken aller Art in der Regel mit entsprechenden *Wahrzeichen*. Diese führen die Existenz eines übergreifenden gesellschaftlichen Zusammenhangs vor Augen. Kolossale Statuen, wie die berühmten Moais auf den Osterinseln, die ägyptischen Pyramiden oder Stonehenge fungieren in diesem Sinne als *Zeugnisse vergangener Zivilisationen*. Die Frankfurter Paulskirche oder das Nationaltheater Weimar gelten hingegen als symbolträchtige *Denkmäler deutscher Geschichte*. Kultstätten und Kultobjekte bringen uns also in Kontakt mit fremden Kulturen, über sie stellt sich aber ebenso die Verbindung mit dem eigenen kulturellen Erbe her. Um etwas von der Welt zu Gesicht zu bekommen, richtet sich der Blick so oder so vorzugsweise auf symbolisches Anschauungsmaterial.

Die Symbole einer Kultur sind nun aber gewöhnlich mehr als irgendwelche großen künstlichen Objekte, welche durch ihre bloßen Ausmaße die Existenz einer gesellschaftlichen Ordnung beweisen. In ihnen spiegelt sich vielmehr immer auch die Lebenswelt ihrer Urheber. Sie verraten Weltsicht und Gesinnung, machen ebenso moralische Ansprüche wie die soziale Normalität ihrer Schöpfer deutlich und schildern teils explizit sowohl deren Alltag als auch außeralltägliche Begebenheiten. Allein Pyramiden zeigen ja nicht nur die Größe der Macht, die für ihren Bau notwendig war, ihre Form versinnbildlicht überdies die Struktur der Herrschaft, und ihre Innenausstattung bezeugt historische Hintergründe sowie die Lebensweise ihrer Erbauer.

Die Artefakte sind oft ganz bewusst als Botschaft konzipiert und werden damit zum Ausdruck einer je konkreten Weltanschauung. Sie spiegeln von ihrem Standpunkt aus die Welt, dienen der Überlieferung und dokumentieren die Geschichte, etwa in Form von Inschriften und Bildnissen. Auch eher profane Gebilde wie Textilien oder Töpferwaren zeigen bekanntermaßen seit Tausenden von Jahren als verzierende Motive stilisierte Darstellungen. Auf antiken Vasen oder an Wänden prangen Bildnisse, die je auf ihre Weise charakteristische Szenen der jeweiligen Hochkultur in Erinnerung rufen. Die Symbolik einer Kultur fungiert so als Bestandteil des kollektiven Gedächtnisses.

Doch nicht nur durch die (konkrete) Darstellung von Gegenwart und Vergangenheit dient sie als Form der Weltanschauung. Das durch die Symbolik bereitgestellte Mustermaterial bildet vielmehr ein geistiges Medium, innerhalb dessen sich die spontane Deutung aktueller Ereignisse vollzieht. Da die diesbezügliche Kommunikation sich vor allem auf *sprachliche* Bilder stützt, bereichern sie neben schematischen Bildnissen visueller Art vor allem Sprüche, Sagen, Geschichten und – wo verfügbar: das geschriebene Wort. Die hierüber bereitgestellte Symbolik vermittelt nicht nur ein bestimmtes *Weltbild*, sie prägt überdies allgemeine *Sichtweisen*. Die öffentliche Meinung und das individuelle Urteil mögen sich immer wieder auf Neue bilden, sie greifen dazu jedoch unweigerlich auf einen tradierten Schatz an Assoziationen, Erinnerungen und Metaphern zurück.

***

Viele Deutungsmuster werden im religiösen oder künstlerischen Kontext eigens geformt, um dann im normalen Leben als geistige Bezugspunkte zu dienen. Archaische Kulturen hatten diesbezüglich ihren Kanon an Mythen, Sagen, Fabeln und Geschichten. Von Kind auf wurden die nachwachsenden Generationen in die überlieferten Erzählungen eingeweiht und erfuhren so etwas über die Welt. Die gegenwärtigen Geschehnisse zu deuten hieß dann nichts anderes, als diese im Lichte des hierdurch verfügbaren kollektiven Erfahrungsschatzes zu betrachten. Unbegreifliche Vorkommnisse konnten so zumindest rhetorisch erklärt und kommunikativ behandelt, kindliche Neugier notdürftig gestillt werden.

Die Fassungslosigkeit angesichts persönlicher Schicksalsschläge und kollektiver Katastrophen ließ sich von jeher durch religiöse Kommunikationsroutinen abmildern, das Fehlen passender Worte durch künstlerische Ausdrucksmittel kompensieren. Ob als scherzhafte Bemerkung, als augenzwinkernd vorgebrachte und mit einem »sozusagen« versehene Auskunft auf Gänsefüßchen oder als Bestandteil feierlicher Redeweisen – der Rückgriff auf aus religiösen Kontexten entliehene Formulierungen bleibt bis heute nahezu unausweichlich. Bis in die Gegenwart hinein leiten sich zahlreiche Begriffe aus der antiken griechischen Mythologie ab, etwa das Damoklesschwert, das Trojanische Pferd oder der Ödipuskomplex. Der gebildete Bürger zeichnet sich nicht von ungefähr vornehmlich durch den Gebrauch diesbezüglicher Redewendungen und Gleichnisse aus: man spricht bspw. vom »orphischen Blick« oder einer Situation »zwischen Skylla und Charybdis«. Kenntnisse in Kunstgeschichte lassen sich in der Öffentlichkeit vor allem als rhetorische Mittel einsetzen. Bildung zeigt sich insofern am Reichtum sprachlich verfügbarer Bilder und am souveränen Einsatz treffender Metaphern. Diese wirken sich nicht zuletzt auf die Einschätzung von Situationen und sozialen Konstellationen aus und beeinflussen deren Überzeugungskraft.

Die Erfolgsträchtigkeit sprachstilistischer Kataloge und Bildergalerien variiert freilich beträchtlich, zumal viele gebildete Floskeln selbst im akademischen Milieu kaum noch verstanden werden. Erst recht ist es eher aussichtslos, Bauarbeitern und Bankiers gestelzt mit metaphorischen Proselyten und Propyläen statt mit Prost und Prosecco, Bier bzw. Börsenkursen zu kommen. In bodenständigen Milieus wie dem Bau- oder dem Finanzgewerbe beharrt man gewöhnlich darauf, dass in unverblümter, einfacher, branchenüblicher Sprache klar heraus zu sagen sei, was man meint. Es werden allenfalls Anspielungen und Vergleiche verstanden, die dem eigenen Erfahrungsraum entspringen oder zumindest dem jeweiligen geistigen Horizont entsprechen. Die religiösen Hintergründe unserer Zivilisation aber scheinen zunehmend zu verblassen.

Heute werden in jedem Falle vorzugsweise Metaphern aus dem Bereich der Technik, namentlich der Kriegsführung und der Informatik in Anschlag gebracht, die im Zeitalter der massenkulturellen Technokratie eine größere Durchschlagskraft zu entwickeln scheinen, schießen sie doch aufgrund ihrer außerordentlichen Anschaulichkeit gleichsam direkt in den Arbeitsspeicher des Bewusstseins. Die sittlichen und ethischen Überreste religiöser Traditionen sind zwar durchaus noch wirksam, geraten aber mehr und mehr in Vergessenheit. Der rhetorische Bombast des gedrechselten Sprachspiels von einst weicht einer Rhetorik der Bombe und des Informationsstroms. Die kulturellen Auswirkungen des Computers sind also womöglich weniger in dessen praktischem Nutzen zu suchen, als vielmehr in seiner symbolischen Rolle als Vorbild sozialer Ordnung und logischen Denkens. Übernimmt auch in dieser Hinsicht die Kommunikationstechnik das marode Ruder der geistigen Navigation[18], welches der Religion im Laufe der Jahrhunderte schleichend entglitten war, und verwandelt es unter der Hand in einen griffigen Joystick? Ist aus dem religiösen Weltbild unserer Vorfahren unverhofft ein technokratisches Weltbild geworden und an die Stelle der Gottesidee die Idee der Maschine getreten? Wurde das semantische Programm des Gesellschaftssystems also unmerklich ausgetauscht?

Eine derartige Sichtweise entpuppt sich bei genauerer Betrachtung als gar nicht so weit hergeholt, begreift der Mensch alles Unbekannte doch grundsätzlich nach dem Vorbild des Vertrauten. Alles Vage wird vorerst mit Begriffen des bereits Bestimmten bedacht und bekommt so ein kommunikativ greifbares Gewand übergestreift. Dass die Semantiken unterschiedlicher Sinnsphären aufeinander abfärben, ist aus etymologischen Untersuchungen hinlänglich bekannt. Chemie und Jura teilen sich den Begriff des Prozesses, »Recht«, »Richtung« und »rechts« lassen sich auf denselben indogermanischen Wortstamm »rt« zurückführen, von dem auch das lateinische »rectus« oder sogar das englische »art« sich ableiten lassen.[19] Fachbegriffe aller Art basieren auf von anderswo – etwa

18 Vgl. die Betrachtungen zur symbolischen Funktion des Kommunikators im vorhergehenden Kapitel.

19 Laut Pirsig gehen diese Begriffe ebenso wie »Wert«, »Aristokrat« und »Ritual« auf das griechische »arete« zurück, das von Pirsig wiederum mit dem Sanskritwort »rta« in Verbindung gebracht wird, welches für die kosmische Ordnung stehe. Vgl. Robert Pirsig: Lila oder ein Versuch

aus dem Lateinischen – entlehnten Worten, bauen auf den hiermit verbundenen Assoziationen auf, überschreiben aber zugleich deren bisherige Bedeutung. Ob die Quelle religiöser oder militärischer Natur, ästhetischer oder wissenschaftlich-technischer Art ist, scheint daher unwesentlich. Maßgeblich für die Bewährung von Bezeichnungen ist die Anschaulichkeit der mit ihnen verbundenen sprachlichen Bilder, deren suggestive, oft drastisch plastische Kraft das Ergebnis einer wechselseitigen Verdichtung vielfältiger Verwendungszusammenhänge ist. Politische Repräsentanten schnüren entsprechend gerne »Gesamtpakete«. Ökonomische Spekulanten richten sich nach der »Stimmung« an der Börse.

Hängt die genaue Bedeutung eines Ausdrucks oft von dem Zusammenhang ab, in dem er fällt, so ruft er doch für sich bereits lange Ketten von Vorstellungen wach. Die Sprache mag von der Kontextgebundenheit bestimmter Formulierungen leben, aufgrund derer die gebildeten Sätze überhaupt verstehbar bleiben; sie zehrt gleichwohl immer auch von der Mehrdeutigkeit der einzelnen Worte. Wo Worte ein Doppelleben führen, behalten sie oft in jedem Verwendungszusammenhang jeweils einen Beiklang ihrer anderen Bedeutung. Ein Bedeutungswandel aber kommt bspw. zustande, wenn ein Wort allmählich von einer unbeholfenen Metapher zum klar definierten Fachterminus wird. Auf den ausbleichenden Schichten ursprünglicher Bedeutungen zeichnen sich dann immer schärfer die Umrisse jener Szenen ab, in denen das alte Wort nun neue Verwendung findet. Je klarer diese Kontexte definiert sind, desto einfacher lässt sich durch das betreffende Stichwort eine komplexe Szenerie vor dem geistigen Auge heraufbeschwören.

Doch was allen geläufig ist, das taugt seinerseits als Vergleich. Daher nimmt es kaum Wunder, dass die Sprache der Gegenwart sich verstärkt auf *technische* Gleichnisse stützt. Die Technik ist allgegenwärtig und durchzieht derart den Alltag, dass die soziale Welt beinahe selbst zu einem gigantischen Mechanismus geworden zu sein scheint.

Nichts symbolisiert so gesehen die Ordnung der modernen Welt so trefflich wie die Maschine. Die Technologie ist hierbei zugleich Realität und Modell, sodass selbst die Menschen scheinbar zu Robotern werden und das Bewusstsein mehr und mehr einem Computer gleicht.[20] Die Welt wird heute eher in technischen Begriffen als in ästhetischen oder religiösen Kategorien gedacht. Wenn es darum geht, Strukturen aller Art sprachlich zu erfassen, dann finden daher verstärkt Maschinenmetaphern Verwendung. Für etwaige Übel wird nicht Gott verantwortlich gemacht, sondern es wird nach kausalen Ursachen dafür gesucht,

---

über Moral, Frankfurt a. M. 1999, S. 423 ff.; vgl. auch Alois Walde/Konstatin Reichhardt: Vergleichendes Wörterbuch der indogermanischen Sprachen, Bd. 3, Berlin 1973, S. 70.

20 Vgl. Günter Anders: Die Antiquiertheit des Menschen, Bd. 1, München 1980, S. 21-95 (»Über prometheische Scham«).

warum etwas nicht »funktioniert«. Aus der Theodizee wird damit eine Technodizee.[21]

Technik erzeugt überdies Sichtbarkeit und fungiert schon allein dadurch als Symbol: Wo schweres Gerät aufgefahren wird, dort geschieht etwas Bedeutsames; wo professionelle Instrumente zum Einsatz kommen, dort sind Fachleute am Werk; wo Automaten installiert sind, dort besteht eine Einrichtung. Der Apparat veranschaulicht die Funktion; technische Infrastrukturen verdeutlichen institutionelle Muster; im Design der Geräte spiegeln sich die sozialen Verhältnisse. Auch als Identifikationssymbol und als Abbild der Wirklichkeit – also in allen drei der oben genannten Hinsichten – wird die Technik daher heute als Kultursymbol zum funktionalen Äquivalent von Religion.

Ganz so einfach ist das symbolisch erzeugte Weltbild – oder im typisch soziologischen Jargon: sind die »Ligaturen«[22] dieser Gesellschaft allerdings auch wieder nicht beschaffen, als dass wir es hier bei der schicken These von der Technologiesierung der Lebenswelt bewenden lassen könnten. Immerhin beinhaltet die soziale Wirklichkeit neben all den technischen Konstruktionen etliche populäre Kulturformate, welche von ganz wesentlicher Bedeutung für die symbolische Konstruktion des gemeinen Weltbildes sind. So wären die hier vorgetragenen Überlegungen schlicht unvollständig, wenn sie unter anderem nicht auf die Rolle *ästhetischer* Formen eingehen würden, die ja weitestgehend eigens unter symbolischen Gesichtspunkten konstruiert werden.

Wenngleich moderne Kunst mitunter kaum von wenigen Fachleuten verstanden wird, ja ein adäquates Verständnis anspruchsvoller Kunstwerke von jeher einer elitären Minderheit vorbehalten gewesen sein mag, so sind Popmusik, sowie populäre Varianten von bildender und vor allem: darstellender Kunst umso verbreiteter. Vielerorts kommt es zu einer dauerhaften Berieslung mit Musik, Plastiken werten Plätze im öffentlichen Raum symbolisch auf und als Wandschmuck für zuhause sind Bild-Replikationen mit einem zumindest angedeuteten künstlerischen Einschlag nahezu unverzichtbar.

Allein die schiere Präsenz von Kunst unterstreicht folglich deren symbolischen Stellenwert. Die Medien ihrer Verbreitung sind zwar jeweils gewissen technische Errungenschaften geschuldet, diese Medien aber bedürfen ja in jedem

---

21 Vgl. Hans Poser: Von der Theodizee zur Technodizee. Ein altes Problem in neuer Gestalt, Hannover 2011.

22 Dieser Terminus mit deutlichem technischem Beiklang wurde vor allem von dem Soziologen Ralf Dahrendorf verwendet. Industrielle Metaphern finden indes gerade in den Sozialwissenschaften allerorts Verwendung. Nicht zuletzt werden ausgerechnet von Jürgen Habermas, der einst selbst eine Schrift mit dem plakativen Titel »Technik und Wissenschaft als Ideologie« verfasst hat, Technik-Metaphern (wie: Schmelztiegel, Transmissionsriemen, Brennglas) exzessiv als suggestive Plausibilitäts-Beschaffer eingesetzt.

Falle der Füllung durch überzeugende Inhalte. Durch Kunst wird hierbei in einer Weise Bedeutsamkeit generiert, die mit der Wirkung von Technik kaum vergleichbar ist und durch diese auch nicht ersetzt werden kann. Wenigstens gelten anstelle technischer Innovationen nach wie vor eher künstlerische Leistungen als kulturelle Höhepunkte. Wo es Bedarf an repräsentativen Symbolen gibt, an der symbolischen Verarbeitung sozialen Geschehens, an der Konstruktion unerwartet stimmiger Gestalten, die als Schablonen für kulturelle Aktivitäten und kontemplative Beobachtungen taugen, wird durchweg auf Kunst zurückgegriffen. Sicherlich sind dazu oft gewisse »technische« Fertigkeiten und geeignete »Instrumente« erforderlich, doch kommt es in der künstlerischen Praxis niemals allein auf Virtuosität an, sondern vor allem eben auf einen Sinn fürs Symbolische.

Die symbolischen Strukturen der Kunst weisen eine immense Komplexität auf: In Musik, Malerei und Literatur spiegeln sich Emotionen, soziale Muster und letztlich die ganze Welt. Rahmen und innere Brüche symbolisieren die Eigenständigkeit des Kunstwerks. Zitate und Anspielungen betonen seinen traditionellen Hintergrund. Einzelne Elemente des Kunstwerks stehen dabei oft nicht nur für Weltliches, sie betonen zugleich das Prestige des Künstlers und den Status des Publikums. Die vielfältigen Aspekte des Symbolischen, welche sich dem empfindsamen Beobachter offenbaren, sind daher in wenigen Sätzen kaum zu umreißen. Sie eröffnen ein gigantisches Studienfeld, das immer wieder aufs Neue zu überraschen vermag.

Im hier gegebenen Zusammenhang sollte es genügen, darin unter anderem die drei Dimensionen symbolischer Weltanschauung wiederzuentdecken, die oben im Theorie-Memo dieses Kapitels unterschieden worden waren. Aus diesbezüglicher Perspektive dient die Symbolik der Kunst vor allem als kulturelle Orientierungshilfe, indem sie erstens öffentliche Aufmerksamkeit erregt, sich zweitens als flexibles Ausdrucksmittel erweist und drittens die allgemeine Wahrnehmungsweise nachhaltig prägt. Die künstlerische »Performance« bietet daher eine Vorstellung im dreifachen Sinne: mit seinem Auftritt stellt sich der Künstler selbst in den Vordergrund, bietet dabei – teils ungewollt, teils bewusst – eine anschauliche Darstellung von künstlerisch gestalteten Ausschnitten sozialer Wirklichkeit und bedient drittens zugleich die Imaginationen seines Publikums.

Im imaginären Spiegelland der Kunst vermag der Geist gleichsam in traumhafter Freiheit zu operieren. Aber auch in Sport und Unterhaltung, beim Fußball oder beim Hahnenkampf[23] sind symbolische Spiegelbilder der sozialen Welt erkennbar. Im Mikrokosmos dieser aus dem schnöden Alltag herausgehobenen

---

[23] Vgl. Clifford Geertz: Deep play, Bemerkungen zum balinesischen Hahnenkampf in: Dichte Beschreibung. Beiträge um Verstehen kultureller Systeme, Frankfurt a. M., 1972, S. 202-260. Die Erkenntnisse sind selbstverständlich sinngemäß übertragbar auf zeitgemäße Formen.

Bereiche der gesellschaftlichen Wirklichkeit ereignen sich Geschehnisse, die geradezu als karnevaleske Umkehrung der realen Verhältnisse erscheinen und diese Verhältnisse doch allgemeinverständlich veranschaulichen. Hier werden typische Charaktere und vulgäre wie gehobene Milieus vorgeführt, soziale Konstellationen unterschiedlichster Art provoziert, Schicksale und Erfolgsgeschichten, Teamgeist und Beziehungsdynamiken, Konflikte und Zickereien exemplarisch aufgezeigt.

Dabei wird wiederum nicht nur ein Reservoir an Vergleichen und Analogien, Kontrasten und Ablenkungen geschaffen, die jeweiligen Sinnsphären bilden vielmehr einen in sich geschlossenen, komplexen Gesamtzusammenhang. Es formieren sich überschaubare Parallelwelten, die einerseits wie symbolische Miniaturen des umfassenderen Gesellschaftssystems erscheinen, andererseits aber eigensinnige Inseln darstellen, in denen die irdische Normalität außer Kraft gesetzt wird. Hier gelten eigene Regeln, werden banale Objekte zu Kristallisationspunkten sozialer Bedeutsamkeit und Durchschnittstypen wie Außenseiter zu Helden und Stars, in denen das gemeine Volk sich auf die gleiche Weise wiedererkennt wie die Bauerntochter in der Märchenprinzessin.

Ob die Disziplin Baseball, Basketball oder Eishockey heißt, ob gewettet, gekämpft, gekocht, getanzt wird oder ob in Ausscheidungen gleich Präsidenten, »Topmodels« oder »Superstars« als solche gesucht werden, was immer gerade in Mode kommt, welches auch immer die Zielgruppen sind – die entsprechenden Praxisfelder bringen Idole hervor und geben Anlass zum Träumen. Man entlehnt ihnen Floskeln und Posen, kostümiert sich mit Outfits aus jenseitigen Welten, streift sich Trikots mit den klangvollen Namen der Sterne über und schmückt überhaupt sein wirkliches Leben mit Zitaten und Einsprengseln aus den himmlischen Sphären aus.

Die Popkultur übernimmt hier insofern nur alte Domänen der Religion, die damit letztlich selbst zu einem (altmodisch-ehrwürdigen) Teil der Popkultur wird. Heiligenbilder werden durch Poster ausgetauscht, Götter, Engel und Zentauren durch Schlümpfe, Fraggles und andere fiktive Ethnien ersetzt; anstelle der Messe pilgert man eben zum Fußballspiel, statt zum Gottesdienst geht man aus. Neben der Technik sind es also vor allem auch diverse Formate der Unterhaltung, welche innerhalb der gegenwärtigen Gesellschaftsordnung symbolische Funktionen gewinnen, die ehemals ausschließlich die Religion erfüllen konnte.

Die Tristesse des Alltags gewinnt für viele Menschen erst durch jene Abwechslungen Sinn, welche außeralltägliche Ereignisse wie Shows und Games, Galas und Meisterschaften, Festspiele und Turniere bieten. Da all den teils lokalen, teils massenmedialen Spektakeln die gebündelte Aufmerksamkeit des Publikums gilt, stellen sie kulturelle Höhepunkte (sogenannte »Highlights«) dar.

Man kann sogar sagen, dass sich um solche kollektiven Ereignisse herum überhaupt erst eine sinnlich erfahrbare *Öffentlichkeit* herausbildet. Wie das religiöse Ritual die Gemeinde versammelt, so eint jedes kulturelle Event im Allgemeinen sein soziales Milieu. Es schweißt die vereinzelten Individuen nicht nur zu einem Publikum zusammen, das sich um die Manege, den Ring, das Spielfeld oder die Bühne herum räumlich gruppiert, sondern schafft durch periodisch stattfindende Veranstaltungen auch eine gemeinsame soziale Zeit.[24] Durkheim sieht die soziale Zeit für archaische Gesellschaften noch vornehmlich durch den Wechsel von heiligen und profanen Phasen konstituiert.[25] Auch in der Moderne ist, was Sonn- und Feiertage betrifft, die Zeitrechnung in der Tat noch religiös geprägt. Doch zunehmend gewinnt inzwischen der Turnus von Bundesliga und WM, von Fernsehserien und Nachrichten, von Ferien und Freizeit an Bedeutung. Bereits im antiken Griechenland waren so die »Olympiaden« gar zur Grundlage der offiziellen Zeitrechnung geworden.

Während sich die bei Olympischen Spielen, Gladiatorenkämpfen und Pferderennen heraufbeschworene Massenekstase ursprünglich weitestgehend auf die vor Ort Anwesenden beschränkte, steigert die durch kommunikative Verbreitungsmedien wie Schrift, Funk und Internet mögliche virtuelle Anteilnahme der ganzen Welt nochmals die Intensität ihrer symbolischen Aufladung.[26] Alle Vorkommnisse von gesellschaftlicher Bedeutung gewinnen seither an Gewicht durch ihre mediale Verbreitung. Nicht ihre Auswirkungen, erst die Präsenz in den Massenmedien verleihen heute Ereignissen den Charakter einer sozialen Tatsache.

Die Symbolträchtigkeit eines Medienereignisses erwächst schon aus seiner Eigenschaft, alle Beobachter im Geiste zu vereinen. Die Massenmedien geben vor, tiefe Einblicke zu gewähren und alles Relevante exklusiv wiederzugeben. Gleichwohl sind die Inhalte weitestgehend austauschbar, die Form bleibt dieselbe: Die Teilhabe am gesellschaftlichen Geschehen verlagert sich vor den Fernseher, den Monitor oder hinter die Zeitung. Man partizipiert in der Rolle des Publikums und konsumiert aus sicherer Distanz, was woanders los ist.[27]

Im eigenen Leben wird das Erlebte dann allenfalls nachgespielt, um einem lokalen Publikum Weltläufigkeit zu signalisieren oder für die laufenden Kameras symbolische Handlungen zu inszenieren. Die Lebenspraxis imitiert vorsätzlich ihr vereinfachtes Abbild. Das Schauspiel dient als Vorlage für das reale Verhalten. Wirkliches Leben und mediale Repräsentation werden damit regelrecht vertauscht. Die lokale Gegenwart bleibt kaum mehr als eine schattenhafte Erinnerung an das kulturell etablierte Schema. Jede Interaktion, jede Darbietung,

---

[24] Vgl. Emile Durkheim: Die elementaren Formen des sozialen Lebens, Frankfurt a. M. 1981, S. 591.

[25] Vgl. ebenda, S. 294 ff.

[26] Allerdings wird durch die Reproduzierbarkeit des Moments auch dessen Aura beschädigt. Vgl. Walter Benjamin: Das Kunstwerk im Zeitalter seiner technischen Reproduzierbarkeit, Frankfurt a.M. 1963.

[27] Vgl. Jürgen Habermas: Strukturwandel der Öffentlichkeit, Frankfurt a. M. 1990, S. 248-266.

jedes Projekt und jede Veranstaltung geraten nur zu einem (billigen oder aufwändigen) Abklatsch der Großen Welt. Das Eigentliche passiert immer anderswo. Dies gilt insbesondere für Kunst, Wissenschaft und Politik, von denen aus dem normalen Leben heraus nur symbolische Ausläufer erreichbar sind. Ein kleines Konzert, ein spannender Vortrag, selbst eine spontane Prügelei können nicht mehr unmittelbar erlebt, ein Buch, eine Forschungsarbeit, eine geistvolle Bemerkung nicht glattweg gewürdigt werden, sie müssen mit dem kritischen Blick einer (tendenziell ungeneigten) Weltöffentlichkeit betrachtet, im Lichte der öffentlichen Meinung begutachtet und anhand synthetischer Standards der Medienwelt beurteilt werden. Der Leib, die Liebe, das ganze Leben – alles wird gemessen an unerreichbaren Klischees.

Menschenkenntnis und Allgemeinbildung des gemeinen Volkes speisen sich zu großen Teilen aus den professionellen Quellen der Infotainment-Branche. Maßstab einer seriösen Sprachkultur ist das Fernsehen; Hüter des Wortschatzes sind die Journalisten. Das verfügbare Spektrum an Präzedenzfällen und kognitiven Kategorien, dessen Verbreitung allein exzessivem Medienkonsum zu verdanken ist, beinhaltet Prominente und Comicfiguren, Genres und Rubriken, Schlagzeilen und Bilder, Werbeslogans und geläufige Wendungen aller Art, markante Sprüche, eingängige Sätze und Gemeinplätze. Die kollektiv geteilten Wissensbestände, welche sich früher noch maßgeblich aus Mythen und Folklore ableiteten, werden heute primär über die Massenmedien vermittelt. Dies hat erhebliche Konsequenzen für die Farben und Formate, in denen die Welt im Kaleidoskop des kollektiven Gedächtnisses erscheint und wirkt sich damit gleichsam auf den Pinselstrich unseres Weltbildes aus.

Selbst das Bildungswesen verschreibt sich der Überlieferung eines gängigen *»Wissens«-Kanons*, wie er sich in Lehrbüchern und anderen Standard-Medien (Schautafeln, Lehrplänen, Studienordnungen) auskristallisiert. Im Vordergrund steht also die Präsentation einer symbolischen Ordnung (hier: der Dinge, Fächer und Leistungsniveaus), nicht die Entwicklung eines gesellschaftlichen, geschweige denn eines wissenschaftlichen Problembewusstseins. Man lernt nicht primär etwas über die Welt, sondern übt sich nur in der Fertigkeit, die einschlägigen Antworten und Meinungen wiederzugeben. Lehrer halten sich entsprechend an das Lehrbuch und unterlassen in der Regel persönliche Exkursionen in ihr Fachgebiet. Analog zu dem selbstbezüglichen Pseudowissen, das die Massenmedien über ihre eigene Realität generieren, in Nachrichten übermitteln und in Quizsendungen abfragen, beziehen die durchaus vermittelten Kenntnisse sich im Wesentlichen auf die Bewährung in den jeweiligen *Diskursen*. Das seitens etablierter Funktionäre oft beschworene Bild einer Wissensgesellschaft trägt insofern stark ideologische Züge. Die häufig bemühte Formel vom »anwendungsbezogenen Wissen« kann kaum darüber hinwegtäuschen, dass die klassischen Bildungsinstitutionen – allem voran die europäische Universität – primär auf die Erzeugung von Statusdifferenzen hin ausgerichtet sind, wie sie – dies kann kaum als Zufall durchgehen – für die Etablierung einer von Verwaltungsfachleuten, Berufsgruppen und Experten gelenkten Technokratie unerlässlich sind. Ob in Form von Zertifikaten, Fachausdrücken oder akademischen Karrieren, Bildung spielt in der gegenwärtigen Gesellschaftsordnung vor allem als *Erfolgssymbol* eine Rolle.

Der abendländische Rationalismus bringt indes alles in allem eine Abwertung von Symbolen als solchen mit sich. Zwar werden sie zu illustrativen Zwecken massiv eingesetzt, dies geschieht jedoch angeblich nur, weil es Usus ist und zum professionellen Auftreten einfach dazugehört. Wenn etwas »allein von symbolischer Bedeutung« ist – etwa das Abstimmungsverhalten der Opposition im Parlament –, dann wird es damit als unwesentlich angesehen. Erfolgserlebnisse werden als »psychologisch wichtig« bezeichnet, symbolische Demütigungen als Scherz oder Missverständnis hingestellt, ohne dass damit systematisch berücksichtigt würde, in welchem Maße wir uns kraft solcher Symbole gesellschaftlich orientieren und .die gesellschaftliche Realität dadurch selbst mitbestimmen können. Der moderne Realismus neigt zur Verleugnung der symbolischen Aspekte jeglicher Kommunikation. Man setzt auf seriöse Sachlichkeit – oder auf moralische Empörung.

Auf der anderen Seite werden virtuelle Realitäten, wie sie in Kunst und Spielen geschaffen werden, gern als bloße Fiktion abgetan. Ihre symbolischen Gehalte werden als internes Formenspiel, als esoterisches Geplänkel angesehen, ihre Funktion als Bestandteil des Weltbildes aber übersehen. Dies gilt nicht zuletzt sogar für die Religion. Die Position, die Bibel sei »bloß« metaphorisch zu verstehen, ruft bei vielen Gläubigen Empörung hervor, als ob mythische Geschehnisse in ferner Vergangenheit in der Gegenwart eine andere Relevanz haben könnten, denn als metaphorische Vorlagen der Orientierung zu dienen.

Ein Weltbild leitet sich jedoch nicht aus der Summe aktuell verfügbarer Informationen ab, es wird vielmehr allmählich eingewöhnt. Weltbilder haben deshalb zwangsläufig symbolischen Charakter, denn das Allgemeine erscheint hier immer nur im Einzelnen, es wird erst durch (prominente) Personen, (eindrucksvolle) Bilder und (drastische) Ereignisse fassbar, die dann für umfassendere Geschehnisse stehen. Gerade die modernen Massenmedien sind unweigerlich darauf angewiesen, sich zu Zwecken der Kommunizierbarkeit symbolischer Mittel zu bedienen. Sie arbeiten in diesem Sinne durchweg mit moralischen Zuschreibungen, billigen Klischees und suggestiven Stichworten.

Ob nun Nachrichten oder Unterhaltung, Fakten oder Fiktion – das in Bild und Ton gebannte Medienereignis bündelt im Brennpunkt des Scheinwerferkegels symbolisch die ganze Welt. Das einzelne Ereignis zeigt dabei jeweils zugleich Wandel und Beständigkeit der Welt an, es verbindet das Überraschende mit dem Vertrauten und bindet das Neue exemplarisch in die bestehende (gesellschaftliche) Ordnung ein. Die vermeintliche Information bestätigt und koloriert die gängige Weltanschauung und vermittelt so heimlich ein ganzes Weltbild. Im Kommentar zu banalsten Vorkommnissen wird unter der Hand in aller Selbstverständlichkeit die gesamte Ideologie transportiert, welche das Selbstverständnis der Gegenwartskultur ausmacht. Allein in vielen Begriffen und Wendungen wird über deren Konnotation bekanntlich schon eine bestimmte Auffassung der Welt transportiert, so wenn man von Arbeitgebern und Arbeitnehmern statt von Geldgebern und Geldnehmern spricht.

Auch in der Gegenwart gründet sich – so lässt sich mithin resümierend feststellen – jegliche Weltanschauung auf Identifikationssymbolen, symbolischen Abbildern der Kultur und einer symbolisch vermittelten Weltsicht. Dabei kommt es allerdings – aus historisch-genetischer Sicht – zu einer eigentümlichen »Rationalisierung« der gebrauchten Symbolik. In allen drei symbolischen Dimensionen der Weltanschauung ist eine schleichende Ablösung religiös-spiritueller Symboliken durch profane Äquivalente zu verzeichnen, kommt es also zu einem Prozess der symbolischen Säkularisierung. So gewinnen neben religiösen Heiligtümern vor allem Sehenswürdigkeiten und Spektakel anderer Art kulturellen Identifikationswert. Die Monumente des 21. Jahrhundert sind Zweckgebäude wie Sportarenen, Wolkenkratzer oder Atomkraftwerke. Symbolische Bedeutsamkeit wird verstärkt Angelegenheiten sportlicher oder technischer Art zugemessen. Das religiöse Weltbild wird mehr und mehr durch die rationalen Mythen der Moderne ersetzt, etwa »Fortschritt« und »Aufklärung«, »Wohlstand« und »Bildung«, »Demokratie« und »Gerechtigkeit«. An die Stelle mythischer Erzählungen treten die kommunikativen Formate der Massenmedien. Die Metaphorik des modernen Realismus wird durch Bücher, Fernsehen und Internet vermittelt, die ein breites Spektrum von Inhalten transportieren, das von »Wissensstoff« und Nachrichten bis hin zu Werbung und Unterhaltung reicht.

Zwar scheiden sich die Ansichten heute in fast jeder Hinsicht, denn die Distanzierung von den Ideologien anderer ist offenbar unentbehrlicher Bestandteil einer »realistischen« Weltanschauung. Karrieristen wie Alternativen, Desillusionierten wie Fundamentalisten scheint gleichwohl eines gemein zu sein: Die symbolische Verfasstheit des je eigenen Weltbildes wird weitestgehend verleugnet. Der Glaube an die Realität mag die Wirksamkeit der Symbole durchaus noch begünstigen, zugleich könnte der symbolblinde, der das Symbolische regelrecht verdrängende Rationalismus unserer Zeit aber auch ein Grund dafür sein, dass wir uns oft von der gesellschaftlichen Ordnung leiten lassen, *ohne* dadurch die soziale Wirklichkeit selbst wirklich mitzugestalten.

Schaubild 6: Schematische Zusammenfassung des Gedankenganges

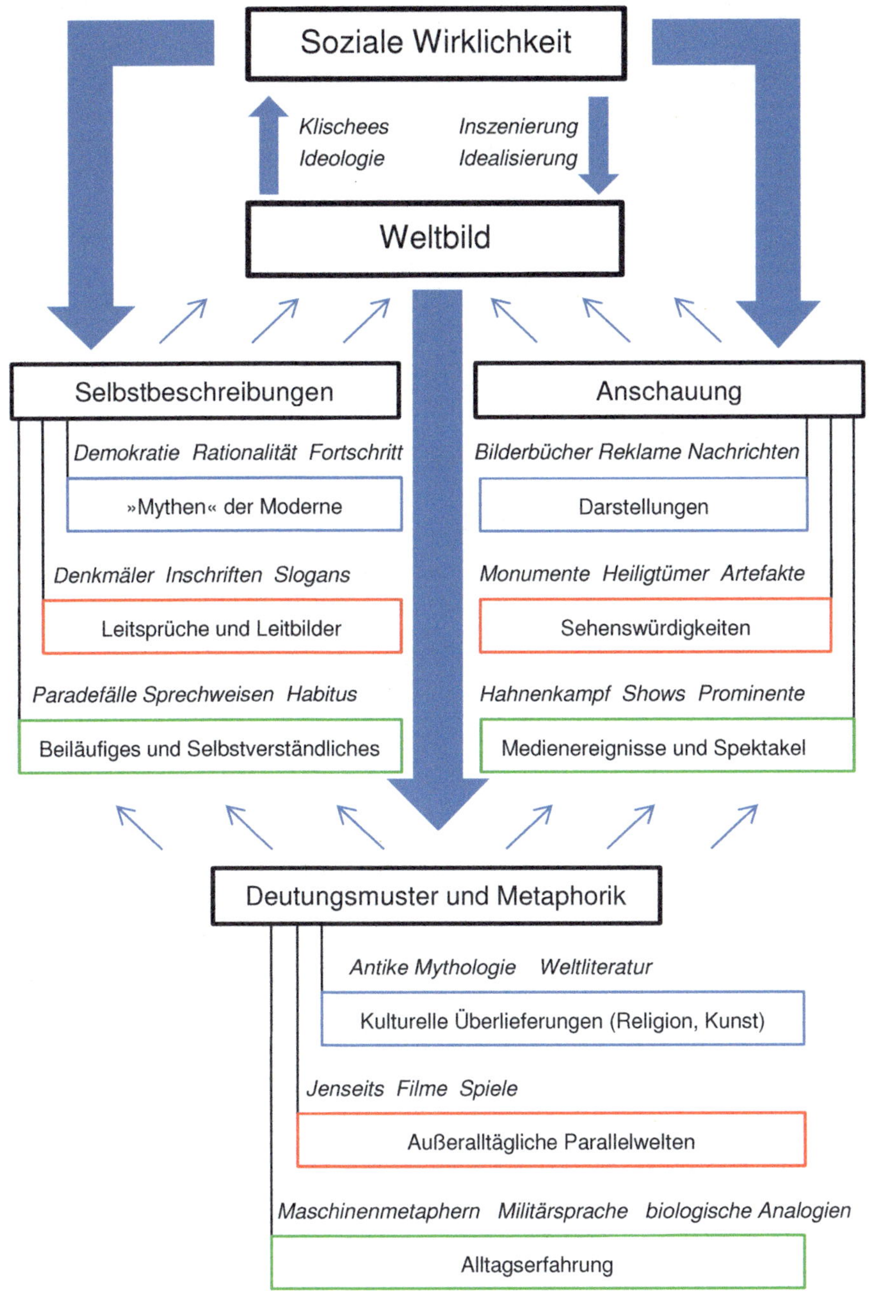

8 *Für eine Soziologie der Symbolik.* Akademische Stellungnahme

Jeglicher Sinn basiert auf Symbolen. Alles kulturelle Geschehen drückt sich in symbolischen Formen aus. Selbst Institutionen aller Art wirken maßgeblich über ihre Symbolik. Symbole sind zugleich Medium des Geistes, Spur der Kultur und Hand des Verstandes. Sie sind für die individuelle Orientierung im Leben ebenso unverzichtbar wie als Material kulturwissenschaftlicher Forschung, und sie sind ein unentbehrliches Instrument zur Regulierung sozialer Ordnungen. In der Symbolanalyse liegt daher der soziologische Schlüssel zum Verständnis der sozialen Welt. Ist es nicht so?

Zweifelsohne zählen Phänomene des Symbolischen zu den wichtigsten Gegenständen der Geisteswissenschaften überhaupt. Wenngleich das Thema Symbole angesichts einer Fokussierung auf historische Fakten und auf Fragen der Vernunft nicht immer zu den prominentesten gehört, so bildet es doch ein ganz wesentliches Bindeglied zwischen Ästhetik und Sprachphilosophie, zwischen Religionswissenschaft und Erkenntnistheorie, Ethik und Ethnologie. Ob es um die Mechanismen menschlicher Kommunikation geht, um die Grundlagen der Kognition oder um die Werte einer spezifischen Kultur, immer spielen symbolische Muster eine zentrale Rolle. Verständigung, Weltbild, Sitten – »alles (…) ist Symbol«[1]. Mag auch die Soziologie neben den elaborierten Diskursen der Semiotik und der Kunstgeschichte in diesem Zusammenhang oft etwas randständig wirken, so gehört die Beschäftigung mit der Wirkungsweise symbolischer Strukturen doch nichtsdestotrotz zu den Kernaufgaben soziologischer Theoriebildung. Um menschliches Handeln zu deuten und um die eine Kultur beherrschende Denkweise zu verstehen, ist eine Berücksichtigung der symbolischen Aspekte sozialer Verhältnisse unumgänglich. Nur durch die Kraft der Symbole lässt sich erklären, wie wir uns von der gesellschaftlichen Ordnung leiten lassen und dadurch die soziale Wirklichkeit selbst mitgestalten.

Nun wird man es angesichts der fundamentalen ökonomisch-politischen Umwälzungen unserer Zeit unangebracht finden können, ausgerechnet jetzt eine Rückbesinnung auf eines der (mehr oder weniger ungelösten) Schlüsselprobleme des Fachs anzuregen. Die soziologische Symbolforschung scheint nicht viel zu den drängenden sozialwissenschaftlichen Fragen der Gegenwart beitragen zu

---

1 »Alles was geschieht, ist Symbol, und, indem es vollkommen sich selbst darstellt, deutet es auf das Übrige.« heißt es bekanntlich bei Goethe (Brief an K. E. Schubarth vom 3.4.1818).

können. Dem Thema fehlt schlicht die moralische Aufladung, die politische Bedeutung, die existenzielle Note. Symbolanalysen gelten gemeinhin als interessant, werden jedoch eher als Sujet der Muße betrachtet, dem sich vorzugsweise Intellektuelle annehmen, die von jeglichen praktischen Aufgaben entlastet sind. Die Reflexion über Symbole dient nach gängiger Auffassung allenfalls der Erbauung, falls sie nicht ohnehin einfach eine anstrengende Trockenübung philosophischer Feingeister bleibt, mit der diese ihren Bildungsstatus signalisieren. In Zeiten der Sachzwänge und harten Sparmaßnahmen, der ökologischen Katastrophen, des Terrorismus und der Dominanz ungebändigter Finanzmärkte schwindet das Verständnis für solche sinnierenden Betrachtungen. Die gesellschaftliche Selbstbeschreibung stützt sich stattdessen auf dramatisierende Begriffe wie Krise, Kampf und Konflikt. Die Gesellschaft definiert ihre Situation als eine, in der es nicht um Symbole, sondern um Wohlstand und Armut, um Gerechtigkeit und soziale Ungleichheit, um Werte und Menschenrechtsverletzungen geht.

Gerade im allseits ausgerufenen Zeitalter der »Krise« häufen sich derweil symbolische Aktionen, symbolträchtige Bilder und öffentlichkeitswirksame Inszenierungen. Die Krise wird vor allem an ihrer Symbolik sichtbar: Terroranschläge und entsprechende Vergeltungsschläge, vertrauensstiftende Maßnahmen seitens der Regierungen und Protest seitens der Bürger, sei es gegen die Atomkraft, die Macht der Banken oder in Form anderer Begehren. Allenthalben erklärt man, ein »Zeichen setzen« zu wollen, ob gegen Rechtsextremismus oder gegen Finanzspekulationen, durch Krisengipfel oder finanzpolitische Talismane, durch Sanktionen oder Subventionen. Wie einst Friedrich Schiller in den Briefen über die ästhetische Erziehung des Menschen trotz eines Europa ergreifenden *politischen* Umbruchs für eine Konzentration philosophischer Reflexionsbemühungen auf Fragen der *ästhetischen* Erziehung plädierte[2], so wollen wir deshalb mit diesem Buch für eine Soziologie der *Symbolik* eintreten, die sich bewusst als Kontrapunkt zu den eher *materialistischen* Leitmotiven der aktuellen soziologischen Zeitdiagnosen versteht. Alle Formen von Macht wirken schließlich nach wie vor maßgeblich über ihre Symbolik, sei es nun durch öffentliche Hinrichtungen oder sei es ganz einfach nur durch Plaketten und Stempel.

Doch was – so gilt es nunmehr mit kritischem Blick auf die *Literaturlage* zu fragen – ist überhaupt ein Symbol? Hierüber bestehen bekanntlich bereits unter den *Philosophen*, jenen doch so in besonderem Maße auf begriffliche Genauig-

---

2 Vgl. Friedrich Schiller: Über die ästhetische Erziehung des Menschen, Stuttgart 2000. »Erwartungsvoll sind die Blicke des Philosophen wie des Weltmanns auf den politischen Schauplatz geheftet, wo jetzt, wie man glaubt, das große Schicksal der Menschheit verhandelt wird.« heißt es hier (Zweiter Brief, S. 10), um dem »Geschmack des Zeitalters« dessen »Bedürfniß« entgegenzuhalten: »Ich hoffe, Sie zu überzeugen, daß […] man, um jenes politische Problem in der Erfahrung zu lösen, durch das ästhetische den Weg nehmen muß, weil es die Schönheit ist, durch welche man zu der Freyheit wandert« (S. 11).

keit drängenden Scharfdenkern, nach wie vor unterschiedliche Auffassungen. Die einen verstehen unter einem Symbol lediglich ein durch Übereinkunft willkürlich festgelegtes Zeichen.[3] Dieses stehe für einen bestimmten Sachverhalt oder ein Objekt, wie etwa in der Mathematik das Symbol π für die Zahl 3,1415... oder in der Wirtschaft die Banknote für einen bestimmten Wert. Anderen Philosophen[4] zufolge beinhalten Symbole im Unterschied zu bloßen Zeichen eine strukturelle Ähnlichkeit zum Bezeichneten, so zum Beispiel beim Ei als Symbol der Fruchtbarkeit oder beim elektrischen Schaltzeichen für die Erdung. Sie gebrauchen den Begriff Symbol folglich in einem völlig anderen, ja konträren Sinne. Während die eine Fraktion Symbole gewissermaßen als Inbegriff einer Sache betrachtet, sieht die andere Fraktion in ihnen lediglich (wesensfremde) Stellvertreter eines Objekts.

Die Differenzen werden kaum kleiner, wenn es anstelle der theoretischen Definition um die empirische Analyse konkreter, gleichsam naturwüchsiger Symboliken geht. Über die Formelzeichen der Mathematik und die oft konstruierten Beispiele der Philosophen hinaus finden sich solche Symbole unter anderem in Mythen und Ritualen, also auf dem Gebiet der Religion.[5] In *Ethnologie und Religionswissenschaft* wird indes von jeher heftig darüber gestritten, ob die betreffenden Symboliken eine konkrete Bedeutung haben, inwieweit diese den Beteiligten bewusst sein muss und inwiefern sie sich durch den Forscher überhaupt bestimmen lassen.[6] Die einzelnen akademischen Schulen leben geradezu

---

3 So vor allem Charles S. Peirce. Vgl. Ludwig Nagl, Charles Sanders Peirce. Frankfurt a. M./New York 1992. Insbesondere die Analytische Philosophie macht eine scharfe Unterscheidung zwischen Sprache und Welt, Satz und Sachverhalt, Wort und Objekt, Symbol und Gegenstand zum Ausgangspunkt unerschöpflicher Debatten über Sinn und Bedeutung, sodass nicht von ungefähr mathematische Begriffe, Formeln und Variablen zum Paradebeispiel der Argumentation werden. Auch der frühe Wittgenstein gebraucht den Begriff Symbol in diesem Sinne für sprachinterne Stellvertreter realer Tatsachen, die erst auf der Ebene logischer Konfigurationen zu einem Bild der Welt werden, wohingegen diese formalistische Sichtweise im Spätwerk der »Philosophischen Untersuchungen« einer pragmatischeren Betrachtung weicht, wenn etwa die »Maschine als Symbol ihrer Wirkungsweise« aufgefasst wird. Vgl. Ludwig Wittgenstein: Tractatus logico-philosophicus. Werkausgabe Bd. 1, Frankfurt a. M. 1984, S. 15 (2.12, 2.13, 2.14), S. 22 (3.32) bzw. S. 340 (Abschnitt 193). Über die vielfältigen terminologischen Variationen soll hier der Einfachheit halber hinweggesehen werden. Der Wittgenstein des Tractatus (a. a. O., S. 22) versteht bspw. das Zeichen als den sichtbarer Bestandteil des Symbols (»3.32 Das Zeichen ist das sinnlich Wahrnehmbare am Symbol«).

4 So Ferdinand de Saussure, Wissenschaft der Sprache. Frankfurt a. M. 2003.

5 Vgl. als klassische Studien auf diesem Gebiet etwa Claude Levy-Strauss: Mythologica, Frankfurt a. M. 2008. Victor Turner: The Forest of Symbols: Aspects of Ndembu Ritual, Ithaca/London 1967. Clifford Geertz: Religion als kulturelles System, in: ders.: Dichte Beschreibung. Beiträge zum Verstehen kultureller Systeme, Frankfurt a. M. 1987, S. 44-95.

6 Vgl. für eine feinsinnige Sondierung der betreffenden Problematik mit Blick auf den französischen Strukturalismus Dan Sperber: Über Symbole, Frankfurt a. M. 1975.

davon, sich in eben dieser Sache von namhaften Ansätzen wie dem Funktionalismus, dem Strukturfunktionalismus oder dem französischen Strukturalismus abzugrenzen und im Hinblick auf die symbolische Deutung kultureller Eigenheiten einen eigenen Standpunkt auszuweisen[7]. Dieser Vorgang wurde im sogenannten Poststrukturalismus insofern auf die Spitze getrieben, als hier – nicht zuletzt im Zuge einer generellen Bildungsmisere – der Kommunikationsstil einer nahezu inhaltsleeren Distinktion zum dominanten Gestus eines ganzen Milieus von Gelehrten werden konnte, die nicht mehr zu diesem oder jenem Stamm reisen, um kulturelle Systeme zu ergründen, sondern stattdessen den »Diskurs« analysieren, um oft ebenso polemisch wie kritisch zu den teils meisterlich, teil eher in plumper Weise rekonstruierten diskursiven Konstruktionen Stellung zu nehmen.[8]

Auch in der Kunst sind vielfältige symbolische Aspekte kaum zu übersehen. Gleichwohl herrscht in der *Kunstgeschichte* und der *philosophischen Ästhetik* mitnichten Einigkeit über deren Bedeutung, ihre Konstitution und ihren Charakter.[9] Dies ist bereits an den unterschiedlichen Zusammenhängen zu erkennen, in denen man von »symbolischer Kunst« spricht. So bezeichnet Hegel die historisch früheste Form von Kunst als »symbolische Kunst«[10], während der sogenannte »Symbolismus« eine auf das Ende des 19. Jahrhunderts zu datierende Stilrichtung der bildenden Kunst, aber vor allem auch der Literatur ist. Unter deren Vertretern, etwa dem Lyriker Stéphane Mallarmé oder dem Maler Edvard Munch, herrscht aufgrund des programmatischen Charakters der Strömung freilich noch weitaus eher eine einheitliche Meinung über Symbolik in der Kunst vor, als dies zwischen Kunsthistorikern, Musik- und Literaturwissenschaftlern im Allgemeinen der Fall ist.

Desgleichen wurde – um einen dritten Forschungsbereich anzuführen – Symbolen im Kontext der *Psychologie* zum Teil großes Gewicht beigemessen, vor allem im Zusammenhang mit Träumen, Archetypen und anderen Motiven des Unbewussten[11], während der Symbolgebrauch in der akademischen Psychologie

---

7 Während bei Levy-Strauss bspw. die Struktur der Mythen zur Grundlage der Symbolanalyse wird, stellt Turner die je konkreten Rituale in den Vordergrund, sodass im einen Fallen bei Narrationen, im anderen bei praktischen Prozessen angesetzt wird.

8 Vgl. hierzu auch (seinerseits kritisch) Alan Sokal/Jean Bricmont: Eleganter Unsinn. Wie die Denker der Postmoderne die Wissenschaften missbrauchen, München 1999.

9 Vgl. hierzu Götz Pochat: Der Symbolbegriff in der Ästhetik und Kunstwissenschaft, Köln 1983.

10 Vgl. G. W. F. Hegel: Vorlesungen über die Ästhetik, Bd. 1-3, Frankfurt a. M. 1986. Ganz ähnlich wird auch bei Luhmann die symbolische Kunst mit der Religion in Verbindung gebracht und als eine Form von Kunst »vor ihrer Ausdifferenzierung« betrachtet. Vgl. Niklas Luhmann: Die Kunst der Gesellschaft, Frankfurt a. M. 1997, S. 271 ff.

11 Vgl. Sigmund Freud: Die Traumdeutung, Frankfurt a. M. 2005; Carl G. Jung, Die Symbolik des Geistes. Zürich 1948, Jacques Lacan: Schriften 1, Frankfurt a. M. 1987.

der Gegenwart kaum eine nennenswerte Rolle spielt.[12] Die in der Tiefenpsychologie bzw. der Psychoanalyse herausgearbeiteten Symboltheorien widersprechen sich untereinander in eklatanter Weise und werden zudem vom psychologischen Mainstream allenfalls unter Vorbehalten anerkannt. Es gibt heute weder einen einheitlichen psychologischen Symbolbegriff noch ein fundiertes Konzept der symbolischen Intelligenz.[13]

Die grundsätzliche Bedeutung des Symbols für die Entwicklung der menschlichen Kultur ist oft betont worden.[14] Auch einschlägige Autoren der *Soziologiegeschichte* sprechen dem Symbolischen eine zentrale Bedeutung zu. Bereits der große englische Universalgelehrte Herbert Spencer (1820-1903) betrachtete »ceremonial institutions« als elementare, ursprünglichste Form sozialer Ordnungsbildung, die religiösen und politischen Einrichtungen entwicklungslogisch vorangegangen sei.[15] Der *symbolische Interaktionismus,* eine vor allem auf den bis heute angesehenen Sozialphilosophen George Herbert Mead (1863-1931) zurückzuführende Lehrströmung innerhalb der US-amerikanischen Soziologie, sah sie als Grundlage zwischenmenschlicher Beziehungen an.[16] Talcott Parsons (1902-1979) – um die Mitte des 20. Jahrhunderts herum sicher der bedeutendste soziologische Theoretiker überhaupt – erkannte in ihnen das Grundelement einer eigenständigen soziokulturellen Evolution.[17] Geld und Macht wurden von ihm als *symbolisch generalisierte Medien* betrachtet, die der Koordination von Handlungssystemen dienen.

Der deutsche Soziologe Niklas Luhmann (1927-1998) hat diesen Ansatz später zu einer Theorie der *symbolisch generalisierten Kommunikationsmedien* weiterentwickelt, zu denen er nunmehr auch Wahrheit, Recht und Kunst zählte und die in engem Zusammenhang mit der Ausdifferenzierung entsprechender Funktionssysteme für Wirtschaft, Politik, Wissenschaft usw. stehen. Luhmanns Systemtheorie betrachtet soziale Systeme somit durchweg als geschlossene Sinnsysteme, deren Sinnkonstruktionen unter anderem auf bestimmten Symbolen beruhen. Auch das Verhältnis sozialer Systeme zum menschlichen Bewusstsein

---

[12] Eine der wenigen Ausnahmen bildet die Entwicklungspsychologie, sofern sie an die Arbeiten von Piaget anschließt. Vgl. Jean Piaget: Psychologie der Intelligenz, Olten 2000, S. 141 ff.

[13] Vgl. aber Norbert Andersch: Symbolische Form und psychische Erkrankung, Würzburg 2014.

[14] Cassirer begreift Symbole gar als Medium des Zugangs zur Welt. Vgl. Ernst Cassirer: Versuch über den Menschen, Hamburg 2007.

[15] Vgl. Herbert Spencer: Ceremonial Institutions. Being Part IV of The Principles of Sociology, New York 1880.

[16] Vgl. George H. Mead: Gesammelte Aufsätze, Bd. 1, Frankfurt a. M. 1980 (darin verschiedene Aufsätze). Der im engeren Sinne mit der Person Herbert Blumer verbundene symbolische Interaktionismus lässt sich als Bestandteil einer Forschungstradition auffassen, zu der sich die gesamte Chicago School bis hin zu Anselm Strauss rechnen lässt.

[17] Vgl. Talcott Parsons: Gesellschaften. Evolutionäre und komparative Perspektiven, Frankfurt a. M. 1975, S. 54.

und zum Körper wird von Luhmann über einen Begriff der »symbiotischen Symbole« erfasst. [18]

Im Gegensatz dazu hat der um die Jahrtausendwende herum wohl international prominenteste lebende deutsche Philosoph: Jürgen Habermas (geb. 1929) die Auffassung vertreten, die systemtheoretische Perspektive bedürfe einer Ergänzung durch die Perspektive der menschlichen Lebenswelt.[19] In der modernen Gesellschaft würden »System« und »Lebenswelt« zunehmend voneinander entkoppelt. Während dem sich im Lager der Kritischen Theorie verortenden Habermas zufolge »das System« – gemeint sind hiermit Politik und Wirtschaft – für die *materielle Reproduktion* gesellschaftlicher Strukturen zuständig ist, fallen »der Lebenswelt« Aufgaben der *symbolischen Reproduktion* zu.[20] Der Symbolbegriff erscheint damit bei Luhmann und Habermas innerhalb der Gesellschaftstheorie jeweils an einer gänzlich anderen Position!

Der weithin geschätzte Soziologe Norbert Elias (1897-1990) wiederum sah die symbolbasierte Kommunikation zwar als wesentliches Merkmal menschlicher Gesellschaften schlechthin an, setzte den Gebrauch von Symbolen aber weitestgehend mit der Verwendung von *Sprache* gleich, während der seit etlichen Jahren geradezu zum Modeautor avancierte Pierre Bourdieu (1930-2002) Symbole stattdessen als eine spezifische (teil auch als übergeordnete) *Kapitalsorte* neben ökonomischem, sozialem Kapital und Bildungskapital auffasste.[21] Auch in der Soziologie besteht also bezüglich des Charakters von Symbolen kein Konsens, es gibt weder ein allgemein anerkanntes Konzept noch eine spezielle Soziologie des Symbolischen.

In den genannten Theorien, Disziplinen und Diskussionszusammenhängen werden – so lässt sich bereits nach dieser ganz kursorischen Betrachtung zusammenfassend feststellen – sehr unterschiedliche Aspekte von Symbolen thematisiert. Es drängt sich der Eindruck auf, dass mit dem Wort »symbolisch« dabei jeweils vollkommen verschiedene Sachverhalte bezeichnet werden. Je nach Metier, Problemkontext und Paradigma scheinen jeweils weitestgehend distinkte Forschungsfragen in den Vordergrund zu rücken.

Dennoch plädiert dieses Buch für eine *Symbolsoziologie*, die ihren Gegenstand als *ein* Phänomen betrachtet, dessen vielfältige Facetten es im Gesamtzusammenhang zu beleuchten gilt. Anhand der Kontraste zwischen seinen multiplen Erscheinungsformen kann – so lautete die Ausgangsannahme der hier vorge-

---

18 Niklas Luhmann: Die Gesellschaft der Gesellschaft, Frankfurt a. M. 1997, S. 378 ff.

19 Vgl. Jürgen Habermas: Theorie des kommunikativen Handelns, Frankfurt a. M. 1981.

20 Ebenda, Bd. 2, S. 209.

21 Vgl. Norbert Elias: Symboltheorie, Frankfurt a. M. 2001; Pierre Bourdieu: Zur Soziologie der symbolischen Formen, Frankfurt a. M. 1974, Pierre Bourdieu: Sozialer Sinn, Frankfurt a. M. 1993, S. 205-221.

stellten Überlegungen – die Funktionsweise des Symbolischen ohne allzu weitreichende theoretische Vorentscheidungen erschlossen werden. Auf diese Weise sollte systematisch eine soziologische Perspektive auf die Fülle symbolischer Gehalte eröffnet und erst nach und nach ein empirisch gesättigter Begriff des Symbols entworfen werden. Zugleich ließ sich damit die immense Bedeutung symbolischer Strukturen für die Genese und die Aufrechterhaltung gesellschaftlicher Ordnung bestmöglich in all ihren Dimensionen veranschaulichen.

Um der Vielfalt symbolischer Formen als kulturellen Objektivationen sozialen Sinns auch nur ansatzweise gerecht zu werden, hatte es sich empfohlen, die Analyse nicht auf einen vorab definierten Symbolbegriff festzulegen, sondern stattdessen die verschiedenen soziologischen Aspekte des Symbolischen systematisch einzukreisen. Daher wurde bewusst versucht, jede Fokussierung auf diese oder jene paradigmatische Begriffsauffassung so weit als möglich zu vermeiden, zumal die verfügbaren Konzepte offenbar nicht widerspruchsfrei miteinander zu vereinbaren sind. Für den noch ausstehenden Abschluss der Theoriebildung, dem sich das folgende Kapitel widmen wird, erweist sich ein – unter diskursanalytischen Gesichtspunkten erfolgender – Rückgriff auf das bestehende Theorieangebot gleichwohl als hilfreich, insofern sich hierüber die belangvollsten *Unstimmigkeiten* zwischen den gängigen Denkfiguren identifizieren lassen. Auf diese Weise vermögen wir die Fragmentierung des Symbol-Diskurses in einen heuristischen Vorteil zu verwandeln: Die Synthese der theoretischen Erträge kann sich dann nämlich zusätzlich auf eine Bestandsaufnahme der virulentesten Problemaspekte stützen. Anhand einer diesbezüglichen metatheoretischen Betrachtung sensibilisieren wir so (hoffentlich) unseren Blick, ohne der Beobachtung von vorneherein die akademische Brille einer begrifflichen Dogmatik aufzusetzen.

Die zu diesem Zweck nachfolgend entwickelte Heuristik zielt mithin auf *maximale Abstraktion*, gerade um die »eigentlichen« (phänomenbezogenen) Betrachtungen von allzu anspruchsvollen Theoriespielen zu entlasten. Es dient dazu, jegliche symboltheoretischen Vorbegriffe dadurch auszuschalten, dass diese gleichsam gegeneinander ausgespielt, um schließlich in der höheren Einheit der abgeleiteten Heuristik aufgehoben zu werden.

Theoriegenerierende Diskursanalyse: Symbol und Gegenbegriff

Was man unter einem Symbol versteht, das ist nicht zuletzt davon abhängig, wovon Symbole jeweils unterschieden werden. Je nachdem, welche Begriffe dabei als Gegenbegriffe fungieren, lassen sich unterschiedliche Nuancen akzentuieren, die sich freilich nicht ohne weiteres zu einem stimmigen Gesamtkonzept fügen. Da der Symbolbegriff jeweils in verschiedenen Richtungen eingegrenzt und in jeweils anderen Bereichen gedehnt wird, ergeben sich vielmehr zwangsläufig Ungereimtheiten. Indem diese scheinbaren Widersprüchlichkeiten innerhalb des (real existierenden) Symbolbegriffs genauer in den Blick genommen werden, lassen sich anstelle einer einseitigen Definition nun zumindest einige *zentrale Aspekte* ableiten, welche die Diskussion zum Thema Symbole insgesamt bestimmen. Hierzu soll im Weiteren versucht werden, die einschlägigen Nuancen des Symbolbegriffs anhand einer entsprechenden Unterscheidung zu identifizieren, und diese Unterscheidungen schließlich paarweise so zu gruppieren, dass sie in jeder der resultierenden Dimensionen unserer Heuristik einen spezifischen Gegensatz bilden. Das skizzierte Schema (vgl. Schaubild 7) beinhaltet in diesem Sinne drei für die disziplinübergreifenden Debatten zum Thema Symbole zentrale *Polaritäten*.

Ein *erster* augenscheinlicher Widerspruch erwächst aus der Frage nach dem Verhältnis von symbolischer Form und Weltstruktur, wir wollen in diesem Zusammenhang von dem Aspekt der *Homologie* sprechen:

- In der Tradition der an de Saussure anschließenden Semiologie ist es üblich, Symbole von bloßen *Zeichen* zu unterscheiden. Im Unterschied zu diesen weisen Symbole eine strukturelle Affinität zu ihrem Signifikat auf.[22] Die innere Form des Symbols korrespondiert demnach einerseits mit seiner Bedeutung. Symbole erklären sich insofern weitestgehend selbst.
- Andererseits wird zugleich oft die Mehrdeutigkeit von Symbolen im Gegensatz zu arbiträren Bezeichnungen, formalsprachlichen Konventionen und bewusst konstruierten Sinnbildern betont. So wird in der Ethnologie die Vielschichtigkeit des Symbolischen im Zusammenhang mit der komplexen Bedeutung von Mythen hervorgehoben[23]. Die philosophische Ästhetik unterscheidet entsprechend zwischen Symbol und *Allegorie*[24]. Im Unterschied zur Allegorie lässt die Form des Symbols sich gerade nicht einer bestimmten Struktur der (Um-)Welt auf eindeutige Weise zuordnen.

Somit soll es also zum einen charakteristisch für Symbole sein, einen impliziten Bezug auf etwas aufzuweisen, dass in ihrer Form sichtbar zum Ausdruck kommt. Zum anderen wird aber die Frage danach, wofür ein Symbol stehe, als unangebracht zurückgewiesen, da es kein einfaches Entsprechungsverhältnis zwischen symbolischer Form und sozialer Wirklichkeit gäbe. Kurzum: Im Symbol wird etwas abgebildet, das in der Welt gar keine eindeutige Entsprechung hat. Die Signifikanz symbolischer Strukturen bleibt folglich fraglich und der Aspekt der Homologie mit dem Problem ihrer Ambiguität verknüpft.

---

22 Vgl. Ferdinand de Saussure: Linguistik und Semiologie, Frankfurt a. M. 1997.

23 Vgl. abermals Sperber, Über Symbolik, a. a. O.

24 Vgl. etwa Hans-Georg Gadamer: Wahrheit und Methode. Grundzüge einer philosophischen Hermeneutik, Tübingen 1960; Paul de Man: Die Ideologie des Ästhetischen, Frankfurt a. M. 1993.

Schaubild 7: Heuristik symbolinhärenter Polaritäten

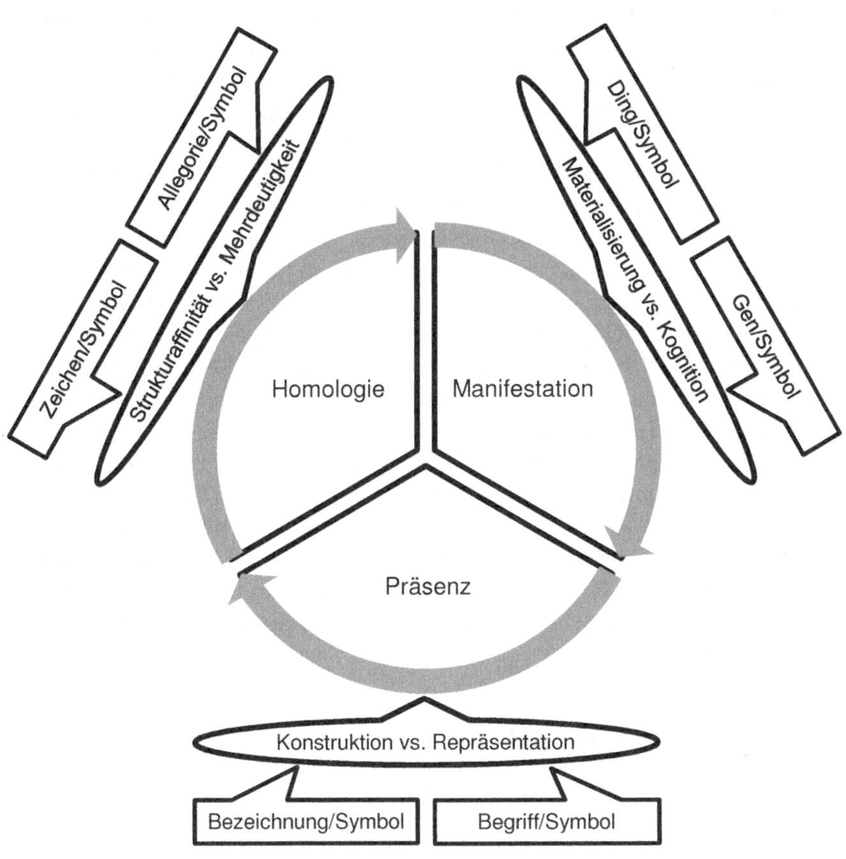

Ein *zweiter* Gegensatz ergibt sich aus einer konträren Deutung des Zusammenhangs von ideellen und materiellen Momenten. Er betrifft den Charakter des sich im Symbolischen vollziehenden Projektionsprozesses und soll hier als Aspekt der *Manifestation* bezeichnet werden:

- Vergleicht man symbolische Objekte mit normalen Gebrauchsgegenständen, so erscheinen sie gemeinhin als eine Form der Verkörperung ideeller Werte. Von empirischen Beobachtern[25] wird daher vielfach festgestellt, dass Symbole im Unterschied zu gewöhnlichen *Dingen* mehr beinhalten, als ihre rein *materielle* Existenz ausmacht. Sie seien zugleich eine Manifestation *ideeller* Bedeutungen. Das Symbol fungiert so gesehen als eine materielle Projektion geistiger Gehalte, da in ihm Sinn sinnlich erfahrbar wird und es damit ein an sich Unsichtbares sichtbar werden lässt.
- Umgekehrt wird das Symbolische jedoch – vor allem von theoretischen Beobachtern – auch als epistemisches Medium begriffen, welches jegliche Kognition und jede Form von kultureller Entwicklung überhaupt erst ermöglicht, so in der Psychoanalyse[26], in der Philosophie[27] oder in der Semiotik. Die (materielle) Welt an sich wäre für das Bewusstsein und die Kommunikation folglich nur in symbolisch vermittelter Form verfügbar.[28] Eine *soziologische* Spielart dieser letztgenannten Auffassung firmiert als Theorie der *kulturellen Evolution*. Zum Gegenbegriff des Symbols wird in diesem Zusammenhang nun der Begriff des *Gens*.[29] Während die biologische Evolution sich auf Ebene der Gene vollzieht, würde die kulturelle Evolution auf der Ebene der Symbole stattfinden. Im Unterschied zum Gen als einem materiellen Element der Natur ist das Symbol so gesehen das ideelle Element, in dem sich die Kognition und das kollektive Bewusstsein einer Kultur manifestiert.[30]

---

25 Vgl. etwa für eine kultursoziologische Perspektive mit Blick auf die Konsumwelt Aida Bosch: Konsum und Exklusion. Eine Kultursoziologie der Dinge, Bielefeld 2010.

26 Carl G. Jung: Die Symbolik des Geistes, Zürich 1948.

27 Ernst Cassirer: Philosophie der symbolischen Formen, Darmstadt 1965.

28 In diesem Sinne etwa Emil Baader: Versuche der Entwicklung einer allgemeinen (ideativen) Symboltheorie. Allegorisch-attributive Symbolik im Gesamtgefüge der analogischen Verdichtungen, Würzburg 2003. Baader grenzt den Symbolbegriff freilich dadurch ein, dass er diesen in eine entwicklungslogische Reihe zwischen Sinnbild und logischem Begriff als äquivalenten Formen der »analogischen Verdichtung« einordnet. Vgl. auch ders.: Drei ideative Denkfiguren als Hilfsmittel der Weltdeutung: Gottesvorstellung, Symbol, Entwicklungstheorie, Würzburg 2004.

29 So heißt es bei Parsons etwa: »Im Bereich des Handelns wurde das Gen durch das Symbol als fundamentales strukturelles Element ersetzt.« Vgl. Talcott Parsons: Gesellschaften. Komparative und evolutionäre Perspektiven, Frankfurt a. M. 1975, S. 54.

30 Entscheidend bleibt in diesem Zusammenhang die Gegenüberstellung von Natur und Kultur, auch wenn es bspw. aus Sicht einer Theorie autopoietischer Systeme tatsächlich näher liegen

Zum einen beinhaltet Symbolisierung demnach als geistige Abbildung immer eine Idealisierung der Welt, zum anderen scheint zur Manifestation symbolischer Strukturen ein materielles Substrat unabdingbar. Kurzum: Das Symbol ist als eine idealisierte Form zu begreifen, die zugleich erst in bedeutsamen Objekten real greifbar wird. Die im Symbolischen verwirklichte Verbindung zwischen Prozessen der Idealisierung und der Materialisierung bleibt daher begrifflich unterbestimmt und der Aspekt der Manifestation zugleich umso virulenter.

Eine *dritte* dem Symbolbegriff inhärente Unstimmigkeit ergibt sich aus der vergegenwärtigenden Wirkung von Symbolen, welche sich sowohl im Hinblick auf die Repräsentation des Symbolisierten verstehen lässt als auch unter konstruktivistischen Gesichtspunkten betrachten werden kann. Die resultierende Problematik sei hier der Aspekt der erzeugten *Präsenz* genannt:

- Auf der einen Seite wird immer wieder die repräsentative Funktion von Symbolen hervorgehoben.[31] Sie stehen demnach stellvertretend für etwas anderes, das in ihnen zugleich präsent ist.[32] Das Symbolisierte ist mithin im Symbol selbst unmittelbar gegenwärtig und wird kraft des Symbols in der Tat wirksam. Hierdurch unterscheiden sich Symbole etwa von bloßen *Begriffen*.[33] Das Repräsentierte wird im Symbol nämlich nicht nur abgebildet, es agiert vielmehr mittels des Symbolischen. Während Begriffe die Realität lediglich in kognitiver Hinsicht repräsentieren, ist das Symbol ein performativ wirksamer Bestandteil der Wirklichkeit.
- Auf der anderen Seite ist jedoch seit langem auch der Konstruktionscharakter symbolischer Realitäten herausgearbeitet und die Existenz eines unabhängigen Signifikats außerhalb des symbolischen Systems bestritten worden.[34] Ein Symbol verweist letztlich immer nur auf kontextbezogene Sinn-

---

mag, anstelle des *Gens* die *Zelle* als Grundelement biologischer Systeme anzusehen – und deren soziales Gegenstück mit dem Terminus »Kommunikation« zu bezeichnen. Vgl. Niklas Luhmann: Soziale Systeme, Frankfurt a.M. 1994.

31 Vgl. Hans-Jörg Rheinberger/Michael Hagner/Bettina Wahrig-Schmidt (Hg.): Räume des Wissens. Repräsentation, Codierung, Spur, Berlin 1997.

32 Vgl. aber Karl-Siegbert Rehberg: Weltrepräsentanz und Verkörperung. Institutionelle Analyse und Symboltheorie, in: G. Melville: Institutionalität und Symbolisierung, Köln/Weimar/Wien 2001, S. 3-49, der zwischen Repräsentanz-Zeichen und Präsenz-Symbolen unterscheidet, und so die Aspekte der Repräsentanz und der Präsenz strikt voneinander trennt.

33 Eine explizite Unterscheidung zwischen Symbol und Begriff – oder Symbol und Idee – findet man freilich zumeist nur als Bestandteil des sogenannten semiotischen Dreiecks (aus Symbol, Begriff und Ding). Im Kontext der Sprechakttheorie, welche den handlungswirksamen Effekt von Symbolen wohl am eindrücklichsten herausgestellt hat – wurde ursprünglich vorzugsweise die Dichotomie performativ/konstativ verwendet und später eine elaborierte eigenständige Terminologie entwickelt. Vgl. John L. Austin: Performative und konstatierende Äußerungen, in: Rüdiger Bubner (Hg.): Sprache und Analysis, Göttingen 1968, S. 140-153.

34 Vgl. in diesem Sinne bspw. Roland Barthes: Das Reich der Zeichen, Frankfurt a. M. 1981.

zusammenhänge. Es markiert lediglich interne Unterschiede innerhalb eines umfassenden symbolischen Systems[35], das im Gegensatz beispielsweise zu einer Nomenklatur keine eindeutige Entsprechung in seiner Umwelt hat. Im Unterschied zu einer reinen Namensgebung definiert das Symbol demnach überhaupt erst sein Signifikat. Wo das konstruktivistische Moment des Symbols deutlich zutage tritt, dort wird folglich der Begriff der *Bezeichnung* zum (impliziten) Gegenbegriff, da der Symbolbegriff hier vorrangig von der Vorstellung einer bloßen Benennung von Dingen abgegrenzt wird.

Die Struktur symbolischer Formen bemisst sich folglich zum einen an den geschaffenen systeminternen Differenzen, sie lässt sich zum anderen aber auch auf die in ihnen verkörperten sozialen Kräfte beziehen. Kurzum: Das Symbol agiert stellvertretend für etwas, das gar nicht unabhängig vom Symbol existiert. Hieraus resultiert ein den Aspekt der Präsenz bestimmendes Spannungsverhältnis, das sich auf theoretischem Wege nur schwer auflösen lässt und hier daher in begrifflicher Hinsicht bewusst offen gelassen werden sollte, um ihm stattdessen auf empirischen Wege nachzuspüren.

In den drei umrissenen Aspekten mag man im Übrigen – ohne dass dies hier intendiert wäre – Ernst Cassirers funktionale Trias von *Ausdruck, Darstellung und Bedeutung* wiedererkennen.[36] *Ausdruck* ist das Symbol in seiner Eigenschaft als materielle Manifestation ideeller Gehalte, also als sinnliche Materialisierung von Sinn. *Darstellung* wird das Symbol aufgrund eines inhärenten Bezugs auf die Welt, der sich gewöhnlich aus der wahrgenommenen Homologie von symbolischer Form und realer Struktur ergibt. *Bedeutung* gewinnt es wegen der praktischen Relevanz seiner Präsenz, die sich primär aus sinnhaften Beziehungen innerhalb des kommunikativen Kontextes ergibt. Im Unterschied zu Cassirer haben wir jedoch nicht drei Pole des Symbolbegriffs, sondern Polaritäten innerhalb unserer drei Dimensionen selbst identifiziert (und Cassirers theorieintegrativen Impetus damit nochmals erweitert). Es handelt sich jeweils um vermeintliche Unvereinbarkeiten, die aus untereinander inkompatiblen Abgrenzungen des Symbolbegriffes gegenüber partikulären Gegenbegriffen resultieren. Im Rahmen eines weitest möglich gefassten Symbolverständnisses erscheinen diese Polaritäten indes nicht mehr als wechselseitig unvereinbare Dichotomien, sondern allenfalls als strukturinhärente Spannungsverhältnisse. Alle drei vermeintlichen Gegensätze lassen sich nämlich durchaus theoretisch miteinander versöhnen.

---

35 So auch Pierre Bourdieu: Zur Soziologie der symbolischen Formen, Frankfurt a. M. 1974.

36 Vgl. Ernst Cassirer: Das Symbolproblem und seine Stellung im System der Philosophie, in: ders.: Symbol, Technik, Sprache. Aufsätze aus den Jahren 1927-1933 (hrsg. von Ernst W. Orth und John M. Krois) Stuttgart 1995, S. 1-21.

Zum Aspekt der Homologie: Mehrdeutigkeit und Strukturaffinität sind insofern miteinander vereinbar, als die unterschiedlichen Deutungen sich ja nicht notwendig widersprechen, wie dies etwa im Falle eines Doppellebens unvermeidlich ist, wo die verschiedenen Identitäten der das Doppelleben führenden Person sich gegenseitig durchkreuzen. Die unterschiedlichen Facetten eines Symbols dagegen müssen einander nicht ausschließen. Symbole können vielmehr unterschiedliche Sinnebenen umfassen. Sie schlingen diese gleichsam zu einem Sinnknoten und erreichen so gerade jene Bedeutungsanreicherung, welche die assoziative Tiefe vieler Symbole ausmacht. Aufgrund dieser Eigenschaft sind Symbole nicht einfach nur schematische Modelle jener Wirklichkeitsausschnitte, für die sie jeweils stehen. Sie reduzieren die Komplexität der Welt also nicht nach dem Muster einer mathematischen Theorie, vielmehr transformieren sie diese in eine symbolische Struktur, die insofern gerade *aufgrund* ihrer Mehrdeutigkeit ein adäquates Abbild der (hyperkomplexen) Welt darstellt.

Zum Aspekt der Manifestation: Aus dem Abbildungsaspekt von Symbolen erklärt sich auch ihr Doppelcharakter als materielle und zugleich geistige Manifestation. Zum einen wird durch sie eine komplexe Realität kognitiv erfassbar und kommunizierbar. Zum anderen lassen sie sich als Projektion des Symbolisierten in ein Medium auffassen, das ein *materielles* Substrat beinhaltet, seien es Leinwand, akustische Schwingungen oder Gesten. Allerdings bleibt ihr *ideeller* Gehalt dabei an einen Beobachter gebunden, der die beobachtbare materielle Form auf entsprechende Weise interpretiert.[37] Der Sinn wird also in das Symbol hineingelegt und zugleich in ihm überhaupt erst sichtbar. Er materialisiert sich einerseits im Symbol, anderseits wird der betreffende Wirklichkeitsausschnitt in Form des Symbols buchstäblich idealisiert.

Zum Aspekt der Präsenz: Aufgrund seiner Materialität vermag ein Symbol repräsentative Funktionen auszuüben; durch seine ideellen Eigenschaften trägt es den Charakter einer Konstruktion. Beides kann durchaus miteinander einhergehen. Ein Symbol kann etwa eine Abstraktion darstellen, bei der eine Vielzahl von Phänomenen zu einer einzigen Größe zusammengefasst wird, deren symbolisches Äquivalent dann – wie im Falle des Geldes[38] – gegenüber seiner ur-

---

[37] Ähnlich bereits Leslie A.White: Symbols. The Origin and Basis of Human Behavior, in ders.: The Science of Culture. A Study of Man and Civilization, New York 1949. White betrachtet Symbole zum einen als mit zugeschriebenem Sinn versehene *Dinge*, sieht in ihnen andererseits jedoch zugleich das Grundelement kultureller Systeme, als deren biologisches Pendant er im Übrigen ähnlich wie Luhmann (vgl. die betreffende Fußnote oben) nicht das *Gen*, sondern vielmehr die *Zelle* ansieht.

[38] Als klassische Texte hierzu vgl. das Kapitel über Gebrauchswert und Tauschwert in Karl Marx: Das Kapital, Hamburg 1867; sowie Georg Simmel: Philosophie des Geldes, Berlin 1900.

sprünglichen Realentsprechung einen Eigenwert gewinnt.[39] Es kann für eine soziale Einheit – eine Gruppierung, eine soziale Bewegung, einen Staat – stehen oder für andere Entitäten, deren Existenz nicht mit bloßem Sinne wahrnehmbar ist: Quanten, Grenzen, Götter. Das Symbol fungiert hier als idealistische Abkürzung eines an sich unerreichbaren Objekts, das erst über seine Symbolisierung kommunikativ verfügbar wird. Indem sich im Symbol ein bestimmter Sinngehalt manifestiert, mag dieses sogar zum Repräsentanten von etwas werden, das es unabhängig von seiner symbolischen Repräsentation gar nicht gibt. Das Repräsentierte wird dann durch die symbolische Inszenierung überhaupt erst geschaffen.

Allgemeine Synthese: In symbolischen Strukturen *manifestiert* sich somit das Symbolisierte. Es wird durch sie zugleich *gespiegelt* und *repräsentiert,* sodass die Aspekte der Homologie, der Manifestation und der Präsenz sich auf diese Weise im Symbol miteinander verschränken. Die dem Symbolbegriff inhärenten Polaritäten lassen sich daher zu einem allgemeinen Symbolbegriff integrieren, der seine vermeintlichen Gegenbegriffe in sich aufnimmt, um aus diversen unvollständigen Dichotomien von »eigentlichem Symbol« und »bloßem ... [Gegenbegriff]« eine empirisch empfindsame Heuristik zu zaubern. Der Symbolbegriff kann auf diese Weise in den Stand einer allinklusiven, unnegierbaren Kategorie erhoben werden, die damit in etwa dem Status des Sinnbegriffs innerhalb der luhmannschen Systemtheorie entspricht ... Doch genug der metatheoretischen Reflexion!

***

So bedeutsam Symbole für soziale Praktiken aller Art sind[40], so hoch der akademische Stellenwert des Themas auch sein mag, so handelt es sich doch insofern zugleich um ein außergewöhnlich schwieriges Thema, als sich gemeinhin zwei schwerwiegende Vorbehalte damit verbinden. Erstens ist der Begriff des Symbolischen ein ausgesprochen *allgemeiner* Begriff. Er wird in ganz unterschiedlichen Zusammenhängen verwendet, ohne dass dabei klar wäre, was genau mit dem Wort »symbolisch« gemeint ist, was also das allen symbolischen Formen Gemeinsame sein soll. (Dies gilt ebenso für den Alltagsgebrauch des Wortes wie für seine Verwendung im akademischen Diskurs.) Und zweitens wird alles Symbolische in zeitdiagnostischen Zusammenhängen gemeinhin eher *abgewertet.* Wenn es um ernsthafte gesellschaftliche Probleme geht, sagt man gerne, etwas

---

39 Im Sinne von G. W. F. Hegel: Wer denkt abstract? in: *ders.: Gesammelte Werke,* Bd. 5. Hamburg 1998, S. 381-387.

40 Vgl. als Klassiker hierzu Herbert Blumer: Der methodologische Standort des symbolischen Interaktionismus, in: Arbeitsgruppe Bielefelder Soziologen (Hg.): Alltagswissen, Interaktion und gesellschaftliche Wirklichkeit, Bd. 1, Reinbek 1973, S. 80-101.

sei »nur« symbolisch, wohl um so den vermeintlichen Vorrang der Realität vor ihrem symbolischen Abglanz zu betonen.[41] Freilich sollte es im Vorfeld der Forschung zunächst einmal offen bleiben, ob das Symbolische als bloßer Schein, oder aber als signifikanter Widerschein oder gar als Substrat der sozialen Verhältnisse anzusehen ist. Dies zu bestimmen, wäre ja gerade selbst Aufgabe einer soziologischen Symbolforschung. Aus den genannten Vorbehalten leiten sich mithin zwei vordringliche Grundaufgaben der Symbolsoziologie ab: Erstens bedarf es einer adäquaten Synthese der vielfältigen Facetten des Symbolischen (a), sowie zweitens einer Klärung seines soziologischen Status (b).

a) Es ist ja leicht gesagt, alles kulturelle Geschehen habe grundsätzlich symbolische Qualitäten, und der Begriff des Symbols müsse folglich zu den Grundbegriffen der Soziologie gehören. Fakt ist aber auch, dass es schlicht keinen einheitlichen Symbolbegriff gibt. Wo dieser eine theoretische Anbindung erfährt, dort werden je nach Theorieansatz ganz verschiedene Teilaspekte betont, die dem Ansinnen der jeweiligen Theorie entsprechen, wenn etwa wie oben beschrieben Bourdieu von »symbolischem Kapital« spricht, wenn Habermas der »Lebenswelt« Funktionen der symbolischen Reproduktion zuschreibt oder Luhmann »symbolisch generalisierte Kommunikationsmedien« beobachtet. Wenn man diese verschiedenen Theorien einander gegenüberstellt, sieht man daher, dass jeweils nur partielle Symbolbegriffe entwickelt werden, welche die empirische Vielfalt symbolischer Strukturen für sich genommen nur unzureichend erfassen. Zudem kann man den Eindruck gewinnen, dass die gewaltige Bedeutungsgeladenheit solcher abstrakt-theoretischen Symbolbegriffe schnell in sich zusammenbricht, sobald man sich einmal ein konkretes empirisches Phänomen vor Augen hält: Ein Gipfelkreuz, um ein Beispiel aus der Einleitung nochmals aufzugreifen, ist ganz zweifellos ein Symbol. Aber welchen konkreten Sinn ein solches Gipfelkreuz hat, auf diese Frage geben die gängigen Ansätze schon insofern unbefriedigende Antworten, als diese je nach Theoriefokus eine erhebliche Einseitigkeit aufweisen. Unter raumsoziologischen Gesichtspunkte kann man hier etwa die Markierung der fernsten geografischen Orte als bereits durch die Zivilisation okkupiert erkennen, unter religionssoziologischem Blickwinkel erscheint das Kreuz als christliches Symbol, das eine Verbindung zum Himmel signalisiert. Psychoanalytisch gesehen mag das Gipfelkreuz stattdessen als Phallussymbol gelten. Die möglichen Erklärungen (so es hier im Einzelnen überhaupt zu solchen kommt) gehen also in vollkommen verschiedene Richtungen.

---

[41] Vgl. etwa als einschlägigen Beitrag zur politischen Bedeutung des Symbolischen als Instrument der Täuschung Murray Edelman: Politik als Ritual. Die symbolische Funktion staatlicher Institutionen und politischen Handelns, Frankfurt a. M. 1976. Kritischer hierzu Ulrich Sarcinelli: Symbolische Politik. Zur Bedeutung symbolischen Handelns in der Wahlkampfkommunikation der Bundesrepublik Deutschland, Opladen 1987.

Die aus dem Problem der Allgemeinheit des Symbolbegriffs resultierende Aufgabe einer Synthese berührt indessen nicht nur die paradigmatisch zu vollziehende Konvergenz der unterschiedlichen Perspektiven (im Extremfall: auf ein und dasselbe Phänomen). Sie umfasst auch die Berücksichtigung der Mehrdeutigkeit und Vielfalt der empirischen Phänomene selbst. Dies setzt natürlich überhaupt einmal die ganz grundsätzliche Unterstellung der tatsächlichen Existenz von Symbolen voraus. Die Mannigfaltigkeit der Erscheinungen bedarf zu ihrer Ergründung der Bündelung anhand gemeinsamer Kategorien. Und im Falle der Symbolsoziologie wird dies nur möglich, indem die fraglichen Gegenstände durchweg *als Symbol* betrachtet werden.

Die hier vorgestellten Betrachtungen gehen also davon aus, dass es »Symbole« gibt[42], es sich also nicht lediglich um *ein Wort* für *mehrere disparate Ideen* handelt. Sie lassen sich des Weiteren von der Annahme leiten, dass die verschiedenen Forschungsansätze jeweils wertvolle Einsichten in den Charakter von Symbolen vermitteln und daher eine vorschnelle Entscheidung zugunsten der einen oder anderen simplen Wahrheit der Komplexität des Phänomens keinesfalls gerecht wird. Gleichwohl wurde – was den Aufbau des Buches betrifft – von einer vergleichenden Aufarbeitung diverser Theorietraditionen abgesehen[43] und stattdessen eine Vorgehensweise gewählt, die den Gegenstand systematisch *von der Sache* her zu erschließen versucht. Das Interesse gilt mehr dem *realen* Symbol als dem Symbol*begriff*. Dieser soll hier lediglich ein Nebenprodukt bleiben und gegebenenfalls als Hilfsmittel zur Systematisierung der Beobachtungen oder zur Verfeinerung der Wahrnehmung dienen.

Aus diesem Grund begnügen die Ausführungen auch dieses Kapitels sich mit einer kursorischen Analyse der gängigsten symboltheoretischen Ansätze. Statt den Versuch zu unternehmen, begriffliche Konflikte argumentativ sauber aufzulösen, wurden die hiermit einhergehenden Spannungen oben kurzerhand in eine abstrakte Heuristik übersetzt. Selbstverständlich besitzt die strenge Symmetrie des Schemas insofern selbst symbolischen Charakter, als sie die hochgestochene Verworfenheit des Symboldiskurses kaschiert. Die suggerierte Ordnung beschönigt zugegebenermaßen ein Stück weit die Forschungslage, denn so stimmig wie dargestellt fügen sich die dem Symbolbegriff gegenübergestellten Gegenbegriffe

42 Die Formulierung spielt an – dies sei vorsichtshalber noch einmal explizit erwähnt – auf einen der meistzitierten Anfangssätze der Soziologiegeschichte an: »Die folgenden Überlegungen gehen davon aus, dass es Systeme gibt«. Niklas Luhmann: Soziale Systeme, Frankfurt a. M. 1984, S. 30. Auch an dieser Stelle geht es ja um die methodologisch motivierte Markierung einer ontologischen Referenz, welche den theoretischen Grundbegriff der betreffenden Analysen empirisch erdet.

43 Siehe hierzu bei Bedarf aber Dirk Hülst: Symbol und soziologische Symboltheorie. Untersuchungen zum Symbolbegriff in Geschichte, Sprachphilosophie, Psychologie und Soziologie, Opladen 1999.

natürlich in den Bibliotheken nie und nimmer ineinander. Auf der Suche nach zusätzlichen Unterscheidungsvarianten stößt man bspw. auf Hegels Ästhetik, in der überraschend (wenngleich nur partiell) das »Rätsel« als Gegenbegriff zum »eigentlichen Symbol« fungiert. Auf diese Weise vermag Hegel sich die scheinbare Unbestimmtheit des Symbolbegriffs zunutze zu machen, indem diese per definitionem gar zum wesentlichen Bestandteil des Gegenstandes erklärt wird:

> *»Das eigentliche Symbol ist an sich rätselhaft, insofern die Äußerlichkeit, durch welche eine allgemeine Bedeutung zur Anschauung kommen soll, noch verschieden bleibt von der Bedeutung, die sie darzustellen hat, und es deshalb dem Zweifel unterworfen ist, in welchem Sinne die Gestalt genommen werden müsse. Das Rätsel aber gehört der bewussten Symbolik an und unterscheidet sich von dem eigentlichen Symbol sogleich dadurch, dass die Bedeutung von dem Erfinder des Rätsels klar und vollständig gewusst und die verhüllende Gestalt, durch welche sie erraten werden soll, daher absichtlich zu dieser halben Verhüllung auserwählt ist. Die eigentlichen Symbole sind vor- und nachher unaufgelöste Aufgaben, das Rätsel dagegen ist an und für sich gelöst …«*[44]

Ob man die in philosophischen Schriften dieses Kalibers aufzuspürenden Symbolbegriffe nun selbst als rätselhaft oder eher als symbolisch empfindet (im Sinne Hegels, versteht sich!), bei aller verbleibenden Unklarheit scheint doch klar: Das verfügbare Angebot wird sich keinesfalls überbieten lassen, um die einzelnen Begriffe allesamt in ein noch komplexeres Konzept zu integrieren. Die präsentierte Heuristik erfüllt unserer Meinung nach gleichwohl ihren Zweck, wesentliche Knackpunkte der Symboltheorie prägnant zu bündeln, ohne bestehende Widersprüchlichkeiten rhetorisch glattzubügeln, wohingegen eine eingehendere Analyse der diversen Positionen Bände füllen könnte, ohne doch dadurch wirklich ein veritables Mehr an Klarheit herzustellen.

Der Blick fällt damit nicht primär in die Literatur, sondern richtet sich vielmehr auf die Welt. Dies mag ein wenig den akademischen Gepflogenheiten widersprechen, brav im geistigen Garten zu bleiben und im kühlen Schatten gesicherter Erkenntnisse von den eigenen Früchten des Faches zu zehren, um deren wissenschaftlichen Ruhm zu mehren und den angesagten Autorinnen oder Autoren zu huldigen. Doch angesichts der beinahe hoffnungslosen Fragmentierung der Soziologie geht es schließlich immer auch um den hehren Versuch, ihre Einheit neuerlich *im Gegenstand* aufzufinden, statt nur weitere Sekundärliteratur zu produzieren, welche die Unterschiede zwischen den einzelnen Schulen und ihren Sprachspielen eher noch vertieft und kommunikativ verfestigt.

---

44 G. W. F. Hegel: Vorlesungen über die Ästhetik. Erster Teil, Berlin 1842, S. 496 f.

Der mühsam erreichte Forschungsstand darf selbstredend keineswegs einfach ignoriert werden. Er zerrinnt jedoch gleichsam zwischen den Fingern, sobald er in den Aggregatzustand eines Mainstreams aus gängigen Ideen und kanonisierten Klassikern verfällt. Wenn wir also nach der gesellschaftlichen Bedeutung des Symbolischen fragen, dann können wir uns nicht mit dem Verweis auf Cassirer, Lacan oder Bourdieu zufrieden geben. Wir müssen vielmehr bei den Phänomenen ansetzen. In diesem Sinne versteht sich dieses Projekt als eine (durchaus soziologisch informierte) *Phänomenologie des Symbolischen.*

b) In der Einschätzung der gesellschaftlichen Bedeutung des Symbols gehen die Meinungen des Fachs wie so oft auseinander. Grob gesehen lassen sich drei Auffassungen unterscheiden. Neben der besagten pauschalen Abwertung des Symbolischen durch die eher materialistisch ausgerichteten Strömungen der Sozialforschung finden sich zweitens durchaus auch Schulen, welche dem Symbol einen überaus hohen Rang beimessen. Namentlich laufen diese unter Bezeichnungen wie Kultursoziologie, Sozialphänomenologie oder Wissenssoziologie.[45] Vor allem im Kontext qualitativer Forschung wird symbolischen Phänomenen naturgemäß große Bedeutung zuerkannt.[46] Zum Gegenstand interpretativer Sozialforschung können symbolische Formen jeglicher Art werden, so zum Beispiel Bilder, Mythen oder rituelle Handlungen – im religiösen wie im säkularen Sinne. Anhänger einer hermeneutischen Sozialforschung vertreten im Allgemeinen typisch eine soziologische Gegenstandsauffassung, die unter methodologischen Gesichtspunkten den symbolischen Aufbau der sozialen Welt heraushebt (wenn sich die konkrete Forschung dann auch meist doch eher materialen Problemen des sozialen Lebens zuwendet, wie sie etwa in biographischen Mustern, Gruppenprozessen oder milieuspezifischen Sozialstrukturen zum Ausdruck kommt).

Drittens schließlich kann die Bedeutung des Symbolischen auch als solche zum Gegenstand einer Zeitdiagnose werden, indem etwa Stammesgesellschaften und moderne Industriegesellschaft gegenübergestellt und anhand des sich wandelnden Charakters ihrer Symbolik charakterisiert werden.[47] Meist wird der im

45 Vgl. als herausragenden Vertreter Hans-Georg Soeffner: Protosoziologische Überlegungen zur Soziologie des Symbols und des Rituals, in: Rudolf Schlögel/Bernhard Giesen/Jürgen Osterhammel (Hg.): Die Wirklichkeit der Symbole, Konstanz 2004, S. 41-72.

46 Vgl. etwa Stefan Müller-Doohm: Bildinterpretation als struktural-hermeneutische Symbolanalyse, in: Ronald Hitzler/Anne Honer (Hg.): Sozialwissenschaftliche Hermeneutik, Opladen 1997, S. 81-108.

47 So unter besonderer Berücksichtigung der symbolischen Konstruktion von Gemeinschaftlichkeit (»communitas«) Victor Turner: Das Liminale und das Liminoide in Spiel, »Fluß« und Ritual. Ein Essay zur vergleichenden Symbologie, in: ders.: Vom Ritual zum Theater. Der Ernst des menschlichen Spiels, Frankfurt a. M. 2009, S. 28-94.

Sinne eines historischen Prozesses zu verzeichnende Symbolverlust als eine äußerst kritische Entwicklung betrachtet.[48] Mit dem Sinn für das Symbolische ginge dem Menschen angeblich eine wesentliche Quelle der Selbsterkenntnis wie der sozialen Orientierung verloren.[49] Kurz: Das Symbolische ist mal eher Blendwerk, mal ein im Niedergang begriffenes Kulturgut, und mal ist es eine Invariante jeglicher Sozialität.

Die Beurteilung der allgemeinen Relevanz von Symbolik in Soziologie und Gesellschaft kann letztlich nur im diskursiven Rahmen der Allgemeinen Soziologie erfolgen und daher kaum Teil eines speziellen Forschungsvorhabens sein. Die Bestimmung der besonderen Bedeutung symbolischer Aspekte innerhalb konkreter sozialer Felder sollte wiederum den hierfür zuständigen Speziellen Soziologien überlassen bleiben. Ob für einzelne Studien eine Ausblendung symbolischer Gesichtspunkte aus methodischen Gründen legitim sein könnte, haben schließlich die Beteiligten jeweils selbst zu verantworten. Wie also mit den einer rationalistischen Abwertung des Symbolischen geschuldeten Aversionen umgehen?

Zur Klärung des soziologischen Status von Symbolen bedarf es nicht zuletzt einer Klärung des Status der Symbolforschung selbst. Welchen Stellenwert innerhalb der akademischen Welt aber, so bliebe daher zuletzt noch zu fragen, könnte die angestrebte Soziologie der Symbolik überhaupt haben? Sollte sie sich als autonome Subdisziplin, als Bindestrich-Soziologie, als eigenständige Sektion formal organisierter wissenschaftlicher Assoziationen zu formieren suchen? Sollte sie gar gegenüber Semiotik, Ästhetik und Ethnologie, gegenüber der Ethnomethodologie, der Diskursanalyse und der Grounded Theory, gegenüber Kritischer Theorie, Systemtheorie und Poststrukturalismus den Status eines unabhängigen Forschungsansatzes für sich reklamieren? Versteht sie sich als empirisches Forschungsprogramm, als sozialwissenschaftliche Methode oder aber als theoretisches Paradigma?

All dies sind sicherlich gangbare Wege, um innerhalb der wissenschaftlich kultivierten Räume einen sichtbaren Standpunkt einzunehmen und dem Thema der Symbole so Geltung als soziologischem Gegenstand zu verschaffen. Um im Panorama der Wissenschaftslandschaft ein erkennbares Profil vorzuweisen, sind

---

48 Vgl. Neil Postman: Das Technopol. Die Macht der Technologien und die Entmündigung der Gesellschaft, Frankfurt a. M. 1992, S. 177-193; sowie bereits in der Einleitung zitiert: Mary Douglas: Ritual, Tabu und Körpersymbolik, a. a. O., S. 11 ff. Zu einer dialektischen Betrachtung der rationalistischen Entzauberung des Mythischen und Symbolischen vgl. Max Horkheimer/Theodor W. Adorno: Der Begriff Aufklärung, in: dies.: Dialektik der Aufklärung, Frankfurt a. M. 1988, S. 9-49, insbesondere S. 23 ff.

49 So etwa insbesondere unter Bezug auf die Fähigkeit zur Deutung von Träumen Erich Fromm: Märchen, Mythen, Träume. Eine Einführung in das Verständnis einer vergessenen Sprache, Hamburg 1981.

schließlich selbst vielfältige symbolische Qualitäten unerlässlich. Wissenschaftliche Ideen bedürfen ebenso wie jeder soziale Sinn der Exposition[50]. Jenseits der geläufigen Strategien akademischer Selbstbehauptung, welche in der Etablierung von eigenen Jargons, Schlagwörtern und Lehrmeinungen, von Fachzeitschriften, akademischen Adels-Geschlechtern und Master-Studiengängen, sowie in der Selbstinszenierung als Experten, Moralisten und Kritiker bestehen, zielt die hier favorisierte Symbolforschung jedoch eher auf die Grundlagen einer Allgemeinen Soziologie, also gleichsam weniger auf die Gipfelpunkte und Spitzenpositionen der Wissenschaftslandschaft als vielmehr auf deren Bodenschätze und ihr Grundwasser. Statt in fernere Gefilde vorzudringen und nach Möglichkeit etwaige äußerlich zugängliche, aber bisher weitestgehend unerschlossene Bereiche der Welt zu besetzen, um diese in Gebiete der Forschung zu verwandeln, deren territoriale Hoheit es gegebenenfalls gegenüber Laien, Dilettanten, internen Widersachern und angrenzenden Disziplinen zu verteidigen gilt, soll das symbolische Fundament aller sozialen Konstruktionen als eine gemeinsame Quelle der wechselseitigen soziologischen Inspiration erschlossen werden, welche den altehrwürdigen Kelch der kommunikativen Anschlussfähigkeit Runde für Runde stetig mit frischem soziologischem Wasser auffüllt.

Die reale Existenz von Symbolen zur methodologischen Prämisse einer soziologischen Analyse ihrer empirischen Erscheinungsformen zu erklären bedeutet ja keineswegs zwangsläufig, dass Symbole innerhalb der Soziologie einfach als *ein* Gegenstand neben anderen betrachtet werden sollen. Dies hieße sich damit begnügen, neben den gängigen Studien zu mittelständischen Betrieben, ländlichen Familien oder politischen Eliten eben solche über Symboliken zu platzieren, um auf geneigte Mäzene, Rezipienten und Studentinnen zu hoffen. Die Formierung derartiger Subdisziplinen aber geht unweigerlich immer mit der Ausdifferenzierung einer spezialisierten Binnenkommunikation einher, also auch mit einer partiellen geistigen Abschottung gegenüber dem Rest der (akademischen) Welt. Dies mag durchaus insofern eine gewisse Öffentlichkeitswirksamkeit beinhalten, als allein die Faktizität einer etablierten Forschungspraxis eine symbolische Aufladung des betreffenden Themas (etwa: Armut, Migrationsmilieus, Wertewandel etc.) nach sich zieht. Diese besteht jedoch typisch primär in der Bestärkung allgemeiner Klischees, ohne dass es zu einer wirklichen Anreicherung des mit der jeweiligen Problematik verbundenen Sinngehaltes käme. Denn gerade aus dem sozialwissenschaftlichen Betrieb dringt in der Regel nur das nach außen vor, was von Journalisten, Funktionären und Lobby-Gruppen auch aufgegriffen wird.

---

[50] Im Sinne von Terry Shinn/Richard Whitley (Hg.): Expository Science. Forms and Functions of Popularization, Dordrecht 1985.

Um keine Missverständnisse zu provozieren: Die etablierten sozialwissenschaftlichen Programme sollen hier keineswegs als gehaltloses Blendwerk von intriganten Schmarotzern und geistlosen Wissenschaftsbonzen hingestellt werden, wie sie einem der humorig-bitterbösen Campus-Romane von Dietrich Schwanitz entsprungen sein könnten.[51] Kaum irgendwo sonst in dieser Gesellschaft gibt es ja wohl so viel tiefsinnigen Idealismus wie in ihrem intellektuellem Horst: der Soziologie. Allein – der Wissenstransfer von der Forschung in die Praxis ist auf zwangsläufig auf die Kanäle öffentlicher bzw. administrativer Kommunikation angewiesen, die schon von der Konzipierung der Forschung eine strategische Zurichtung auf die entsprechenden Formate erfordern. Die produzierten Ergebnisse werden dabei meist auf simple Statements zu singulären Problemkreisen reduziert.

Die hier vertretene Annahme, dass es Symbole gibt, bezog sich indes auf die Konstitution des Sozialen schlechthin. Sie betrifft daher sämtliche sozialen Untersuchungsgegenstände, wenngleich womöglich in jeweils spezifischer Weise. Das Thema geht somit alle an, die überhaupt ein wissenschaftliches Interesse an der Beschaffenheit der sozialen Wirklichkeit haben. In welchen Formen auch immer eine Soziologie der Symbole sich also manifestieren mag: als Regalfach in der Bibliothek, als gelegentliches Thema von Tagungen, als fakultativer Kurs – sie sollte in jedem Falle möglichst zu einem integrativen Bestandteil des allgemeinen Diskurses werden. Als Gegenstand der einen oder anderen Abhandlung, als obligatorische Nachfrage bei Präsentationen und Vorträgen, als unwillkürlich mitlaufende Perspektive möge sie künftig zu einer wesentlichen Komponente vom Image unseres Fachs werden.

[51] Vgl. Dietrich Schwanitz: Der Campus, München 1996; ders.: Der Zirkel, Frankfurt a. M. 1998.

9 *Symbol und Gesellschaft.* Theoretische Nachlese

Dicke Wälzer fürs Regal, namhafte Autoren, kryptisches Gerede im akademischen Fachjargon – inwiefern haben Symbolanalysen selbst symbolischen Charakter? Welche Bedeutung besitzen philosophische Betrachtungen, soziologische Theorien, abstrakte Unterscheidungen sonst? Wie wirkt es sich auf unser Leben aus, wenn wir uns die Wirkungsweise symbolischer Strukturen bewusst machen? Und: Brauchen wir dazu wirklich eine Symbolsoziologie?

Wenngleich es wohl dem Leser selbst überlassen bleibt, diesbezüglich seine je eigenen Antworten zu finden, so gilt es doch abschließend wenigstens auf die Frage nach dem Ertrag, dem Erklärungswert, dem Erkenntnisgewinn unserer Studie noch einmal genauer einzugehen. Was ist letztlich erreicht durch die diversen analytischen Differenzierungen, die zahlreichen eingeführten Unterscheidungen, die den Symbolbegriff im Laufe der Untersuchung gewissermaßen immer weiter mit theoretischem Gehalt angereichert haben? Leitet sich hieraus nun unter dem Strich endlich eine klare Definition ab, die das Wesen eines Symbols in perfekter begrifflicher Reinheit exakt erfasst?

Leider kam es wohl eher, wie es kommen musste, und unsere theoriebezogenen Nebenüberlegungen haben anscheinend eine Wendung genommen, die typisch für jede philosophische Reflexion ist: Wenn der analytische Blick des Geistes sich auf ein Objekt richtet, dann verschwimmen zusehends dessen Konturen. Die Schärfe des Verstandes übertönt gleichsam das natürliche Aroma der Wirklichkeit; der Begriff gerinnt zu einer leeren Schablone, durch die betrachtet gerade das aus der Welt heraussticht, was der Gedanke sich – eben: heraussticht. Je einfacher der Begriff, desto beschränkter die Sicht.

Umgekehrt gilt aber auch: Je umfassender die theoretische Reflexion, umso unverständlicher das Modell. Die Stimmigkeit einer Theorie fußt ja im Allgemeinen auf einem blinden Fleck, der alle störenden empirischen Evidenzen geschickt ausblendet. Versucht man nun den Begriff stattdessen der Realität anzugleichen, dann erzeugt die begriffliche Anstrengung einen schwerfälligen Text, der bestenfalls zu einer Hommage an die Wirklichkeit wird, ohne doch in Form eines logischen Ertrages über sie hinauszuführen. (Hieran kranken übrigens die meisten zeitgenössischen, namentlich die sogenannten poststrukturalistischen »Theorieansätze« in den Geistes- und Sozialwissenschaften: Man impft sich mit ihnen geradezu gegen den »Virus« des wissenschaftlichen Denkens.) Wie bei einer Meditation geht es dann allenfalls noch darum, die trügerischen Bilder der

Vernunft auszuschalten, um einen unverstellten Zugang zur je gegenwärtigen Situation zu eröffnen.

Bezogen auf unser Thema bedeutet dies: Eine jede Betrachtung symbolischer Phänomene wird wohl notgedrungen vom *dem Symbol* als klar umrissenen Objekt ausgehen und nach und nach zu einer Idee *des Symbolischen* als einem ebenso bedeutsamen wie vagen Moment sozialer Praxis fortschreiten. Entweder wird der Gegenstand dabei durch eine Definition künstlich eingehegt, sodass man nur durch den akademischen Bezug auf Autoren und Schulen noch wissen kann, wovon eigentlich die Rede ist, wenn jemand etwa von »symbolischem Kapital«, von »ikonografischer Analyse« oder vom »Borromäischen Knoten« spricht. Oder aber die Analyse hat der vollen Komplexität symbolischen Sinns gerecht zu werden und muss dann unter anderem den schleichenden Wandel der Bedeutung zu berücksichtigen, dem alle symbolisch bedeutsamen Kulturelemente in zeitlicher und sozialer Hinsicht, je nach Kontext und Betrachtungsebene unterliegen.

So ließe sich bspw. nach den symbolischen Qualitäten des Schminkens fragen. Das Schminken mag ursprünglich wohl der Absicht dienen, bestimmte Partien hervorzuheben, persönliche Reize zu betonen und zugleich etwaige Unregelmäßigkeiten zu kaschieren. Bereits hierbei geht es folglich darum, ein Idealbild seiner selbst zu suggerieren und die reale Erscheinung als Abglanz dieses Ideals zu präsentieren. Die individuelle Person wird zu einem Prachtexemplar stilisiert, das auf außergewöhnliche Weise der allgemeinen Idee entspricht. Damit die Erscheinung besser zum Begriff passt, darf sie keinerlei überflüssige Komplexität enthalten. Das Gesicht wird je nach Schönheitsideal als einheitlich blasse, rosige oder gebräunte Oberfläche dargeboten. Das Schminken ist so gesehen lediglich ein Mittel, um die Wahrnehmung der einzelnen Person als Symbol eines Ideals zu befördern.

Im Laufe der Zeit und im Zuge ihrer Kultivierung kann nun allerdings die Schminke selbst zum pauschalen Symbol der Attraktivität werden, während die ungeschminkte Schönheit ins Hintertreffen gerät. Es gilt dann geradezu zu vermeiden, sein wahres Gesicht zu zeigen. Das künstliche Imitat tritt an die Stelle des Natürlichen und gewinnt damit Fetischcharakter. Wie eine Maske überdeckt dann die schematisierte Form die ungeschminkte Wahrheit: der Stereotyp überlagert den Phänotyp. Für kultische Zusammenhänge war dies freilich immer schon typisch, und auch der Krieger oder der Clown verbergen ja ihre individuellen Züge fast vollständig hinter einer farbenfrohen Rollenmaske.

Da im Alltag die Grenzen zwischen Betonung und Übertönung zumeist fließend sind, verdeutlicht das Beispiel des Schminkens also noch einmal, wie schwer es ist, Phänomene des Symbolischen exakt auf einen Begriff zu bringen. Jeder Versuch einer angemessenen Beschreibung wird seinerseits dazu neigen, sich entweder auf dezente Akzentuierungen zu beschränken, die den kundigen Blick auf die Welt lediglich behutsam zu fokussieren helfen, oder aber diesen gerade durch verkürzende Modelle zu verstellen und die reine Realität mittels greller rhetorischer Ausschmückungen zu übertönen. Daher mögen unsere Betrachtungen zwar den Sinn für symbolische Phänomene geschärft haben, eine klare Definition der Begriffe Symbol, Symbolik, Symbolisches scheint sich aus ihnen hingegen nicht ableiten zu lassen.

Doch prüfen wir noch einmal genauer, was wir in den einzelnen Kapiteln an theoretischen Erkenntnissen gewonnen haben. In kurz gehaltenen Theorie-Memos, die jeweils einen bestimmten Aspekt des Symbolischen in den Vordergrund rückten, hatten wir jedes Mal die Essenz unserer Überlegungen in einer besonderen dreiteiligen Unterscheidung festgehalten. Zusammen mit der letzten, als »theoriegenerierende Diskursanalyse« bezeichneten Betrachtung aus der beigefügten akademischen Stellungnahme resultieren hieraus acht abstrakte Trinitäten, deren Verhältnis untereinander es nun noch nachträglich zu klären gilt.

Die Themen der einzelnen theoretischen Zwischenbetrachtungen hatten sich weitestgehend erst aus dem Gang der Überlegungen heraus ergeben. Als Preis für den Verzicht auf ein deduktives Vorgehen erweist sich daher nun eine gewisse, dem Wildwuchs der Ideen geschuldete Unübersichtlichkeit. Diese vordergründige Unübersichtlichkeit können wir allerdings ganz einfach in einen Vorteil ummünzen, indem wir sie schlichtweg als Bewährungstest betrachten für das im vorausgehenden Kapitel entworfene »heuristische Modell symbolinhärenter Polaritäten« (Schaubild 7), welches wir direkt aus dem akademischen Diskurs abschöpfen konnten. Spiegeln sich unsere abstrakten metatheoretischen Überlegungen also in irgendeiner Weise in den ad hoc entwickelten und en passant festgehaltenen Memos wider? Handelt es sich bei den konstruierten Dreiheiten womöglich um Variationen derselben Unterscheidung? Oder lassen Sie sich eventuell auf andere Weise zu einer logisch stimmigen Konstruktion integrieren? Bilden unsere Unterscheidungen gar das begriffliche Grundgerüst einer umfassenden Symboltheorie?

Fassen wir zunächst zusammen: 1. Aus der Perspektive seines *Beobachters* erscheint jedes Symbol als eine besondere Form, die sich in Verbindung mit einem allgemeineren Strukturzusammenhang bringen lässt und der überdies in irgendeiner Weise eine praktische Relevanz zukommt, und sei es auch zunächst nur – wie im Fall von Kunst – in emotionaler Hinsicht oder als Erinnerung (also im wahrsten Sinne des Wortes als Denk-Mal). 2. *Strukturell* gesehen wirken Symbolisierungen sich verstärkend aus, indem sie als sachliche Multiplikatoren einer Struktur fungieren, dieser öffentlich sozialen Ausdruck verleihen und aufgrund sozialisierender Effekte die zeitliche Reproduktion von Strukturen befördern. 3. Allein der *Raum* wird maßgeblich über symbolische *Markierungen* strukturiert, indem diese Grenzen auszeichnen, bestimmte Bereiche sozial deklarieren und virtuell räumliche Ordnungen modellieren. 4. Symboliken stehen überdies in einem zirkulären Zusammenhang mit ihrem *Kontext*, wobei insbesondere Statussymbole den Sinnvollzug der betreffenden Praxis unterstützen, diese gegenüber Außenstehenden repräsentieren und Solidarität unter den Angehörigen des Metiers beschwören. 5. Die *Signifikanz* eines Symbols, die auf der Spaltung zwischen einem symbolprozessierenden System und seiner Umwelt beruht und daher in einem ursprünglichen Sinne immer auch auf diese verweist, erwächst einerseits schlicht aus dessen Augenfälligkeit, betrifft andererseits aber auch die (zugeschriebene) Korrespondenz der symbolischen Struktur mit sonstigen äußeren Gegebenheiten. 6. Sofern Symbole sich auf soziale Einheiten beziehen, kann es sich bei der betreffenden *Sozialität* entweder um eine institutionelle Einrichtung, eine kulturelle Sphäre oder aber einfach um einen Ort handeln. 7. Im Hinblick auf die Verkörperung einer *Weltanschauung* dienen zum einen bestimme »Wahrzeichen« als Identifikationssymbole, zum anderen geben symbolische Artefakte auch explizit kulturelle Gegebenheiten wieder und drückt sich zudem in ihnen implizit die Weltsicht einer Kultur aus.

Als Ausgangspunkt für weitere Betrachtungen bietet es sich an, die jeweils zentralen Begriffstripel unserer Theorie-Memos zu einer 8×4-Matrix aus 32 Begriffen zu gruppieren (siehe Schaubild 8), wobei die erste Spalte die jeweils übergeordneten Begriffe aus den jeweiligen Überschriften enthält. Verschiedentlich deuten sich hier zweifellos bereits auf den ersten Blick gewisse Redundanzen an: Das Thema Raum aus Kapitel 3 (hier: Zeile 4) taucht unter dem Stichwort »Ort« im Zusammenhang mit Gemeinschaftssymbolen (Memo 6, hier: Zeile 7) wieder auf. Der Aspekt der »Verbindung« (Memo 1, hier: Zeile 2) erscheint unter der Bezeichnung »Korrespondenz« im Kontext der Signifikanz (Memo 5, hier: Zeile 6), der »sichtbaren Form« aus Zeile 2 könnte hier vermeintlich der Begriff der »Augenfälligkeit« aus Zeile 6 entsprechen. Gibt es aber neben solchen eher sporadischen Überschneidungen einen systematischen Zusammenhang zwischen den Tripeln?

Wie die Abbildung (als Tabelle gelesen) verdeutlicht, lassen sich einige der Tripel ohne größere Schwierigkeiten den zentralen Aspekten unseres heuristischen Schemas zuweisen, aus dem sich hier nun die Bezeichnungen der drei Spalten ableiten. So kann von den drei Begriffen aus dem Memo »Symbolik und Beobachter« die »sichtbare Form« allein mit dem Aspekt der Manifestierung, die »Verbindung« nur mit dem Aspekt der Homologie und die »Relevanz« einzig mit dem Aspekt der Präsenz in Zusammenhang gebracht werden. Von den drei Begriffen aus dem Memo »Symbol und marked space« ist die »Deklarierung« wohl am ehesten als Form der Manifestierung, die »Grenzmarkierung« dagegen als eine Form der Präsenz zu verstehen, während die Modellierung räumlicher Ordnungen auf den Aspekt der Homologie verweist. Eine mögliche Deutung des »Signifikanz«-Tripels besteht darin, die »Spaltung« mit dem Aspekt der Manifestierung, die »Augenfälligkeit« mit dem Aspekt der Präsenz und die »Korrespondenz« mit dem Aspekt der Homologie in Zusammenhang zu bringen.

Schaubild 8: Matrix der zentralen Begriffe aus den einzelnen Theorie-Memos

Diskurs	**Manifestierung**	*Homologie*	Präsenz
Beobachter	**Sichtbare Form**	*Verbindung*	Relevanz
Struktur	*Expression*	*Multiplikation*	*Sozialisation*
Marked space	**Deklarierung**	*Modellierung*	Grenzmarkierung
Kontext	Sinnvollzug	Binnensolidarität	Außenrepräsentanz
Signifikanz	**Spaltung**	*Korrespondenz*	Augenfälligkeit
Sozialität	**Kultur**	**Ort**	**Institution**
Weltanschauung	**Spiegelung**	*Weltsicht*	Identifikation

Und schließlich lässt sich wohl auch die im Zusammenhang mit dem Begriff der »Weltanschauung« entwickelte Dreiheit entsprechend zuordnen: Unter dem Aspekt der Präsenz betrachtet dienen namentlich Wahrzeichen insofern der »Weltanschauung«, als sie die »Identifikation« abstrakter oder ansonsten schwer erfassbarer Objekte (z.B. einer Stadt) ermöglichen; unter dem Aspekt der Manifestierung gesehen wird die Welt dagegen in Form ihrer kulturellen Verarbeitung in diversen symbolischen Medien veranschaulicht, welche für die Mitglieder dieser Kultur gleichsam als kognitiver »Spiegel« ihrer Welt fungieren, während unter Homologie-Gesichtspunkten eine Weltanschauung vor allem an den selbstverständlichsten kulturellen Eigenheiten ablesbar ist, in denen sich aus Sicht eines außenstehenden Beobachters eine bestimmte »Weltsicht« niederschlägt. Keinesfalls handelt es sich hier jeweils nur um einfallslose Variationen desselben Schemas, vielmehr verbürgt die Einbeziehung dieser unterschiedlichen Facetten fraglos einen gewissen Einsichtsgewinn.

Bei manchen der Tripel erscheint es hingegen plausibler, gleich die gesamte Unterscheidung einem der drei Aspekte zuzuordnen. (Dies soll durch die entsprechende Hervorhebung der jeweiligen ganzen Zeile verdeutlicht werden.) Während das Tripel »Struktur« den Aspekt der Homologie betrifft, berührt das Thema der »Sozialität« vor allem den Aspekt der Manifestierung, wohingegen das dem Memo »Symbol und Kontext« entspringende Tripel sich vornehmlich dem Aspekt der Präsenz zurechnen lässt. Dies führt freilich zu der unter theorietechnischen Gesichtspunkten außerordentlich bedeutsamen Frage: Welcher logische Zusammenhang besteht zwischen den unterschiedlichen Leitbegriffen der einzelnen Theorie-Memos selbst?

Kraft einer gewissen theoretischen Anstrengung wäre es nun zweifellos möglich, die obige Matrix – etwa mittels einer an die hegelsche Dialektik angelehnten Theorietechnik – in eine logische Systematik zu übersetzen. Gegen eine verbindliche Systematisierung sprechen jedoch einerseits der immense argumentative Aufwand, der selbst bei einer Beschränkung auf wesentliche Eckpunkte einige Dutzend Seiten an hochgradig abstrakten Ableitungen in Anspruch nehmen würde, sowie andererseits die in einer solchen Theorieform angelegte Dogmatik. Denn natürlich fußen die diesbezüglichen Zuordnungen auf einer gewissen Deutungsakrobatik, welche die Theoriegenese schnell zu einem begrifflichen Glasperlenspiel werden zu lassen drohen. Die im Zuge unserer theoretischen Nachlese unternommenen Systematisierungsversuche sollen daher kein verbindliches Modell bereitstellen, sondern verstehen sich lediglich als Einladung zur eigenständigen Reflexion. Daher handelt es sich dem Anspruch nach vorerst nicht mehr als um eine halbwegs plausible Anordnung auf dem Papier – oder anders gesagt: um eine zweidimensionale Grübelvorlage.

Nichtsdestotrotz lassen sich die verschiedenen »Gegenbegriffe« zum Symbolbegriff, die in den Titeln der Theorie-Memos vorkommen, zu vier Paaren zusammenfassen, die jeweils einen materiellen und einen ideellen Pol beinhalten:

Die Begriffe »Struktur« und »Beobachter« decken gewissermaßen die *epistemische* Dimension symbolischer Formen ab, wobei die »Struktur« die (materielle) Seite der *Realität*, der »Beobachter« hingegen die (ideelle) Seite des erkennenden *Subjekts* besetzt. Die Begriffe »Kontext« und »Signifikanz« stecken die Dimension der *kommunikativen Pragmatik* ab, indem der »Kontext« die (materielle) Seite der *Situation*, die »Signifikanz« dagegen die (ideelle) Seite der *Kommunikation* markiert. Die Begriffe »Sozialität« und »Weltbild« betreffen den Gesichtspunkt der *Sozialontologie*, wobei »Sozialität« den materiellen Pol sozialer *Entitäten*, »Weltbild« aber den ideellen Pol gesellschaftlicher *Wirklichkeitskonstruktionen* anbelangt. Die Kategorie des Raums schließlich, die hier durch den Begriff »marked space« vertreten wird, verweist auf eine *praxeologische* Perspektive, die sich auf die *räumliche* Materialisierung gesellschaftlicher Ordnungen konzentriert und hier insofern durch den Gegenbegriff der »Gesellschaft« zu ergänzen wäre.

Schaubild 9: Variante kategorialer Relationen zwischen den theoretischen Leitbegriffen der Theorie-Memos

Epistemologie	**Struktur**	⟺	**Beobachter**
Kommunikative Pragmatik	**Kontext**	⟺	**Signifikanz**
Praxeologie	**marked space**	⟺	**[Gesellschaft]**
Sozialontologie	**Sozialität**	⟺	**Weltbild**
	Materieller Pol		Ideeller Pol

Die vorgenommene Anordnung deutet bereits an, welches theoretische Auflösungsvermögen durch die eingeführten Begriffe grundsätzlich erreicht werden könnte. Jede weitere Auslegung verweist jedoch auf allgemeinere Probleme soziologischer Theoriebildung, für deren Lösungen nach Lage und Kultur des Fachs gegenwärtig keinerlei Konsens zu erwarten ist. Da wir uns in dieser Sache kaum wissenschaftliche Unterstützung erhoffen können, ist es wohl ratsam, auf das Verfolgen höherer Ansprüche an dieser Stelle zu verzichten. Um die Analyse nicht unnötig durch die aus den Distinktionskämpfen akademischer Schulen erwachsenden Positionsklischees zu belasten, sollen hier einige skizzenhafte Bemerkungen diesbezüglich genügen. Sie ließen sich zu gegebenem Anlass ausbauen und ergänzen.

Um den theoretischen Status des Symbolbegriffs zu klären, wäre in jedem Falle ein Bezug zu den Grundbegriffen der theoretischen Soziologie herzustellen, die im Übrigen letztlich auf das Grundproblem einer transdisziplinären wissenschaftlichen Universaltheorie[1] zurückführen. Je nachdem, ob man nun der Meinung anhängt, dass diese soziologischen Grundbegriffe »Normen« und »Werte«, »Habitus« und »Praxis«, »Diskurs« und »Dispositiv«, »Handlung« und »Entscheidung«, »Hybride« und »Netzwerke« oder aber »Mann und »Frau« bzw. »Gender« und »Gleichstellung« heißen, ergeben sich freilich unterschiedliche Vorstellungen davon, wie dies konkret zu geschehen hätte. Die dabei bevorzugte Vorgehensweise richtet sich nicht zuletzt auch nach dem wissenschaftlichen Selbstverständnis und den formalen, intellektuellen oder moralischen Ansprüchen der theoretischen Reflexion. Wer – aus einer eher wertkonservativen Haltung heraus – »Freiheit«, »Wohlstand« und »Bildung« als Grundsäulen der Gesellschaft proklamiert oder – mit eher populistisch-kritischem Gestus – »Kapitalismus« und »Sozialstaat« als Fundament der sozialen Welt ansieht, der wird sicher weniger Verständnis für die Bedeutung des Symbolischen aufbringen (oder in ihm doch vor allem Lug und Trug erkennen können), als es der mit dem »sinnhaften Aufbau der sozialen Welt«[2] befasste Phänomenologe vermag.

Eine wissenschaftliche Theorie, welche von der Konstitution eines gesellschaftlichen Ganzen aus bestimmten elementaren Formen ausgeht, wird sich jedenfalls zuvörderst zu den symbolischen Momenten dieser basalen Elemente sozialer Wirklichkeit erklären müssen. Wenn wir also bspw. im Sinne der Systemtheorie »Kommunikation« als elementare soziale Operation begreifen, dann müssen wir den Begriff des Symbols folglich in den Kommunikationsbegriff einbetten. Dies beinhaltet die Beantwortung von Fragen wie: Trägt die soziale Dimension jeder kommunikativen Operation grundsätzlich symbolische Züge – ist also der Bezug auf soziale Tatsachen durchweg auf Symbolik angewiesen? Gibt es hier Besonderheiten im Unterschied zur sachlichen oder zur zeitlichen Dimension der Kommunikation? Ist womöglich jeglicher Sinn – dies würde dann also auch für die menschliche Psyche gelten – unausweichlich an symbolische

---

1 In diesem Sinne lässt sich vor allem das philosophische System Herbert Spencers als eine Metatheorie auffassen, welche die Grundfragen und zentralen Themen der einzelnen wissenschaftlichen Disziplinen und Subdisziplinen systematisch aufbereitet. Die zentralen Begriffe der Universaltheorie wie vor allem Evolution, Struktur und Funktion, Differenzierung und Integration dienen dann zugleich auch als Grundbegriffe der Soziologie. Vgl. hierzu Michael Beetz: Das unliebsame System. Herbert Spencers Werk als Prototyp einer Universaltheorie, in: Zeitschrift für Soziologie 39/1, 2010, S. 22-37.

2 Alfred Schütz: Der sinnhafte Aufbau der sozialen Welt. Eine Einleitung in die verstehende Soziologie, Frankfurt a. M. 1993.

Formen gebunden?[3] Sind nicht basale kognitive Prozesse wie Abstraktion und Identifikation stets mit Vorgängen der Symbolisierung verbunden? Und weiter: Inwiefern basieren die Kommunikationsmedien gesellschaftlicher Funktionssysteme auf spezifischen Symbolisierungsprozessen? Oder wäre es zumindest überzeugend und aufschlussreich, entlang des Schemas der funktionalen Differenzierung unterschiedliche Symboltypen zu unterscheiden? Anders gefragt: Gibt es also spezifisch religiöse, ästhetische, wissenschaftliche, politische und ökonomische Symbole, und wie aussichtsreich könnte es sein, ausgehend von einem allgemeinen Konzept symbolischer Kommunikation informative Unterschiede zwischen diesen verschiedenen Arten der Symbolik herauszuarbeiten?

Ganz offensichtlich lassen sich Fragen dieser Art unabhängig von einer wissenschaftlichen Theoriesprache, wie sie bspw. im Kontext systemtheoretischer Überlegungen entwickelt wurde, gar nicht stellen. Es gibt allerdings einen wesentlichen Aspekt, der wohl unabhängig von jeglicher theoretischen Konfession eine ganz erhebliche Bedeutung besitzt: Symbole spielen anscheinend eine Schlüsselrolle bei der Verkopplung von ideellen und materiellen Momenten zu einer – den einzelnen Menschen als äußerliche Realität gegenübertretenden – sozialen Wirklichkeit. Nicht umsonst war die betreffende Unterscheidung auch im Schema oben bereits von heuristischem Wert gewesen, als es um mögliche Relationen zwischen den Leitbegriffen der einzelnen Theorie-Memos ging. Die Frage nach der materiellen Verankerung von Sinnsystemen in der physischen Welt offenbart nicht nur eine kritische Stelle in der Systemtheorie, die Verschränkung von leiblichen und seelischen Faktoren, von Macht und Wissen, von System und Lebenswelt ist in den unterschiedlichsten akademischen Sprachspielen ein thematischer Dauerbrenner, der gerade auch dann immer wieder neues Feuer fängt, wenn die symbolischen Komponenten des sozialen Lebens angesprochen werden.

Aber auch hier mag es sein, dass eine solch generelle Feststellung als unzureichende Verkürzung akademischer Standpunkte zurückgewiesen wird, dass die Unterscheidung von Geist und Materie gänzlich abgelehnt, ja dass der Glaube an die Wissenschaft überhaupt als anachronistische Illusion abgetan wird. Es dürfte daher besser sein, sich hier auf Debatten dieser Art, die von einer grundlegenden Skepsis gegenüber supertheoretischen Erwägungen geprägt sind, gar nicht erst weiter einzulassen. Schließlich sollte dies ja auch kein theoretisches Werk werden, sondern eine der Wirklichkeit zugewandte Phänomenologie.

Insofern mag es sich an dieser Stelle als Vorteil erweisen, dass die Gliederung dieses Buches sich weder am Schema der funktionalen Differenzierung orien-

---

3 So koppelt Luhmann ganz in diesem Sinne die Einführung des Erwartungsbegriffs an die grundlegende These, dass »selbstreferentielles Prozessieren von Sinn symbolische Generalisierungen erfordert«. Niklas Luhmann: Soziale Systeme, Frankfurt a. M. 1984, S. 135.

tiert, noch sich auf ein sonstiges Gesellschaftsverständnis festgelegt hat. Stattdessen hatte jedes Kapitel sich einem Themenbereich gewidmet, auf den ungeachtet theoretischer Rücksichten in jeder symbolsoziologischen Abhandlung ohnehin einzugehen gewesen wäre. Mit dem Thema der *Grundhaltungen* hatte das zweite Kapitel sich sogleich der Frage nach der (biografischen) Reichweite symbolisch vermittelter Ordnungen zugewendet, um diese bis tief in die frühkindliche Lebenswelt der Wiege hinein zu verfolgen. Mit dem Thema des *öffentlichen Raums* hatte das dritte Kapitel sich sodann mit den offensichtlichsten Verkörperungen sozialer Ordnung befasst, mittels derer die leiblichen Lebenslinien durch das architektonische Korsett der sozialen Landschaft geführt und dabei anhand symbolischer Markierungen zu einer globalen Choreografie verflochten werden. Mit dem Thema der *Statussymbole* hatte das vierte Kapitel sich dem Problem sozialer Ordnungsbildung mehr vom einzelnen Individuum her angenähert, indem es Motiven und Funktionen für das symbolische Ausweisen eines individuellen sozialen Status nachgegangen war.

Symbole können neben dem Status einer Person freilich auch den Status einer *sozialen Beziehung* anzeigen. Durch symbolische Gesten, Gaben oder Grüße, durch Sprüche, Sitzordnungen und Symptome, durch Pheromone, Fehden, Vertraulichkeiten wird die Relation zwischen Personen oder Gruppen simuliert. Hiermit werden zugleich aber immer auch psychosoziale Tatsachen geschaffen, sei es bspw. durch Rituale der demütigen Unterwerfung oder umgekehrt: durch arrogante Akte der sozialen Verantwortung, sei es durch Liebesbeweise, Macho-Attitüden oder Neurosen. Nachdem das fünfte Kapitel das infolge der Konjunktur von Psychoanalyse und Frauenforschung unumgänglich gewordene Thema der *Sexsymbole* behandelt hatte, beschäftigte das sechste Kapitel sich daher mit dem Thema der *Gemeinschaftssymbole*, welche von allen Symbolformen am ausdrücklichsten den sozialen Zusammenhang selbst – nämlich als solchen! – symbolisieren und aus diesem Grund zu den zentralen Phänomenen einer soziologischen Symbolanalyse gehören. Um darüber jedoch die ideologische Wirkung kulturell etablierter Symboliken nicht zu vernachlässigen, wurde im siebten Kapitel schließlich das Thema der *Weltbilder* aufgegriffen, bei dem es um die kraft symbolischer Motive bewerkstelligte Lenkung des freien Gedankenflusses ging.

Alles in allem konnte somit auch ohne die sektiererische Unterordnung unter das Diktat partikulärer theoretischer Autoritäten doch ein recht facettenreiches Bild davon gezeichnet werden, wie wir uns mittels symbolischer Strukturen von der gesellschaftlichen Ordnung leiten lassen und dadurch die soziale Wirklichkeit selbst mitgestalten. Die gesellschaftliche Bedeutung des Symbolischen dürfte also im Zuge unserer Studie hinreichend herausgearbeitet worden sein und soll hier nun nur abschließend noch einmal aus einem dezidiert gesellschaftstheoretischen Blickwinkel hervorgehoben werden.

Die Strukturierung des sozialen Lebens vollzieht sich durchweg über symbolische Manifestationen sozialen Sinns, in denen sich geistige und materielle Muster untrennbar miteinander verschränken. Indem Leib und Verstand hiervon gleichermaßen affiziert werden, dient das Symbol der Konstitution sozialer Wirklichkeit *an und für sich*. Anders gesagt: Als elementare Form sozialer Wirklichkeit produziert es sowohl die institutionelle Infrastruktur der Gesellschaft als auch ihr kulturelles Selbstverständnis. Zu einer Wirklichkeit *für sich* wird die soziale Welt erst auf der Basis jener symbolischen Konstruktionen, auf denen jedes Weltbild und jegliche kollektive Identität unweigerlich beruhen. Von Mythen, Sinnbildern und Idolen bis hin zu Modellen, Formeln und Feindbildern manifestiert sich die *Beobachtungsweise* einer Kultur ebenso in symbolischem Schematismus, wie ihre *materielle Sichtbarkeit* sich symbolträchtigen Monumenten, Wahrzeichen und Spektakeln verdankt, sowie desgleichen individuellen Selbstinszenierungen, kleinsten Gesten und profanstem technischem Gerät.

Aber auch zu einer Wirklichkeit *an sich* wird die soziale Welt erst dadurch, dass sie sich in jenen symbolischen Formen auskristallisiert, mittels derer allein soziale Ordnung gefestigt und auf Dauer gestellt werden kann. Von Adelstiteln, Siegeln und Kronen bis hin zu Schildern, Stempeln und Wahlen bringen Institutionen ihre *Anordnungen und Verhaltenserwartungen* ebenso in symbolischer Form zum Ausdruck, wie es zur *Verinnerlichung der entsprechenden Rollen und Haltungen* vielfältiger Rituale, Gerätschaften und Spiele bedarf. Symbolik dient somit der Reflexion ebenso wie der Verstetigung gesellschaftlicher Strukturen. Die institutionelle Prägung von Verhaltensmustern und die kulturelle Prägung von Deutungsmustern sind zwei Seiten derselben Medaille und gehen im symbolischen Gewand Hand in Hand vor sich.

Daher lassen sich die symbolischen Phänomene auch nicht einfach jener analytischen Seite der Gesellschaft zuweisen, die vorzugsweise im Schatten öffentlicher Aufmerksamkeit liegt: etwa der im Unterschied zu Politik und Wirtschaft oft vom kritischen Blick verschmähten »Kultur«, der »Lebenswelt« im Gegensatz zum »System« oder dem »Überbau« anstelle der »Basis«. Ein wesentlicher Grund für die Abwertung des Symbolischen innerhalb politischer wie sozialwissenschaftlicher Diskurse mag in der Tat darin liegen, dass der Begriff des Symbolischen als ein Geistesbegriff aufgefasst wird. Dieser verweist anscheinend die weichen Momente ideeller Fiktionen und Weltanschauungen, wohingegen man an harten Fakten und den essentiellen Komponenten der Sozialstruktur interessiert zu sein meint. Auch soziologische Diagnosen neigen wie erwähnt dazu, das Symbolische rhetorisch abzuwerten, um vorgeblich auf das abzuzielen, was wirklich dahinterstehe. Sie arbeiten dann mit einem impliziten Gegensatz zwischen der Ebene des symbolischen Handelns und der eigentlichen Welt, welche damit zum Fokus des sozialwissenschaftlichen Objektivs stilisiert wird. Das Symbolische gilt ihnen insofern schlicht als oberflächlicher Schein, den zu durchschauen und hermeneutisch zu deuten getrost diversen Geistes- und Kulturwissenschaften überlassen werden kann. Mitunter wird so das Symbolthema vorschnell den vermeintlichen Randbereichen Religion, Kunst und Folklore zugeschoben.

Stattdessen wirkt das Symbolische jedoch quer durch alle gesellschaftlichen Teilbereiche wie Religion, Kunst, Wissenschaft, Wirtschaft und Politik hindurch. Spirituelle Zeremonien, ästhetische Inszenierungen, wissenschaftliche Präsentationen, ökonomische Vermarktungskonzepte und politische Strategien leben je auf ihre Weise von ihrer symbolischen Qualität. Die Physiologie der Gesellschaft basiert durch und durch auf symbolisch besetzten Operationen, ob diese sich nun zu Glaubenskulturen, zu künstlerischen Stilen und wissenschaftlichen Paradigmen, zu Mode-, Konsum- und Meinungstrends einerseits verdichten (= Aspekt der Kultur), oder ob sie sich zu religiösen Orden und kirchlichen Apparaten, zu renommierten Forschungseinrichtungen und akademischen Gesellschaften, zu Unternehmenskonzernen und Finanzkartellen, zu politischen Gremien und imperialen Großmächten andererseits verketten (= Aspekt der Institution).

In der Vielfältigkeit dieser Vorgänge zeichnet sich über alle gesellschaftliche Bereiche hinweg damit zugleich ein allgemeines Muster ab. Auf je eigene Weise stützen sich nämlich auch zwei wesentliche Prinzipien gesellschaftlicher Ordnungsbildung maßgeblich auf symbolische Verkürzungen: das Prinzip der formalen Organisation und das Prinzip der Öffentlichkeit (welche abstrakt-gesellschaftstheoretisch als »Mechanismen« der Entscheidung zweiter Ordnung bzw. der Beobachtung zweiter Ordnung zu begreifen sind).[4]

Die öffentliche Wahrnehmung wie auch organisatorische Formalitäten begünstigen gleichermaßen eine Reduktion auf symbolische Surrogate, welche die Komplexität der Welt in einer ebenso überschaubaren wie kontrollierbaren Form abbilden. Diese Surrogate zeichnen sich schlicht durch deutlichere Merkmale aus und geben damit gängigere Standards und besser handhabbare Kriterien ab. In ihnen etablieren sich so gesehen soziale Sinngebungsprozesse überhaupt erst als gesellschaftliche Tatsache. In der Praxis scheint es oftmals leichter zu sein, mit pauschaler Symbolik als mit vermeintlich authentischen Leistungen durchzukommen. Das Symbol wird dann zum Ersatz für das durch dieses Repräsentierte, es fällt mit diesem zusammen und macht so gegebenenfalls gar dem Original seinen Platz abspenstig. In der Tat greifen also auf diese Weise die Aspekte der Homologie, der Manifestation und der Präsenz ineinander und ermöglichen so – kraft der Symbole – durch das ungezwungene, weitestgehend unbewusste, aber umso aktivere Zutun eines globalen menschlichen Gewimmels die stetige Erneuerung gesellschaftlicher Ordnung.

---

[4] Vgl. hierzu Beetz, Gesellschaftstheorie zwischen Autologie und Ontologie, a. a. O., S. 191 ff.